과학자가
나라를 걱정합니다

과학자가
나라를 걱정합니다

동아시아　　物리학자 이종필의 잃어버린 10년　　이종필 지음

다음으로 피청구인의 이러한 행위가 헌법과 법률에 위배되는지를 보겠습니다. 헌법은 공무원을 '국민 전체에 대한 봉사자'로 규정하여 공무원의 공익실현의무를 천명하고 있고, 이 의무는 국가공무원법과 공직자윤리법 등을 통해 구체화되고 있습니다. 피청구인의 행위는 최서원의 이익을 위해 대통령의 지위와 권한을 남용한 것으로서 공정한 직무수행이라고 할 수 없으며 헌법, 국가공무원법, 공직자윤리법 등을 위배한 것입니다. 또한 재단법인 미르와 케이스포츠의 설립, 최서원의 이권 개입에 직간접적으로 도움을 준 피청구인의 행위는 기업의 재산권을 침해하였을 뿐만 아니라 기업경영의 자유를 침해한 것입니다. 그리고 피청구인의 지시 또는 방치에 따라 직무상 비밀에 해당하는 많은 문건이 최서원에게 유출된 점은 국가공무원법의 비밀엄수의무를 위배한 것입니다. 지금까지 살펴본 피청구인의 법위반 행위가 피청구인을 파면할 만큼 중대한 것인지에 관하여 보겠습니다. 대통령은 헌법과 법률에 따라 권한을 행사

하여야 함은 물론, 공무 수행은 투명하게 공개하여 국민의 평가를 받아야 합니다. 그런데 피청구인은 최서원의 국정개입사실을 철저히 숨겼고 그에 관한 의혹이 제기될 때마다 이를 부인하며 오히려 의혹 제기를

이에 재판관 전원의 일치된 의견으로 주문을 선고합니다.

"주문, 피청구인 대통령 박근혜를 파면한다."

비난하였습니다. 이로 인해 국회 등 헌법기관에 의한 견제나 언론에 의한 감시 장치가 제대로 작동될 수 없었습니다. 또한 피청구인은 미르와 케이스포츠 설립, 플레이그라운드와 더블루케이 및 케이디코퍼레이션 지원 등과 같은 최서원의 사익 추구에 관여하고 지원하였습니다. 피청구인의 헌법과 법률 위배행위는 재임 기간 전반에 걸쳐 지속적으로 이루어졌고, 국회와 언론의 지적에도 불구하고 오히려 사실을 은폐하고 관련자를 단속해왔습니다. 그 결

과 피청구인의 지시에 따른 안종범, 김종, 정호성 등이 부패범죄 혐의로 구속·기소되는 중대한 사태에 이르렀습니다. 이러한 피청구인의 위헌·위법행위는 대의민주제 원리와 법치주의 정신을 훼손한 것입니다. 한편 피청구인은 대국민 담화에서 진상 규명에 최대한 협조하겠다고 하였으나 정작 검찰과 특별검사의 조사에 응하지 않았고, 청와대에 대한 압수수색도 거부하였습니다. 이 사건 소추사유와 관련한 피청구인의 일련의 언행을 보면 법 위배행위가 반복되지 않도록 할 헌법수호 의지가 드러나지 않습니다. 결국 피청구인의 위헌·위법행위는 국민의 신임을 배반한 것으로 헌법수호의 관점에서 용납될 수 없는 중대한 법 위배행위라고 보아야 합니다. 피청구인의 법 위배행위가 헌법질서에 미치는 부정적 영향과 파급효과가 중대하므로 피청구인을 파면함으로써 얻는 헌법 수호의 이익이 압도적으로 크다고 할 것입니다. 이에 재판관 전원의 일치된 의견으로 주문을 선고합니다. 주문, 피청구인 대통령 박근혜를 파면한다.

감수성과 논리성의
환상적 결합

《오마이뉴스》 대표 오연호

모든 시민은 기자다! 나는 2000년 2월 22일, 새천년 새봄에 《오마이뉴스》를 만들면서 그런 모토를 내세웠다. 그 후 지금까지 17년간 약 8만 5,000여 명의 시민기자를 《오마이뉴스》라는 광장에서 만났다.

"창간자로서 언제가 제일 기쁘세요?" 나는 가끔 외신기자에게서 이런 질문을 받아왔다. 그때마다 나는 이렇게 답했다. "얼굴 한 번 본 적도 없고, 이름도 들어본 적 없는 사람이 《오마이뉴스》에 머리기사를 쓴 것을 볼 때입니다." 그중 한 사람이 바로 이 책의 저자인 이종필 교수이다.

《오마이뉴스》가 창간됐을 때 그는 물리학을 공부하는 대학원생이었다. 그와 나는 일면식도 없는 사이였다. 그러던 그가 2006년 즈음 《오마이뉴스》에 기사를 쓰기 시작하면서, 우리는 뜨겁게 '글의 광장'에서 만났다. 마치 창간 동지처럼.

그는 그저 또 한 명의 시민기자가 아니었다. 그가 쓴 글은 대부분 《오마이뉴스》의 머리기사를 장식했다. 쓰는 기사마다 독자의 마음을 움직여 독자들이 주는 '좋은 기사 원고료'가 주렁주렁 달렸다. 그가 다루는 소재는 시의성이 있었고, 그것을 요리하는 글솜씨는 탁월했다. 그러니 직업기자들도 그를 부러워했다.

나도 이종필 시민기자의 글쓰기를 부러워하는 직업기자 가운데 한 사람이었다. 그는 내가 가진 것을 가졌지만, 나는 그가 가진 것을 갖지 못했다. 그는 '뉴스에 대한 촉'이 직업기자처럼 좋았는데, 논리성까지 탁월했다. 한 문단 안에 있는 여러 문장의, 그리고 문단들 사이의 논리적 연결성이 뛰어났다. 야, 이렇게 뛰어난 논리성을 갖춘 시민기자가 있구나! 그가 누구인지를 뒷조사해봤더니, 물리학도였다. 아하! 그런데 물리학도가 이렇게 글을 유려하게 쓸 수 있나? 시민기자 이종필은 인문학적 감수성과 과학적 논리성을 환상적으로 결합한, 희귀한 존재이다.

그래서일 게다. 지난 10년간 《오마이뉴스》 등에 써온 그의 글들이 지금 이렇게 한 권의 책으로 엮여 나올 수 있는 것은. 나는 좋은 기사는 어떤 것인가를 이야기할 때 이렇게 말하곤 했다. "대부분의 기사는 시간이 지나면 쓰레기가 된다. 그러나 어떤 기사는 10년이 지나도 30년이 지나도 작품으로 남는다." 세월이 흐른 뒤에 다시 봐도, 이종필의 글들은 감수성과 논리성의 절묘한 이중주를 듣는 맛이 있다. 그만의 개성이 담긴 작품이기 때문이다.

이 책에 실린 「그들은 '제2의 노무현' 탄생이 싫었다」는 그런 맛을 듬뿍 담은 대표작 중 하나이다. 얼마나 탁월한 작품이었으면 인터넷에 실린 글의 전문을 시민들이 큼지막한 플래카드에 옮겨 적어 대한문 앞에 내걸었을까? 그는 이 글에서 질문했다. "정말 노무현 '한 명 때문에' 그랬을까?" 그는 문학작품과 조선의 역사를 넘나들면서 노무현의 죽음을 이야기한다. 그리고 마지막엔 독자들에게 이 질문을 던진다. 그럼 살아남은 우리는 무엇을 할 것인가?

그래서 여기 묶인 지난 10년간의 글들은 다시 읽는다는 것은, 이종필이 우리에게 던졌던 질문들 중에 우리가 어디까지 답을 해왔고, 여전히 헤매고 있는 것은 무엇인지 되돌아보는 일이다. 그가 강조해 온 "통합된 인식과 긴 안목으로 대안을 만들어낸 작업"이 얼마나 중요한지를 다시 되새기게 된다.

그래서 이종필의 역할은 앞으로도 계속 필요하다. 이 책의 발간이 그의 작품 활동의 새로운 진화로 이어지길 기대한다.

"물리학자가 무슨 정치칼럼을 써요?"

오래전부터 심심찮게 들었던 말이다. '그럼 정치칼럼 쓰는 사람은 따로 정해져 있답니까?'라는 말이 한동안 입안에서만 맴돈다. 그래도 물리학자와 정치칼럼이 잘 어울리지 않는 조합이라는 사실은 명백하기에, 난 그저 웃을 뿐이다.

"취미가 시사평론이에요."

시사평론을 하고 정치칼럼을 쓰는 게 언제부터 취미였는지 정확히 잘 모르겠다. 대학생 때 학생운동을 열심히 하면서 정치칼럼을 많이 쓰긴 했지만 그건 취미가 아니었다. 학생운동가의 본업에 가까웠다고 해야 더 정확할 것이다. 그때 숱하게, 또 혹독하게 글을 썼던 경험이 내게는 지금까지도 큰 자산이 되었다. 대학원에 진학해 입자물리학으로 박사학위를 받았던 2001년까지 인터넷 환경이 웹 중심으로 급속하게 바뀌면서 여기저기 글을 쓰기가 무척 편해졌다. 이 무렵《딴지일보》가 세상에 나왔고(1998년)《오마이뉴스》가 창간되었다(2000년).《딴지일보》와《오마이뉴스》는 대학원생 시절 나의 즐거운 놀이터였다. 1997년 대통령 선거에서 김대중 후보가 당선돼 정권교체가 이루어지자 그동안 억눌려 있던 표현의 욕구가 봇물 터지듯 쏟아져 나왔다. 예전에 운동권들이 대자보를 통해서만 하던 이야기들을 이제는 온갖 게시판에서 누구나 언제나 할 수 있게 되었다. 간간이 나도 여기저기 글을 쓰기는 했지만 가볍고 짧게 쓴 글이 대부분이었다.

학위를 마친 뒤에는 젊은 연구원으로서 느끼는 문제들을 주제로 묵직한 글을 쓰기 시작했다. 2003년 이공계 위기가 한창이었을 때 "어느 물리학자가 바라본 이공계 위기의 현실"이라는 장문의 글을 써 당시 노무현 대통령과 보좌관들에게 직접 이메일을 보내기도 했다. 이 글은 이후 인터넷《한겨레》와《월간중앙》에 실리며 꽤 인기를 끌었다. 2005년 12월 황우석 사태가 한참일 때는 황우석 교수를 비판하는 글을 인터넷《한겨레》에 실었다. 황우석 교수의 태도가 전혀 과학자답지 않다는 게 주 내용이었다. 그때는 줄기세포 조작 사실이 밝혀지기 전이라 황우석 교수에게 우호적인 여론이 절대적으로 우세했다. 좋은 의미에서든 나쁜 의미에서든 내 글은 인기를 끌어서 순간 조회수가 대선결과 기사 조회수에 맞먹을 정도였다. 폭발적인 반응에 신변의 위협을 느낀 것은 그때가 처음이었다. 그때 운영하던 블로그에서 모든 사진을 내렸고, 한동안은 밤길도 조심해서 다녔다.

그 일을 겪으면서 나는 과학자의 글쓰기가 얼마나 중요한지 새삼 깨달았다. 나보다 훨씬 더 영향력 있고 믿을 만한 분들이 그때 제 목소리를 냈다면 엄청난 사회적 혼란을 충분히 막을 수 있었을 텐데. 사후적인 이야기이지만 그 뒤에 일어난 광우병 사태, 천안함 사건, 세월호 사건 등에서도 과학자 내지 해당 분야 전문가들이 내는 목소리는 충분하지 않았다.

《오마이뉴스》에 본격적으로 글을 쓰기 시작한 것은 2006년이었다. 그해 지방선거에서 서울시장에 출마한 강금실 전 법무장관에게 유권자로서 조언하는 글을 쓴 것이 처음이었다. 이후로도 선거는 시사평론의 주요 소재였다. 무상급식 논란 속에 치러진 2011년 서울시장 보궐선거 때 쓴 글은 조회수가 80만 회를 넘기도 했다. 이듬해 치러진 총선과 대선은 보수와 진보가 건곤일척의 승부를 벌인 선거였던 만큼 나도 부지런히 글을 썼다. 총선과 대선 직후 《오마이뉴스》에서 나가는 첫 분석 기사는 내가 쓴 경우가 많았다. 이명박 전 대통령이 당선된 2007년 대선도 마찬가지였다. 총선과 대선은 정치가 전국적으로 전면화하는 시기여서 우리 사회가 직면한 다양한 이슈를 대중적으로 토론하고 돌아보기에 좋은 계기이다. 초기에는 내가 속한 과학계의 현실을 알리고 여러 문제를 해결하기 위한 방안이나 정책들을 나름대로 제시해보려고 했다(물론 지금도 기회가 되면 이런 일은 늘 하고 있다). 그러다 문득 일반 유권자의 한 사람으로서 정치 현실을 비평하는 것도 괜찮겠다는 생각이 들었다. 사회가 점점 전문화·다양화·고도화될수록 더 많은 분야의 목소리가 쏟아져 나와야 하지 않을까? 일선 과학자의 시선으로 바라보는 세상사 논평이라면 그 자체로 재미있겠다는 희망 섞인 기대도 하게 되었다.

과학자가 취미로 쓰는 정치칼럼이다 보니 아무래도 정치적인 전문성은 떨어질 것이다. 하지만 장점도 있다. 무엇보다 일반 시민, 보통 유권자의 시선과 목소리를 담을 수 있다. 한국정치의 가장 심각한 문제는 고도화된 전문성 결여라기보다 보통의 상식이 실종됐다는 점이 아닐까? 진부한 말이지만 정치는 여의도에만 있지 않다. 일상생활 속에 있고 즐겨 보는 드라마에도 있고 스포츠에도, 과학에도 있다. 나는 그런 이야기를 하고 싶었다.

일선 과학자라는 점이 유리한 면도 있다. 지금은 누가 뭐래도 과학문명의 시대 아닌가. 정치문제나 사회현상도 이제는 과학기술과 관련되지 않는 경우가 별로 없다. 온 나라를 들썩이게 했던 황우석 사태, 광우병 소동, 천안함 사건, 세월호 침몰, 그리고 최근의 사드 도입 문제까지 여러 이슈를 둘러싼 과학기술적 논란이 끊이지 않는다. 이론물리학자로서 이 모든 디테일을 알 수는 없으나, 과학적 방법론에 익숙하기 때문에 사건을 바라보고 이해하는 데에 분명히 이점이 있다.

과학이 인류 역사상 가장 성공적이고 위대한 학문으로 남을 수 있었던 이유는 그 방법론이다. 구체적인 내용이나 사실들이야 요즘 같은 스마트폰 시대에 간단한 검색으로 다 알 수 있다. 중요한 것은 '어떻게' 새로운 지식을 창출해낼 수 있느냐이다. 과학자들이 세상을 바라보고 이해하는 방식은 인문학자들의 방식과는 확실히 다르다. 지금까지 한국사회에서는 상대적으로 전자의 입장이 빈약했다.

이런 시선으로 세상을 바라보면서 내가 얻은 결론 중 하나는 산업화와 민주화 이후 우리의 나아갈 길이 문명화라는 것이다. 문명의 사전적인 뜻은 우월함이다. 우리가 산업화와 민주화를 이루었다는 것은 이제 대한민국이 보통의 정상적인 국가가 되었다는 뜻이다. 여기서 한 걸음 더 나아간다면 보통을 넘어선 그보다 우월한 단계, 즉 문명국가를 생각할 수밖에 없다. 지금까지 자주 오르내린 화두는 선진국가 내지는 복지국가였다. 이들 개념이 사회적으로 통용될 때는 주로 거시경제지표가 기준이 될 때가 많다. GDP가 얼마를 넘어서고, 그중에서 복지비용으로 몇 퍼센트 이상을 썼을 때 우리는 진짜 선진국가, 복지국가가 되었다고 말할 수 있을까? 그게 과연 우리가 민주화 이후에 추구해야 할 가치일까?

거시경제지표가 어느 기준을 넘는 것도 분명 '우월함'의 한 사례일 것이다. 하지만 내가 생각하는 우월함으로서의 문명이란 총체적인 생활양식의 우월함이다. 문명의 반대는 야만이다. 멀리 갈 것도 없이 세월호 사건과 박근혜-최순실 게이트만 보더라도 우리 사회에는 여전히 야만적인 요소가 많이 남아 있다. 해방과 내전, 독재와 압축성장의 과정에서 축적된 질곡이 야만이다. 문명사회는 야만의 척결에서부터 시작된다.

그렇다면 총체적인 생활양식의 우월함은 어떻게 가능할까? 내 생각은 이렇다. 우리 인간 자신과 우리를 둘러싼 주변 환경에 대한 주체적인 통찰력이 우월함의 본질이다. 거두절미하고 21세기 현재 이 통찰력에 가장 가까운 개념을 찾자면 역시 과학일 수밖에 없다. 따라서 21세기 문명국가를 건설하기 위해서는 과학적인 마인드가 필수적이다. 주변 환경을 이해하는 것이 원래 과학의 영역이었다면 인간 자신에 대한 이해는 지금까지 대체로 인문학에 많이 의존해왔다. 그러나 21세기 현재의 시점에서 말하자면 인간에 대한 이해에서도 과학의 역할이 급속도로 증가하고 있다. 나는 이 변화가 알파고 시대, 4차 산업혁명 시대를 이해하는 중요한 키워드 가운데 하나라고 생각한다.

흔히 4차 산업혁명은 인공지능과 초연결로 요약된다. 그 이면의 의미는 무엇일까? 나는 그 본질을 '디지털에 의한 세상의 재구축'으로 이해하고 있다. 여기서 말하는 세상에는 인간도 포함된다. 지금까지는 인간을 이해하기 위해서 소설가나 심리학자, 인류학자들의 조언이 필요했다. 이제는 진화생물학자와 뇌과학자들이 더 많은 이야기를 들려준다. 또한 인간들이 남긴 디지털 흔적들(카드 사용 내역에서부터 온라인에 남긴 흔적들까지)은 우리도 모르는 우리에 대한 이야기를 해준다.

자동화와 정보화로 요약되는 3차 산업혁명에서도 디지털은 중요한 역할을 했다. 그러나 이때는 아날로그적 인간 세상을 보조하는 역할에 머물렀다. (물론 그것만으로도 인간 세상은 엄청나게 편리해졌다.) 4차 산업혁명에서는 우리 인간도 주변 환경도 모두 디지털로 재구축된다. 인간을 디지털로 재구축한 결과로 (아직 많이 부족하긴 하지만) 인공지능과 로봇이 등장했고, 주변 환경을 디지털로 재구축한 결과로 사물인터넷이나 가상현실이 등장했다. 디지털은 기본적으로 0과 1의 조합이다. 그 대상이 무엇이든, 인간이든 사물이든 환경이든, 모두 0과 1의 조합이다. 이 수준에서는 인간을 포함한 세상 만물이 모두 똑같다. 따라서 디지털 세상에서는 모든 것이 하나로 융합될 운명이었다고 해도 과언이 아니다. 즉, 디지털로 구축된 세상에서는 네트워크를 이용한 초연결이 필연적이다.

4차 산업혁명을 디지털에 의한 세상의 재구축이라는 관점에서 바라보면 앞으로 우리가 어떻게 대처해야 할 것인지 더 본질적으로 접근할 수 있다. 적어도 지금 우리에게 필요한 것은 한국형 알파고나 한국형 포켓몬고가 아니라 디지털 인프라를 체계적이고 광범위하게 구축하는 일이다. 공장에 로봇 하나, 인공지능 하나 더 들이는 것보다 지금 우리가 살고 있는 이 세상을 디지털의 시각으로 다시 돌아보고 우리에게 필요한 재구축의 방향과 철학을 따져보는 일이 훨씬 더 시급하다.

우월함으로서의 문명은 과정과 방법론으로서의 우월함을 뜻하기도 한다. 이는 과학적 내용 자체보다 과학적 방법론이 더 중요하다는 앞서의 언급과도 통하는 말이다. 4차 산업혁명을 대할 때도 마찬가지이다. 최동석 인사조직연구소 소장은 4차 산업혁명의 핵심을 분권, 자율화, 네트워크로 요약한 바 있다. 하지만 이것은 지능화와 초연결이라는 가시적인 현상만을 설명하는 키워드가 아니다. 최 소장은 우리 사회의 수직적 위계질서, 타율적 의사결정, 단절된 소통 네트워크 등을 지적하며 이런 문제들이 해결되지 않는 이상 진정한 4차 산업혁명은 요원하다고 주장한다. 그러니까 4차 산업혁명은 지금까지의 야만적인 적폐를 일소하고 새로운 사회적 질서를 세우는 과정과 분리할 수 없다.

2017년 조기대선을 눈앞에 둔 상황에서 많은 대선주자가 4차 산업혁명을 말하지만 누구도 과정과 방법론상의 함의까지 내다보지는 못한다. 인공지능 따로, 사물인터넷 따로, 과학기술 정책 따로, 적폐 해소 따로… 누구도 통합된 인식과 긴 안목으로 대안을 제시하지 않는다. 내가 보기에는 정치 지도자라는 분들이 아직 문명에 대한 이해가 부족한 것 같다.

문명화라는 고민은 2007년 대선 때부터 시작되었다. 이명박 정권의 등장은 나의 관점에서는 문명에 역행하는 사건이었다. 2012년 대선 전후에도 나의 관점은 문명화였다. 박근혜 후보가 어떻게 당선됐는지, 문재인 후보는 왜 졌는지, 안철수 열풍의 실체는 무엇인지 대선 전 선거운동 과정과 대선 투표 결과를 분석하면서 내 나름대로 설명해보기도 했다. 5년 전 이야기이지만 이번 대통령 선거에서도 여전히 유의미한 내용이 꽤 있다.

2015년 6월부터는《한국일보》에「이종필의 제5원소」라는 제목의 칼럼을 쓰기 시작했다. 과학자가 쓰는 칼럼이니 알기 쉽고 재미있는 과학 이야기를 써줄 것이라는 주변의 기대가 많았다. 나는 그 기대에 부응하고 싶지 않았다. 재미있는 과학 이야기를 쓰는 사람은 내가 아니어도 적지 않기 때문이다. 나는 과학과 세상사 이야기를 하나로 엮고 싶었다. 그래서 이 칼럼으로 나간 대부분의 글은 글을 쓸 당시의 상당히 시의적인 이슈를 담고 있다. 그중에서《오마이뉴스》에 쓴 글들과 자연스럽게 연결되는 칼럼들 일부를 이 책에서 소개하고자 한다.「이종필의 제5원소」는 기본적으로 지면에 나가는 칼럼이라 글자 수의 제약이 따른다. 초반에는 1,400자였다가 이후 1,850자로 늘었으나 인터넷 매체인《오마이뉴스》에 쓴 기사에 비하면 분량이 굉장히 적다. 개인적으로는《한국일보》칼럼을 쓰면서 짧은 글을 쓰는 훈련을 톡톡히 하고 있다.

지금까지 내가 쓴 정치칼럼들 중에서 가장 기억에 남는 글은 노무현 전 대통령 서거 때 쓴 글이다. 사실 나는 소위 '노빠'라고 할 수는 없는 사람이다. 노무현이 당선되던 2002년 대선 때도 나는 진보정당 후보에게 투표했다. 나는 아직도 스스로를 '노빠'라고 생각하지 않는다. 다만 노무현의 참여정부 5년과 그의 죽음을 지켜보면서, 진보정당을 지지하는 사람들도 노무현을 '이해'해야 하지 않을까라는 생각을 많이 하게 되었다. 특히 논란이 컸던 이라크 파병과 한미 FTA 문제는 기존의 운동권적 시각(내게도 무척이나 익숙한)이 아닌 국가 경영의 시각에서 다시 볼 여지가 있지 않을까 싶었다. 과연 진보정당의 지도자들이 정권을 잡았을 때 2002년의 노무현보다 국정을 더 잘 운영했을까 하고 상상해보면 긍정적으로 답하기 어려웠다.

비록 '노빠'는 아니었지만 인간 노무현에 대한 애틋한 마음은 나도 갖고 있었다. 그 계기는 노무현의 정치적 경호실장이라던 유시민 작가 때문이다. 방송 등 공적인 활동을 모두 접고 노무현을 직접 돕기 위해 나서는 출사의 변에서, 유시민은 엘리트 운동권 출신이 아니었던 노무현에 대한 재야 운동권의 부당한 대접을 지적하고 나섰다. 엘리트까지는 아니었으나 나름 명문대학에서 아주 편하게 학생운동을 했던 나는 유시민의 지적이 무엇인지 몸으로 깨달을 수 있었다. 그런 노무현의 입에서 "비겁한 교훈을 가르쳐야 했던 600년의 역사를 청산"하자는 말이 나왔을 때, 나는 후련한 통쾌함과 함께 큰 좌절감도 맛보았다. 나와 정치적인 입장이 훨씬 더 비슷한 분들은 왜 이런 말을 하지 못했을까? 더 좋은 학벌에 더 좋은 운동 경력을 가진 분들은 왜 600년의 역사를 바꾸자는 얘기를 하지 않았을까? 적어도 노무현보다는 더 진보적이라고 생각했던 나 자신은 왜 그런 생각을 해보지 못했을까?

그래서인지는 몰라도 노무현의 죽음 앞에서 나는 알 듯 모를 듯한 마음의 부채를 안게 되었다. (하필 그날은 외국 학회 참석차 출국하던 날이었다.) 그 빚을 조금이라도 갚기 위해서 나는 글을 하나 쓰기로 했다. 여기 실린 글 중에 가장 고통스러운 시간에 쓴, 가장 많은 피눈물이 들어간 글이다.

이름도 없는 나의 칼럼을 모아 단행본으로 내줄 수 있겠느냐는 제안을 흔쾌히 받아준 동아시아의 한성봉 사장님께 깊이 감사드린다. 여러모로 어려운 출판계의 현실을 보았을 때 쉽지 않은 결정이었을 것이다. 꼼꼼하게 편집해준 하명성 팀장님과 깔끔하게 표지를 만들어준 유지연 팀장님께도 감사의 말씀을 전한다. 시사칼럼을 쓰다 보면 거칠고 격한 소리를 숱하게 듣게 된다. 천 마디 '악플'을 견딜 수 있었던 것은 그 가운데에 숨어 있는 한마디 격려의 목소리 때문이었다. 《오마이뉴스》의 '좋은 기사 원고료 주기' 시스템을 이용해 내게 1,000원, 2,000원씩 원고료를 보내주었던 수많은 독자도 '물심양면'으로 내게 큰 도움이 되었다. 또한 3주에 한 번 나가는 「이종필의 제5원소」에 보태주는 응원의 말도 나를 버티게 하는 힘이 된다.

그 모든 독자에게 진심으로 감사드린다.

차례

추천사 5

프롤로그 8

1장

과학자의 눈에 비친 오늘날의 대한민국

과기부 폐지, '싸구려 과학자' 양산하려나 24

"노무현 복수만 확실히 해준다면…" 노 대통령 유언, 다르게 봐야

하는 이유 32

우리가 노벨 과학상을 못 받는 이유 41

아이스 아메리카노, 6·15 그리고 메르스 48

미국이 명왕성에 가는 사이 **51**

물리학자보다 위대했던 저격수 **54**

전쟁의 경제학, 전쟁의 과학 **57**

양자역학 국정교과서 **60**

'기계 이세돌'을 준비해야 하는 시대 **63**

알파고 쇼크 **66**

'헬조선'의 곡성哭聲 **69**

20대 국회와 한국의 기초과학 **72**

개·돼지 나라의 에어컨 상전 **75**

사드와 '미친 짓' **78**

'무당통치'와 문명국가의 조건 **81**

정유경장을 꿈꾸며 **84**

트럼프 시대의 블루스 **87**

컨택트, 2017 **90**

2장

탐욕을 부추긴 대통령 이명박과 미실未實의 대한민국

"문제는 경제가 아니야, 멍청아!" **94**

재벌정권의 한국판 '빅브라더'를 우려한다 **105**

이명박 대통령은 무슨 생각으로 국민 앞에 섰을까 113

그들은 '제2의 노무현' 탄생이 싫었다 119

누구도 그처럼 목숨을 걸지 않았다 129

덕만과 노무현, MB와 미실… 닮았을까 139

천안함, 여전히 남는 의문들 149

임재범도 하는데, 왜 당신들은 거저 먹나 157

고맙다, 안철수! 분노가 솟구친다 167

박원순은 어떻게 서울시장에 당선되었나 177

〈나꼼수〉 김어준, 정봉주-주진우 덕에 살았다 187

〈해품달〉과 이명박, 기분 나쁘게 닮았다 197

이명박 대통령은 무슨 짓을 한 건가? '범죄조직' 청와대…
국민은 바보가 아니다 206

4할 타자와 5할 대통령 216

드라마 〈추적자〉에 투영된 엽기 대한민국 224

3장

국가와 결혼한 '근혜공주자가', 침몰하는 공화국

새누리당도 놀란 반전, 이유 있었다 234

'그네스타일', 깜빡 속을 줄 알았나? 241

제자리 맴도는 '박근혜, 문재인, 안철수' 실망스럽다   250

일본 극우파와 박근혜가 나란히? 그것만은…   258

'햄버거 사건 박근혜', 이 정도인 줄 몰랐다   266

"독재자 딸 대통령", KBS·MBC 축하한다   273

문재인 패인은 바로 이것   280

국정원 '선거 쿠데타', 이건 민주주의 문제다   290

지난 대선은 명백한 쿠데타… 박 대통령도 공범이다   300

〈변호인〉에 울컥… 내가 노무현의 변호인이 되고 싶다   307

지금까지 구조자 0명… 박 대통령은 대체 뭘 했나?   313

박근혜에 요구한다, 즉시 권력을 반납하라   319

'촛불'과 '태극기'의 상대성이론   328

에필로그   331

일러두기

■ 본문 중 인용문은 되도록 원문을 그대로 싣는 것을 원칙으로 하되, 맞춤법이나 띄어쓰기에 맞게 일부 수정하거나 약물을 통일했다.

■ 책, 장편소설은 『』, 논문집, 잡지, 신문은 《 》, 단편소설, 시, 논문, 기사는 「」, 예술작품, 방송프로그램, 영화 등은 〈 〉로 구분했다.

1장

과학자의 눈에 비친
오늘날의 대한민국

과기부 폐지,
'싸구려 과학자' 양산하려나

2008.1.18.

　　이명박 당선인의 정권인수위원회가 2008년 1월 16일 정부조직 개편안을 발표했다. 현행 18부 4처 18청 10위원회를 13부 2처 17청 5위원회로 축소하는 게 골자이다. 폐지되는 통일부나 여성부, 덩치가 커진 기획재정부에 언론의 관심이 집중되어 있는 듯하다.

　　현업 과학자로서 나는 과학기술부에 남다른 관심을 가질 수밖에 없었다. 이미 과기부 폐지가 예견되었을 때부터 몇몇 단체가 반대 성명을 내기는 했지만, 막상 인재과학부로 통합된다는 소식을 듣고는 착잡한 마음을 숨길 수가 없다(인재과학부는 아마도 일본의 '문부과학성'에서 영감을 얻은 듯싶다).

　　지난 시절의 과기부가 한국의 과학기술 발전에 얼마나 큰 공헌을 했는가에 대해서는 나 또한 회의적인 생각이 전혀 없는 것은 아니다. 중장기적인 발전계획보다는 땜빵식 또는 보여주기식 사업이 태반이었기 때문이다.

이번 정부조직 개편이 전반적으로 기능 통합과 외형 축소라는 방향으로 진행된 것처럼 과기부가 인재과학부로 통합된 배경 또한 "고등교육 지원과 기초과학 진흥이 영역별로 분산돼 국력에 비해 기초과학과 원천기술이 낙후"했기 때문이라고 한다. 그러나 나는 인수위의 이런 분석과 대안에 동의하기 어렵다.

조직개편, '작은정부'라는 목표에 끼워 맞춘 결과

우선 전반적인 조직개편이 한국사회의 현실과 가까운 미래에 대한 철저한 분석에서 출발했다기보다 '작은정부'라는 정해진 목표에 끼워 맞춘 결과라는 느낌을 강하게 받았다. 기존 정부조직의 큰 틀이 IT를 선두로 하는 지식기반 경제체제의 구축이라는 철학을 조직적으로 구현한 것인 반면, 지금의 개편안은 도대체 어떤 국정운영 철학을 담고 있는지 감 잡을 길이 없다.

지난 5년 내내 '좌파정부의 반시장정책'을 규탄해온 한나라당과 이명박 당선인이 기획재정부를 만들어 국가경제를 1970~1980년대 식으로 '기획'하겠다는 발상부터가 모순이 아닐까? 일본 대장성 개혁을 본받자고 하더니 오히려 대장성 같은 부서를 하나 만들었다고 해도 과언은 아닐 것이다. 노무현이 그랬다면 "빨갱이 정부의 본색이 드러났다"라면서 십자포화를 받았을 게 분명하다.

과학자이기에 앞서 국민의 한 사람으로서 보았을 때, 이번 개편안은 정부 주도의 강력한 재래식 경제드라이브를 뒷받침하기 위한 조직개편이 아닌가 하는 생각이 든다. 한반도 대운하가 그 정점에 있음은 두말할 필요도 없다.

공무원 앞에서는 힘없는 '을'일 수밖에 없는 보통 국민 입장에서야 불필요한 공무원 숫자를 줄이는 것이 환영할 일이지만, 그보다 원천적이고 중요한 일이 있다면 현재 국가가 처한 상황이 어떠하고 앞으로 어디로 나아가야 하며 그렇게 하기 위해 어떤 인력과 역량이 필요한지 점검하는 일일 것이다.

이런 관점에서 본다면 인수위가 과기부를 폐지하고 인재과학부로 통폐합한 것은 국정운영에서의 철학적 빈곤을 여지없이 드러냈다고 할 수 있다. 왜 그런가.

인재과학부, 싸구려 인력 대량생산 위한 부처 될 것

첫째, 앞으로 전개될 시대는 지식-국부-국가안보가 삼위일체를 형성할 가능성이 높다. 대부분의 사람은 기초과학을 당장에는 돈벌이가 안 되는, 먼 미래에나 그 투자효과를 기대할 수 있는 사치품 정도로 여기는 경향이 강하다. 그러나 기초과학은 우리가 발 딛고 서 있는 땅과 바다, 숨 쉬는 공기와 하늘을 연구한 일차적인 지식의 종합체이다.

이상기후, 자연재해, 식량부족, 영토·영해분쟁, 자원 확보를 둘러싼 쟁탈전 등이 향후 국가안보에 핵심적인 위협요소이며 여기서의 경쟁력이 선진국으로서 국부를 생산하는 일차적인 원동력이다. 따라서 국가가 전면적으로 나서서 기초과학을 지원하고 장려하는 것은 바로 지금 나라의 생존을 위해서도 필수불가결한 선택이다. 과학기술 정책을 독자적으로 수립하고 집행하는 전담부서 없이는 이렇듯 변화된 주변 상황에서 국가의 미래를 담보하기 어렵다.

둘째, 기초과학과 원천기술이 낙후한 근본적인 이유는 핵심 연구 인력의 절대 부족과 이로 인한 자생력 부재이다. 외형적으로만 본다면 우리나라의 이공계 졸업생 숫자는 세계적으로도 많은 축에 속한다. 그러나 이 모두는 중간 이하 중저급의 '싸구려' 인력에 불과하다.

지금까지 정부나 과기부의 과학정책은 삼성전자 같은 일부 대기업이 값싸게 부려먹을 수 있는 중저급 인력의 대량생산에 맞춰져 있었다. 이런 인력은 노동집약적인 분야나 일부 기술집약적인 분야에서 쓰임새가 있겠지만, 진정으로 원천적인 지식과 기술을 만들어내지는 못한다.

지식을 맨땅에서 캐내는 일은 고급 연구인력의 몫이다. 그러나 이런 일들은 대체로 직접적인 돈벌이와는 거리가 멀다. 바로 그 이유 때문에 대한민국 정부수립 60년이 되도록 제대로 된 인재양성 계획이 없었다. 모두들 눈앞의 경제적 성과에만 급급했던 것이다. 그러나 이런 돈벌이는 기업에서도 얼마든지 할 수 있다. 정부가 존재해야 하는 이유는, 이렇듯 국가 전략적으로 매우 중요하나 시장에서 생존할 수 없는 분야를 든든하게 뒷받침해주는 것이다.

기존의 교육부와 과기부를 합친 인재과학부는 저급 싸구려 인력 대량생산을 위한 부처가 될 가능성이 높다. 이는 아쉽게도 이명박 당선인의 '친기업적인' 신념과도 매우 맞아떨어진다.

다른 선진국과의 단순 비례·비교, 위험하다

여기서 한 가지 매우 중요한 점은 다른 선진국과의 단순 비례·비교가 아주 위험하다는 점이다. 대개 우리나라에서는, '미국이나 일본이나 유럽 국가들의 인구가 얼마이고 GDP가 얼마인데 공무원이 몇 명이고 연구원이 몇 명이며 R&D 투자를 얼마나 하고…' 하는 식으로 비교를 하는 경향이 있다.

그러한 비교가 하나의 좋은 참고자료는 될 수 있지만, 이런 단순 비교의 결과가 절대적이라고 생각하는 것은 매우 잘못된 일이다. 예컨대 우리나라에 공무원이 많아서 줄여야 한다고들 말하지만 119 소방대원의 숫자는 여전히 모자란다.

더더욱 중요한 것은 임계점에 대한 개념이다. 미국이나 일본, 중국 등 주변의 강대국들에 비하면 한국은 여러모로 왜소하고 부족한 나라이다. 혹자는 이런 나라에서 선진국을 흉내 내 그렇게 많은 핵심 인력을 보유할 필요가 있냐고 반문할지도 모른다. 그런데 일정한 숫자의 인력이 확보되지 않으면 그 분야의 기본적인 자생력은 생기지 않는다.

물은 반드시 섭씨 100도가 되어야 끓는다. 1킬로그램의 물이나 10킬로그램의 물이나 그 양에 관계없이 섭씨 100도가 되지 않으면 물은 결코 수증기가 될 수 없다. 한국이 기초과학에서 자생력을 가지기 위해 어느 정도의 인력이 필요한지에 대해서는 논란이 있을 수 있지만, 지금의 숫자로는 턱없이 부족하다는 것은 움직일 수 없는 사실이다. (기초과학의 자생력이 확실한 일본과 비교해서 문부과학성을 빗대 인재과학부를 옹호하는 것은 이런 이유에서 옳지 않다. 지금 우리는 여전히 자생력이 부족하다.)

더 나아가 한국이 비교적 작고 부족한 나라이기 때문에 전략적으로 중요한 부분을 비대칭적으로 지원할 필요가 있다. 반도체 산업이 성공한 것도 그 때문이다. 조선업계가 세계를 주름잡는 것도 회사별로 확보한, 1,300여 명에 달하는 고급 설계인력 덕분이다. 일본에는 그 나라 전체를 통틀어 2,000여 명의 설계인력밖에 없다. 무엇보다 한국은 국력에 비해 엄청나게 많은 돈을 군사비로 쓰고 있다.

미국이나 일본이나 유럽 국가들과 비교해서, 인구 대비 또는 GDP 대비 적정 수준의 반도체 투자액이나 선박설계자의 숫자나 군사비가 어느 정도인지 어느 누구도 따지지 않는다. 이러한 비대칭적인 집중사항에 기초과학이 빠진 것은 매우 잘못된 처사이다. 인수위의 개편안에 있는 인재과학부가 기초과학에 대한 이런 비대칭적 집중투자를 염두에 두지 않았음은 분명해 보인다. 그래서 나는 이 개편안이 이명박 당선인의 국정운영의 빈곤한 철학을 반영한 것이라고 생각한다.

과학자 홀대하면 한국의 미래는 암담할 것

셋째, 기초과학에 대한 정부정책은 고도로 전문화되고 숙련된 인력을 필요로 한다. 앞서 소방관 사례에서 언급했듯이 공무원 숫자를 무작정 줄이는 것이 능사는 아니다. 오히려 전문성을 갖춘 공무원이 절대적으로 부족한 것이 근본적인 문제이다. 일선 연구원과 교수들의 가장 큰 불만사항 가운데 하나도 정부부처에 믿고 대화할 만한 전문 인력이 없다는 점이다.

꼭 군 출신 인사가 국방장관을 할 필요는 없듯이, 과학자 출신 인사가 인재과학부장관을 할 필요는 없을 것이다. 그러나 교육부와 과기부가 합쳐져 탄생한 인재과학부에서 나라의 중요한 과학정책이 비전문가들에 의해 주도될지도 모른다는 점은 극히 우려스럽다. 아주 최근에 와서야 부총리제하에서 과학기술 분야에 대한 정책적 중요성이 겨우 제도적으로 뒷받침되었는데 이제는 그마저도 사라져 과학기술 분야가 정부부처 내에서조차 '시장경쟁'에 내몰리지 않을까 걱정된다.

조직은 이념의 반영이다. 안타깝게도, 이번 인수위의 정부조직 개편안에서는 이 개편을 통해 무엇을 이루고자 하는지가 분명하게 읽히지 않는다. 굳이 찾는다면 이명박 당선인의 '경제 살리기'를 속전속결로 해치울 수 있는 80년대식 구조를 만들었다는 정도가 아닐까? '삽질' 경제로 표현되는, 국가주도의 대규모 토목사업에 온 나라를 총동원할 수 있는 구조 말이다.

이런 천박한 철학으로는 당선인이 공약으로 내세운 선진국 진입이 어려울 것 같다. 선진국에는 돈으로는 살 수 없는 무언가가 있기 때문이다. 기초과학에 대한 획기적이고 전면적인 인식의 전환이 한 예이다. 지식생산자인 과학자를 이런 식으로 홀대한다면 한국의 미래는 매우 암담할 것이다.

✦ 이명박 후보를 지지했던 과학계 어른들도 과기부 폐지에 무척 격앙된 모습을 보였다. 당시 내가 재직 중이던 고등과학원의 휴게실에서는 방문객들 입에서 '배신'이라는 말을 쉽게 들을 수 있었다. 박근혜 정부 들어서는 미래창조과학부가 신설돼 예전의 과기부 업무와 정보통신부 업무 등을 포괄하게 되었다. 일국의 과학기술을 주관하는 정부부처가 수시로 바뀌고 인력이 재배치되면서, 일선에서 느끼는 혼란은 더욱 커졌다. 특히 과학기술에 전문성이 없는 관료가 관련 정책을 주관하게 되는 상황에 대한 불만이 많았다. 과학기술 정책을 정부부처가 내리꽂기식으로 주도하는 것이 바람직하냐는 논란은 여전히 생각해봐야 할 문제이다.

"노무현 복수만 확실히 해준다면…"
노 대통령 유언, 다르게 봐야 하는 이유

2011.11.25.

"노무현 복수만 확실하게 해준다면, 그게 누구든 솔직히 난 그 사람을 찍고 싶은 심정입니다."

학계에서 이름이 높은 어느 명문대학의 교수가 사석에서 다음 대선이 화제에 오르자 이렇게 말했다고 한다. 정·관계에는 아무런 연고도 없고 평소 학교에서 묵묵히 연구에만 전념하던 분이라 적어도 사심에서 나온 말은 아닌 듯싶다.

내 주변에는 MB정권하에서 부정·비리 혐의로 조사를 받은 정연주 전 KBS 사장, 한명숙 전 총리, 그리고 노무현 전 대통령 등 딱 그만큼만이라도 차기 정권에서 MB정권의 부정과 비리를 파헤쳐줬으면 하는 동료 과학자들이 적지 않다. 정량적인 분석과 보편적인 자연법칙을 연구하는 과학자들은 최소한의 정량적인 공정함과 법집행의 보편성에 상대적으로 민감하기 때문이다.

과학자의 눈에 비친 오늘날의 대한민국

총선과 대선은 원래 당대 정권을 심판하는 의미를 갖고 있다. 그 심판이 유권자들의 '복수심'에서 우러나온 것이라면 심판의 강도는 더욱 강해질 것이 분명하다. 내년 총선과 대선에서 이른바 'MB 심판론'이 여느 선거 때의 정권 심판론보다 더 무서운 것은 그 때문이다.

하지만 만약 총선에서 여권이 크게 참패한다면 상대적으로 대선에서는 심판과 복수의 의미가 퇴색될 가능성도 있다. 그 결과 여권 표는 대선에서 결집하고 야권 표는 상대적으로 이완될 여지가 많아진다. 따라서 심판과 복수는 내년 정국에서 양날의 칼로 작용할지도 모른다.

노무현, 그는 판타지를 실현한 정치인이었다

집권 때 큰 인정을 못 받았을뿐더러 생애마저 비극적으로 마감한 노무현이었지만 그의 억울함을 풀어주겠다는 사람이 사후에 훨씬 많아졌으니 그는 무덤에서나마 가장 행복한 정치인이 아닐까 싶다. 지금 주위를 둘러보면 여야와 진보, 보수를 막론하고 노무현만 한 정치인이 없는 것도 사실이다.

노무현은 말하자면 동화 속의 영웅 같은, 동화적인 판타지를 현실에서 실현한 정치인이었다. 청문회에서 고개 뻣뻣한 독재자를 향해 명패를 집어던지고 지역주의를 깨겠다며 바보같이 계속 낙마하는 모습을 보면서, 누구나 한 번쯤은 "저런 사람이 대통령이 된다면…" 하는 생각을 해봤을 것이다. 비겁한 삶을 가르쳐야 했던 600년의 역사를 바꾸자고 했을 때는 나처럼 그에게 표를 주지 않았던 사람도 마치 동화 속에 들어와 있는 듯한 착각에 빠지게 만들었다.

사람들이 동화를 동경하는 이유는 그것이 도저히 현실에서 있을 수 없는, 일어날 것 같지 않은 일들이기 때문이다. 노무현의 정치 인생은 동화 속의 이야기를 현실로 옮겨놓았다. 그리고 그의 비극적인 죽음은 새로운 신화를 만들었다. 차기 대선에서도 여전히 노무현의 그림자를 생각할 수밖에 없는 것은 그의 '신화가 된 동화'가 역설적이게도 MB 치하에서 완성되었기 때문이다. 사람들은 으레 자기 감성이 투여된 슬픈 동화와 신화적 스토리를 소중하게 여긴다. 노무현 지지층의 결집력과 충성도가 높은 것은 이 때문이다.

범야권에서는 노무현의 동화 같은 스토리가 다음 대선에서도 재현되기를 암암리에 기대하는 듯하다. 그러나 사분오열되고 지리멸렬한 야권이 박근혜라는 강력한 대세에 맞서 문재인이든 안철수든 2002년의 노무현 역할을 해줄 누군가를 찾아 추대하면 대역전 드라마가 가능하리라고 기대하는 것은 망상에 가깝다. (예컨대 안철수의 지지율이 2012년 12월 투표일까지 지속될 것인지 굉장히 불투명하다). 현실정치에서 노무현 같은 인물은 지극히 느물다. 게다가 '2002년 노무현 모델'은 이미 낡은 것이 되었다.

우리는 2002년 대선뿐 아니라 그 뒤 노무현 정권 5년을 지켜보면서, 새로운 세력과 치밀한 개혁 프로그램이 물리적으로 뒷받침되지 않는 후보 한 사람만으로는 명백한 한계에 부딪힐 수밖에 없음을 깨달았다. 10년이 지나더라도 이 문제를 해결하지 못한다면, 설령 그 어떤 '슈퍼 울트라' 후보가 나와서 당선된다 하더라도 노무현이 부딪혔던 것보다 훨씬 더 큰 한계에 직면하게 될 것이다. 다행히 선거는 이길지 모르나, 역사를 바꾸지는 못한다.

과학자의 눈에 비친 오늘날의 대한민국

따라서 우리는 인물과 함께(선거에서 후보의 중요성은 나도 인정한다) 세력과 시스템의 문제도 대단히 심각한 수준에서 고려해야 한다. 그렇다면 어떤 세력과 어떤 시스템과 어떤 개혁 프로그램을 준비해야 할까?

'완전한 문명사회' 되지 못한 '야만'의 대한민국

심판과 복수는 정서적 밑거름이 될 수는 있으나 그 자체로 가치 지향점이 될 수는 없다. 미래의 청사진이 없는 과거 청산은 허무할 뿐이다. 최근 전 사회적으로 떠오른 복지 이슈도 한계가 명백하다. 작년 지자체 선거에서 가장 훌륭한 복지정책을 들고 나왔던 심상정 후보가 'MB 심판' 때문에 후보를 사퇴했던 사건은 시사하는 바가 크다. 단순한 복지담론만으로는 유권자의 마음을 얻을 수 없다.

국민들의 삶은 그 자체로 총체적이다. 말과 글로 정연하게 표현할 수도 없고, 때로는 명확하게 자각하지 못하더라도 정세는 총체적으로 국민들의 삶에 녹아 있다. 일례로 어떤 복지공약들도 MB 치하에서는 소용없다고 생각하는 사람에게는 100가지 복지공약보다 확실한 반MB 구호 한마디가 더욱 위력적일 것이다. 대선은 권력을 누구에게 넘길 것인지를 노골적으로 묻는 선거이다. 그 자체가 고도의 권력투쟁 현장이고 민주주의의 문제가 첨예하게 대립하는 전장이다.

지난 10·26 재보선과 이른바 안철수 현상이 던지는 메시지는 분명하다. "나는 보수도 아니고 진보도 아니다"라는 말은 보수와 진보가 대단히 왜곡된 대립구도이며 이것이 한국사회의 문제를 정확하게 집어내지 못하고 있음을 에둘러 표현한 것이다. 간단히 돌아보더라도 강대국에 대한 사대를 앞세우는 보수는 형용모순이고 권력과 민주주의에 대한 문제제기보다 복지만 앞세우는 진보는 개량주의에 불과하다. 한국사회의 비극은 이들이 보수와 진보의 대부분의 영역을 차지하고 있다는 점이다.

정세는 총체적이고 개개인의 구체적인 삶에 특수한 형태로 굴절되어 반영된다. 영원할 것만 같았던 미국 중심의 금융경제는 종말을 고했고 유럽발 경제위기가 해결될 수 있을지도 여전히 혼란스럽다. 재스민 혁명을 겪은 중동은 여태 경험하지 못한 전혀 새로운 세계로 나아가고 있고 이 와중에도 중국은 우주정거장을 쏘아 올렸다. 일본은 미국이 주도하는 TPP(환태평양경제동반자협정) 참여를 선언했고 북한은 3대 세습을 마무리 지으려고 안간힘을 쓴다. 이 모든 것이 우리에게 어떤 의미가 있고 앞으로 우리에게 어떤 영향을 미칠 것인가. 우리는 그 속에서 어디에 위치해 있는가.

나는 이 모든 것을 총체적으로 이해하는 능력이 '문명화'라고 생각한다. 문명의 사전적인 의미는 더 나은 삶의 양태이지만 그러기 위해서는 자신과 그 주변을 둘러싼 환경을 자각하고 이해하는 작업이 필수적이다. 이런 기준에서 보자면 한국사회는 아직 완전한 문명사회가 아니다. 그래서 누가 "한국은 여전히 야만적인 사회란 말인가?"라고 묻는다면, 나는 지난 4년간의 MB정권을 돌아보라고 말하고 싶다. 반대파를 없애고 자기 사람을 심기 위해 법과 원칙은 간단히 무시되었다. 마음에 들지 않는 말을 하는 사람은 무시로 잡아갔고 권력은 그저 자기 잇속을 챙기는 도구로 전락해버렸다.

어린이들이 마음 놓고 밥을 먹기 위해 '그러다가 나라가 망한다'

같은 험한 소리와 주민투표까지 감수해야만 했다. 없는 사람들은 더 험한 경쟁에 내몰리며 인간 취급도 못 받고 급기야는 자살로 내몰렸다. 용산참사와 쌍용차 사태를 떠올려보라. 문명사회라면 상상도 할 수 없는 일들이다. 아차, 자기 집값 올릴 욕심에 '도덕성보다 능력'을 선택한 우리의 야만성도 빼놓을 수 없다.

문명화는 지독한 사대주의를 타파하는 것에서부터 시작할 수 있다. 역사상 그 어느 나라가 돈이 덜 든다는 이유로 자신들의 군사권을 남에게 넘겨준 적이 있는가. 대통령은 '뼛속까지 친일·친미'에다 자기 연설문마저 외국 회사에 맡겨버리고, 고위 관료들은 한국보다 미국을 위해 목숨을 걸고 싸우는 이 행태를 바로잡지 않고서 우리가 문명국가라고 자부할 수는 없는 노릇이다.

대한민국, 스스로 사고하는 능력을 거세당하다

한국전쟁에 참전한 한 미국 장교는 일제 식민지가 한국에 남긴 가장 큰 폐해는 한국 장교들이 스스로 전쟁을 치를 사고능력을 거세한 것이라고 말한 적이 있다. 이런 관점에서 보자면 "해방은 했으나 독립하지 못했다"라는 김용옥의 일갈은 매우 적확한 지적이다. 자신과 세상을 스스로 바라보고 판단하고 이해할 능력이 제거된 식민지배의 폐해는 군사 분야에만 국한되지 않는다.

과학자인 나로서는 현대 '과학문명'의 시대에 자립적인 기초과학 역량이 부재한 것도 가장 큰 야만의 징표로 보인다. 예컨대 이웃 나라에 전대미문의 원전사고가 터졌는데도, 우리는 방사성 물질이 어떻게 퍼져나가는지를 남의 나라 기상청을 통해서만 알 수 있었다.

흔히 기초과학을 먼 훗날의 막연한 이익을 실현하기 위한 방편으로만 이해하는 경향이 강한데, 이는 전혀 사실이 아니다. 과학문명의 시대에는 과학 자체가 즉각적인 생존의 문제이다. 쓰나미나 지진과 같은 자연재해를 잘 이해하고 이에 대처하는 능력은 수많은 생명과 재산을 구할 수 있다. 이처럼 '과학문명'에 대한 최소한의 이해가 있어야만 군사력이나 국방을 뛰어넘는 총체적인 국가안보에 대한 개념을 가질 수 있다.

한편 우리는 기초과학을 어떤 편리한 물건의 핵심 기술을 개발하는 것과 연결해서 생각한다. 그래서 정부가 정의하는 기초과학은 언제나 로열티를 받을 수 있는 원천기술과 거의 동의어이다. 그러나 기초과학은 원천기술을 만드는 것을 뛰어넘어, '편리한 기술'을 넘어, 우리가 편리함 그 자체가 무엇인지 정의하고 탐색하게 만드는 역할을 담당한다.

아이폰이 세상을 놀라게 한 것은 우리가 기존에 알고 있던 편리함을 극대화했기 때문이 아니라 '새로운 편리함'을 발굴해냈기 때문이다. 인간이 편리함을 느낀다는 것이 무엇인가, 인간은 어떻게 외부에서 정보를 받아들이는가 하는 가장 근본적인 문제를 탐구했기 때문에 아이폰이라는 걸작이 나올 수 있었고, 바로 그 이유에서 기술과 교양liberal arts의 결합이 필요했다.

이것이 문명화된 사고방식이다. 남들이 정의해놓은 '편리함'의 테두리 속에서 아무리 기술 개발에 매진해봐야 짝퉁밖에 만들지 못한다. 한국에서 절대로 아이폰이 나올 수 없는 이유는 여전히 우리가 기초과학에 대해 야만적인 생각을 갖고 있기 때문이다.

야만에서 깨어난 시민들의 문명화를 조직하는 힘

오랜 세월 동안 한국정부의 국정지표는 '선진국' 진입이었다. 전두환도 선진 조국 창조를 내세웠고 형식적인 민주화가 이루어진 뒤, 특히 OECD에 가입 후에는 본격적으로 선진국에 들어가는 것이 지상과제로 유포되었다. 하지만 선진국이란 무엇인가? 소득 3만 달러? 세계 7대 강국? 몇 가지 거시경제지표를 달성하는 선진국이 과연 우리가 그렇게 모든 것을 걸고 매진해야 할 가치가 있는 목표일까?

나는 우리가 추구해야 할 가치 지향점이 경제지표상의 허구적인 선진국이 아니라 모든 인간이 인간답게 더 나은 수준의 삶을 살아갈 수 있는 문명국가의 건설이라고 생각한다. 이를 위해서는 아직도 사회 곳곳에 남아 있는 야만과 단절되어야 하고, 야만을 강요하는 악습을 청산해야만 한다.

문명화의 출발은 우리와 우리 주변에 대한 자각, 그것도 집단적인 자각에서부터 시작된다. 게다가 아무리 뛰어난 천재라 하더라도 한두 명이 그 모든 영역을 관리하는 것은 불가능할 것이므로, 문명화는 필연적으로 시스템을 통해 조직적으로 이루어질 수밖에 없다. 또한 개개인의 역량에 크게 휘둘리지 않고 전체적인 시스템이 안정적으로 유지되면서 그 속의 개개인이 최대한의 역량을 발휘할 수 있는 구조라야 그 문명은 지속적으로 발전할 수 있다.

나는 그래서 "깨어 있는 시민의 조직된 힘"이라는 노무현의 유언을 "야만에서 깨어난 시민들의 문명화를 조직하는 힘"으로 이해하고 받아들인다. 이것이 내가 생각하는 민주주의 최후의 보루이다.

벌써부터 세간에서는 안철수냐 박근혜냐, 아니면 문재인이냐를

놓고 갑론을박이 한창이다. 유력 후보들의 지지율은 마치 올림픽 메달 레이스마냥 시시각각 촌각을 다투어 보도된다. 하지만 지난 역사에서 우리가 조금이라도 교훈을 얻었다면, 누군가는 시스템을 생각해야 하고 또 그것을 운용할 사람과 세력을 함께 고민해야만 한다.

대한민국이라는 나라가 문명국가로서 갖춰야 할 최소한의 요건에 대한 국민적인 합의가 이미 존재했다면, 누가 대통령이 될 것인지는 조금 더 여유롭게 따져볼 수도 있었을 것이다. 야만이 득세하고 횡행하는 지금 우리의 수준은 여기에 한참을 미치지 못하고 있다. 내년 대선에서 노무현의 신화가 된 동화를 꿈꾸는 자가 있다면, 2002년의 대선결과만 빼고서 아마도 모든 것을 바꿔야만 할 것이다.

'어게인 2002', 하지만 전혀 새로운 2012. 이제 꼭 13개월 남았다.

✦ 이 기사는 《오마이뉴스》 편집부의 지역투어 행사에 맞춰 청탁을 받아 쓴 글이다. 2012년 대선을 1년여 앞둔 시점에서, 10년 전인 2002년 대선에서 현실이 된 '노무현 신화'를 꿈꾸는 사람들을 위한 조언이 원고 청탁의 요지였다. 그 요청에 부응하기 위해 그즈음 술자리에서 전해 들은 학계 인사의 에피소드로 글을 시작했다. 글을 쓸 때는 첫 석 줄이 중요하다고들 한다. 이 기사는 첫 석 줄이 너무 강렬해서 오히려 해가 된 경우이다. 실제 어느 독자는 처음 몇 줄을 읽고 눈물이 나서 그 뒤로는 읽지 못했다는 메시지를 남겼다.

이 글에서 강조하고 싶던 내용은 프롤로그에서 밝혔던 '문명화'였다. 이 글의 우려대로 2012년 대선에서 박근혜 후보가 당선되었고, 이후 세월호 참사와 최순실 게이트라는 전근대적인 야만에 직면했다. 6년이 지난 지금 내게 똑같은 원고 청탁이 들어온다면 나의 최종 원고도 이 글을 크게 벗어나지는 못할 것 같다.

과학자의 눈에 비친 오늘날의 대한민국

우리가 노벨 과학상을 못 받는 이유

2015.10.11.

2015년 노벨상 수상자 발표를 지켜보는 심사는 편하지가 않다. 중국은 자국 국적을 지닌 최초의 과학상 수상자를 냈고, 일본은 의학상·물리학상에서 이틀 연속으로 수상자를 냈다. 특히 물리학 분야에서는 지난해에 이어 2연패를 한 셈이다.

입자물리학을 전공하는 과학자로서 말하자면, 1998년 중성미자 진동 현상을 처음으로 확인한 일본의 슈퍼 가미오칸데Super-Kamiokande 연구진은 그날로 이미 예약해놓은 노벨상을 이제야 가져간 것과도 같다. 슈퍼 가미오칸데 실험이 시작될 때부터 과학자들은 이 실험이 노벨상감이라는 데에 이견을 달지 않았다.

2008년 고바야시 마코토小林誠와 마스카와 도시히데益川敏英에게 노벨 물리학상을 안긴 일본 고에너지연구소의 벨Belle 실험도 마찬가지이다. 이 실험은 3세대 쿼크가 포함된 입자의 성질을 연구하는 실험으로서, 처음으로 3세대 쿼크를 도입해 쿼크들 상호간의 섞임을 연구한 고바야시와 마스카와의 가설을 검증하기 위해 기획되었다. 벨 실험은 일본 정부가 고바야시-마스카와에게 확실히 노벨상을 안기기 위해 전폭 지원한 프로젝트라는 사실은 공공연한 비밀이다.

경계 넘지 못하게 막는 '주입식 교육'

일본의 사례는 우리에게 시사하는 바가 크다. 왜 우리는 노벨 과학상을 받지 못할까? 당연한 말이겠지만 노벨상을 받을 만한 연구를 하지 않거나 못하기 때문이다. 그렇다면 노벨상을 받을 만한 연구란 무엇인가?

사실 과학자들은 노벨상을 받기 위해 연구를 하지 않는다. 상은 연구의 결과로 주어질 뿐이다. 과학 연구는 인간 지성의 경계를 넓히는 일이다. 그 경계를 한 뼘이라도 더 넓히는 것이 과학자의 보람이다. 따라서 경계를 크게 넓힌 연구일수록 높은 평가를 받는다. 노벨상은 이런 연구에 수여된다.

여기서 첫 번째 문제가 생긴다. 한국의 과학교육은 대체로 기존의 과학 체계가 얼마나 훌륭하고 아름다운지를 먼저 가르친다. 반면 선진국에서는 우리가 무엇을 모르는지, 지금 체계의 한계가 무엇인지를 먼저 가르친다. 지식의 경계를 확인하고 넓히는 데에는 후자의 방식이 훨씬 유리하다. 그래서 선진국의 과학자들은 기존의 경계를 넘어 새로운 규칙을 만들고 새로운 영역을 확보하는 일에 능하다.

한국에서는 그렇게 남이 만들어놓은 규칙 속에서 주어진 문제풀이만 잘하는 인력을 키워왔다. 그 결과 한국 과학계에는 새로움에 대한 '원초성originality'이 부족하다. 노벨상에 한정해서 말하자면, 기존의 경계 안에서 아무리 문제를 잘 풀어봐야 의미가 없다. 노벨상은 대체로 기존의 경계를 넘어 새로운 규칙을 만든 업적에 수여된다. 즉, 노벨상은 원초성에 주는 상이다.

흔히 말하는 주입식 교육, 창의력 말살 교육에서는 당연히 원초성을 확보할 수 없다. 최근에는 또 하나의 요소가 추가되었다. 바로 영어 강의이다. 언론사나 교육 당국이 대학을 평가할 때 글로벌 지표라며 들이미는 영어 강의로는 경계를 넘어서는 훈련을 할 수 없다. 창의적인 생각은 절대 영어로 떠오르지 않는다. 영어 강의를 강요하는 언론이나 교육 당국은 적어도 노벨상 운운할 자격이 없다.

경제효과만 따져선 도약 불가능

둘째로 기초과학이라는 개념 자체에 대한 사회적 인식이 매우 낮다. 수치로만 보자면 한국의 연구개발R&D 지출은 2012년의 경우 국내총생산GDP 대비 4.4퍼센트로 경제협력개발기구OECD에서 가장 높은 수준이다. 하지만 현장은 OECD에서 최고의 대우를 받는 분위기가 전혀 아니다. 여기에는 여러 가지 이유가 있겠지만, 정부가 생각하는 기초과학과 과학자들이 생각하는 기초과학 사이에는 큰 차이가 있다는 점도 무시할 수 없다.

'정부의 기초과학'은 로열티를 받을 수 있는 원천기술에 가깝다. 그래서 무슨 연구를 하든 보고서에는 산업유발효과나 경제적 기대효과 등을 써야 한다. 하지만 중성미자 진동 같은 실험에 무슨 산업유발효과나 경제적 기대효과가 있겠는가. 과학자들이 생각하는 기초과학은 그 자체로 가치가 있다. 경계를 넘어서는 일은 미지의 영역으로 나아가는 것이기에 기존의 산업적·경제적 잣대를 들이댈 대상이 아니다. 안타깝게도 노벨상은 당장의 산업적·경제적 효용보다 인간 인식의 경계를 넓힌 원초성에 더 무게를 둔다.

한편 어떤 이는 우리 처지에서 시간이 오래 걸리는 기초과학보다 당장의 먹거리를 해결해줄 응용 분야에 집중해야 한다고 말한다. 후진국을 벗어나 한참 개발도상에 있을 때는 이 말이 맞을지도 모르겠다. 하지만 적어도 선진국에 진입하기를 원한다면 기초과학은 포기할 수 없는 옵션이다.

단적인 예를 들자면, 양자역학을 이해하고서 반도체를 만드는 것과 이해하지 못하고 만드는 것 사이에는 큰 차이가 있다. 지금의 공정기술을 넘어서 나노미터 이하로 내려가면 양자역학이 지배하는 세상이 나타난다. 이미 초보적인 '양자컴퓨터'가 구글 등 초일류기업에 도입되고 있는 실정이다. 본격적인 우주산업의 시대가 열린다면 일반상대성이론을 모른 채 연구를 감당할 수 있을까?

한둘에 '올인', 일그러진 인재양성

셋째, 이런 것을 가능하게 할 제대로 된 시스템이 없다는 점이다. 정부의 지원은 결국 사람에 대한 투자일 수밖에 없다. 하지만 이때 말하는 사람이란 특정한 한두 명의 개인을 뜻하는 게 아니다. 가장 중요한 것은 해당 분야의 고급 인력을 안정적으로 재생산하는 체계를 갖추는 것이다. 말하자면 인적 흐름의 '동적 평형상태'를 만들어야 시간이 지나고 세대가 지나도 연구 프로젝트가 지속되면서 성과가 쌓인다.

그런데 한국은 노벨상 받을 만한 한두 명한테만 '올인'하려고 한다. 이것은 사람에 대한 투자가 아니라 대단히 위험한 투기이자 도박이다. 마치 제2의 김연아나 이세돌이 태어나기만을 기다리면서 아무런 일도 하지 않는 것과 다를 바 없다.

아직도 적지 않은 사람은 1977년 비운의 사고로 세상을 떠난 천재 물리학자 이휘소 박사를 떠올린다. 나는 이휘소 박사가 살아 있었다면 1979년이나 1999년에 노벨상을 수상했을 가능성이 높다고 생각한다. 그러나 이휘소 박사는 한국인 이휘소라기보다 미국인 벤저민 리Benjamin Lee이다. 무엇보다, 한국 땅에서 한국의 인프라 속에서 성취한 결과가 의미 있는 것이다. 미국이 한국의 이휘소를 데려가서 세계적인 과학자로 키운 것처럼, 우리도 우리보다 못사는 나라의 인재를 데려다 세계적인 과학자로 키울 수 있을까? 며칠 전 화성에 소금물이 흘렀다는 강력한 증거를 찾아낸 주역은 네팔 출신의 연구원이었다. 지금의 한국에서는 불가능한 일이다.

인재양성 시스템에 대한 고민이 없다 보니, 다들 우리는 왜 노벨상 못 받느냐고 한탄을 하면서도 대학에서 물리학과가 사라지는 현상을 심각하게 생각하지 않는다. 2014년 12월 보도에 따르면 대학 정보 공시 사이트에 보고된 161개 대학 중 수학과가 있는 대학은 58개, 화학과가 있는 대학은 61개, 그리고 물리학과가 있는 대학은 겨우 47개에 불과했다. 이쯤 되면 왜 우리는 노벨 과학상을 못 받느냐는 질문 자체가 사치스럽다는 생각이 들 정도이다.

노벨 과학상은 '퍼스트 무버'의 잣대

해결책은 없을까? 우선 한국의 기초과학이 대단히 심각한 상황임을 사회 전체가 인식해야 한다. 한국에서 기초과학 종사자들은 한마디로 말해 멸종에 직면한 천연기념물이다. 천연기념물은 법으로 지정해 보호해야 한다. 나는 우선 기초학문특별법이라도 만들어서 돈도 못 벌고 산업적 가치라곤 눈곱만큼도 없는 천연기념물을 국가가 나서서 보호·육성해야 한다고 생각한다. 기초과학이 발전하려면 그걸로 먹고사는 사람들이 많아져야 한다. 그래야 자생력이 생기고 노벨상이 나온다.

둘째, 기초과학에는 그 자체의 논리가 있음을 인정해야 한다. 경제 논리나 산업 논리와는 전혀 다르다. 노벨상은 경제·산업 논리가 아니라 과학 자체의 논리에 따라 정해진다. 예컨대 기초과학에 들어가는 돈은 '투자'가 아니다. 오히려 버리는 것에 가깝다. 인간 지성의 경계를 넘어서는 원초성을 확보하기 위해 정당하게 지불해야만 하는 절대비용이라는 뜻이다.

먹고살기도 어려운데 천연기념물을 보호한답시고 갖다 버릴 돈이 어디에 있느냐고 할지도 모르겠다. 지난 이명박 정부가 남긴 훌륭한 교훈 가운데 하나는 5년 동안 강바닥에 22조 원을 쏟아부어도 나라가 망하지 않았다는 사실이다. 결과가 불투명한 자원외교에 쓴 돈이 35조 원이 넘는다. 매년 1조 원씩 57년을 쓸 수 있는 돈이다.

올해 노벨 물리학상의 기초가 된 일본의 슈퍼 가미오칸데는 총예산 약 4,000억 원짜리 실험이다. 지난 2012년 힉스 입자를 발견한 유럽의 대형강입자충돌기에는 10조 원 정도 들었다. 단언하건대 기초과학에 매년 1조 원씩 돈을 갖다 버린다면 57년이 되기 전에 한국에서 노벨상은 분명히 나온다. 돈이 없다고 말하기 전에, 그럴 생각이 없는 것은 아닌지 먼저 자문해야 한다.

사실 노벨상은 안 받아도 그만이다. 그러나 '노벨 과학상 수상자 0명'에 담긴 의미를 무시할 수는 없다. 우리의 참담한 현실이 반영된 숫자이기 때문이다. 짧은 기간에 산업화에 성공한 한국의 전략은 '빠른 추격자fast follower'였다. 빠른 추격자에게는 원초성이 필요 없다. 지금 수준으로 계속 살겠다면 원초성 따위 전혀 없는 추격자에 만족해도 된다. 노벨상이 없다고 한탄할 필요도 없다. 하지만 우리가 너 높은 수준의 국가를 지향한다면 생각을 바꿔야 한다. 기초과학을 살리는 일은 그저 상 하나 받느냐 못 받느냐의 문제가 아니다. 곧 현실이 될 우리의 미래를 결정하는 일이다.

아이스 아메리카노, 6·15 그리고 메르스

2015.6.14.

아메리카노는 에스프레소를 물에 묽게 탄 커피이다. 요즘처럼 때 이른 불볕더위가 기승이면 얼음을 잔뜩 넣은 아이스 아메리카노가 제격이다.

얼음을 넣은 물에 에스프레소 샷을 부으면 진한 에스프레소가 천천히 물속으로 퍼져나간다. 빨대로 젓지 않더라도 시간이 충분히 지나면 얼음마저 다 녹아 이제는 그냥 시원한 아메리카노가 돼버린다. 그 뒤로는 시간이 아무리 흐르더라도, 또는 아무리 빨대를 열심히 휘젓더라도 시원한 아메리카노가 다시 물과 얼음과 에스프레소로 분리되지 않는다.

이는 이름도 거창한 '열역학 제2법칙' 때문이지만, 우리가 경험적으로 다 아는 사실이다. 자연현상에는 이처럼 일정한 방향성이 있다. 자연의 법칙을 연구하는 과학자들은 인간 세상도 거스를 수 없는 큰 법칙에 따라 돌아갔으면 하고 바라는 경우가 있다. 아이스 아메리

과학자의 눈에 비친 오늘날의 대한민국

카노를 마실 때마다 나는 물리계가 아닌 인간계의 '제2법칙'을 상상하곤 한다.

마침 오늘은 6·15 남북정상회담 공동성명이 나온 지 15년이 되는 날이다. 김대중 대통령과 김정일 군사위원장의 회담은 분단 이후 사상 최초의 남북정상회담이었던 만큼 한반도 긴장완화와 남북관계 개선에 획기적인 돌파구를 마련했던 일대 사건이었다. 이산가족상봉과 개성공단 사업이 이어졌고 각종 민간교류도 활발해졌다. 이제는 남북관계가 역사를 거슬러 퇴행하는 일 따위는 없으리라 기대했던 사람이 나만은 아니있을 것이나. 에스프레소가 불속으로 퍼져나가듯, 얼음이 녹아 아메리카노와 뒤섞여버리듯, 그렇게 남북한이 평화와 화해로 얽히고설켜 누가 밖에서 아무리 휘젓더라도 다시 예전의 긴장 상태로 돌아가지는 않으리라 기대했고 희망했다.

15년이 지난 지금의 한반도는 마치 아메리카노에서 물과 에스프레소로 분리되고 녹았던 얼음이 다시 각진 육면체로 되돌아간 느낌이다. 남북관계에서도 열역학 제2법칙 같은 원리가 작동할 수는 없었을까?

아직도 진정되지 않고 있는 메르스 사태도 마찬가지이다. 메르스보다 전염성이 훨씬 강한 사스를 완벽하게 방역했던 것이 무려 12년 전의 일이다. 작년 세월호 참사와 같은 실패에서 교훈을 얻어 위기상황에 대응하는 만반의 태세를 갖춰도 시원찮을 판국에, 세계적인 방역 모범사례를 이어받기는커녕 완전히 무위로 되돌려버린 게 현 정부의 모습이다. 국가가 존재하는 일차적인 이유가 국민의 생명을 지키는 것이라면, 이를 위한 국가의 방어기제는 시간이 지남에 따라

더욱 발전하든가 아니면 적어도 현상유지는 해야 한다. 이런 의미에서의 '제2법칙'이 작동해야 정상적인 국가라고 할 수 있지 않을까?

물론 차이점은 있다. 물리계의 제2법칙은 우리 우주의 기본적인 성질인 반면 인간계의 제2법칙은 우리가 부단한 노력으로 추구해야만 하는 가치에 가깝다. 이미 아무것도 안 하고 있지만 더 격렬하게 아무것도 하지 않는다면 남북관계든 방역체계든 회복불능의 파국으로 치닫는 건 시간문제이다.

미국이
명왕성에 가는 사이

2015.7.26.

미국의 우주탐사선 뉴 호라이즌스 호가 찍은 명왕성 사진의 값어치는 얼마나 될까? 지금까지 인류가 명왕성 가장 가까이 가서 찍은 사진이니까 경매에라도 나온다면 꽤 비싸게 팔릴 것 같다.

가장 비싼 사진을 찍는 작가 중 한 명인 안드레아스 거스키Andreas Gursky의 〈라인강 2〉는 2011년 뉴욕 크리스티 경매에서 430만 달러, 우리 돈으로 약 50억 원에 팔렸다. 명왕성 사진이 50억 원에 팔린다 하더라도 미국 항공우주국은 밑지는 장사를 했음이 분명하다. 이번 프로젝트에 들어간 돈이 7억 달러, 약 8,000억 원이다.

10년 가까이 텅 빈 우주 공간을 날아가서 돌덩어리 사진 몇 장 찍자고 무려 8,000억 원을 탕진하는 짓을 왜 했을까? 창조경제 시대의 한국에서는 상상조차 할 수 없는 일이다. 과학계의 중요한 발견이 나올 때마다 나는 "지금 우리 먹고사는 문제와 무슨 상관이 있나요?"라는 질문을 받는다. "전혀 상관이 없는데요." 나의 대답은 한결같다. 2012년 발견된 힉스 입자는 예견에서 발견까지 50년이 걸렸다. 그 50년 동안 인류는 힉스 입자 없이도 잘 먹고 잘 살았다. 아마 앞으로 50년 내로 우리가 힉스 입자의 덕을 볼 가능성은 없을 것이다. 그런 소립자를 찾겠다고 가속기를 짓는 데에 무려 10조 원의 돈이 들어갔다. 경제 논리로 보자면 미친 짓이다.

하지만 세상에는 경제 논리로 설명할 수 없는 일도 많다. 다빈치가 〈모나리자〉를 그린 것이 창조경제나 일자리 창출, 신기술 개발과 무슨 상관이 있을까? 〈모나리자〉는 그 자체로 가치가 있다. 근래 한국에서는 모든 논리적 귀결점이 수출상품 개발이다. 불행히도 저임금으로 싸구려 물건 만들어서 팔던 시대는 이미 지났다. 선진국은 상품이 아니라 '가치'를 만든다. 갤럭시는 상품이지만 아이폰은 가치이다. 미래창조과학부라는 명칭에서도 볼 수 있듯이 한국의 과학은 창조경제를 위한 수단에 불과하다. 여기서는 절대로 '가치'가 나오지 않는다. 돌덩어리 사진 찍자고 10년을 기다려줄 공무원도 없거니와, 무려 8,000억 원이라니.

가치는 인식의 새로운 지평에서 나온다. 인간 지성의 경계를 확정 짓고 한 걸음 더 나아가 선봉의 역할에 서는 것은 주로 과학의 몫이었다. 과학은 가치를 만들어 내는 가장 유력한 수단이다. 뉴 호라이즌스New Horizons(새 지평) 호는 그 이름에 걸맞은 가치를 만든 셈이다.

과학에는 돈을 '투자'하는 게 아니다. 과학에 쓰는 돈은 가치를 얻기 위해 꼭 지불해야만 하는 비용이다. 그럴 돈이 어디 있냐고? 미국이 명왕성에 가는 사이 우리가 4대강에 쓴 돈이 22조 원, 자원외교에 쓴 돈이 35조 원을 웃돈다. 그래도 나라가 망하지 않은 것을 보면, 지금부터라도 경제와 전혀 상관없는 기초과학에 매년 1조 원씩 쓴다 해도 앞으로 57년은 별문제가 없을 것 같다. 비싼 돈 들여 국민들 휴대전화나 훔쳐보는 현 정부에서 이런 발상의 전환이 가능할지는 의문이지만.

물리학자보다
위대했던 저격수

2015.8.9.

1945년 8월의 첫 번째 월요일은 6일이었다. 이날 새벽 서태평양 사이판 근처 티니언 섬에서 총 7대의 B29 폭격기가 북쪽으로 출격했다.

먼저 출발한 석 대는 각각 고쿠라, 나가사키, 그리고 히로시마의 기상관측 임무를 띠고 있었다. 비상대기조 한 대를 제외한 나머지 석 대는 한 시간 뒤인 새벽 2시 45분에 이륙했다. 폴 티비츠Paul Tibbets 대령이 몰았던 '에놀라 게이Enola Gay'라는 이름의 B29 폭격기에는 사상 초유의 폭탄이 탑재돼 있었다.

폭격수 토머스 피어비Thomas Ferebee가 폭탄을 투하한 시각은 8월 6일 오전 8시 15분 15초였다. 폭탄은 45초 뒤 히로시마 한가운데 '상생의 다리' 상공 555미터에서 터졌다. 그 어떤 사전 시험도 거치지 않았던 사상 최초의 우라늄 폭탄은 그렇게 터졌다. TNT 1만 5,000톤 규모, 폭심의 온도는 태양 표면의 1만 배에 달하는 섭씨 6,000만 도였다. 폭발이 일어나고 처음 몇 초 안에 약 8만 명이 사망했고 12제곱킬로미터의 면적이 초토화되었다. 3일 뒤인 8월 9일에는 나가사키에 플루토늄 폭탄이 투하되었다. 8월 15일 히로히토裕仁의 항복 방송이 나오지 않았다면 도쿄에 세 번째 핵폭탄이 떨어졌을지도 모른다.

전쟁의 개념과 인류의 역사를 바꾼 이 신형 폭탄은 물리학자들이 만들었다. 핵무기 제조를 위한 일명 맨해튼 프로젝트에는 로버트 오펜하이머John Robert Oppenheimer, 한스 베테Hans Bethe, 엔리코 페르미Enrico Fermi, 아서 콤프턴Arthur Compton, 유진 위그너Eugene Wigner, 리처드 파인먼Richard Feynman 등 당대 최고의 물리학자들이 총동원되었다. 물리학자들이 쓸모 있는 족속임을 각인시킨 결정적인 계기가 바로 핵무기였다. 1911년 원자핵이 발견된 이후 34년 만에 핵무기가 실전에서 투하되었으니, 원자핵 발견 당시 이게 어디에 쓸모 있겠느냐고 빈정대던 사람이 있었다면 살아생전에 크게 후회했을 것이다.

최근 흥행 돌풍을 일으키고 있는 영화 〈암살〉에서 황덕삼이 김원봉에게 암살 작전 수행 중 어쩔 수 없을 땐 민간인을 죽여도 되느냐고 묻는다. 김원봉은 일본 민간인도 죽여서는 안 된다고 단호히 말한다. 민간인까지 무차별적으로 대량살상을 할 수밖에 없는 핵무기는 김원봉의 철학과는 잘 어울리지 않아 보인다. 나는 영화 〈암살〉을 보면서, 만약 내가 당시 조선의 핵물리학자로서 맨해튼 프로젝트에 참가하려고 했다면 김원봉이 어떤 반응을 보였을까 궁금했다. 실제 프로젝트에 참가했던 적지 않은 과학자들은 자신이 만든 핵무기로 수많은 인명이 희생된 데에 죄책감을 느꼈다. 조선의 과학자라면 어땠을까?

그러나 제아무리 핵무기라 해도 친일 부역자를 처단하지는 못했다. 아마도 물리학자들이 할 수 있는 일은 거기까지였을 것이다. 핵무기가 광복을 시켜줄 수는 있지만 진정한 독립을 보장하지는 못했다. 일본군을 몰아낼 수는 있어도 밀정을 죽이고 민족 반역자를 처단하지는 못했다. 염석진을 처단한 것은 핵무기가 아니라 안옥윤의 총알이었다. "밀정이면 죽여라." 핵무기도 해결하지 못한 임무, 광복 70주년에 더욱 사무친다.

과학자의 눈에 비친 오늘날의 대한민국

전쟁의 경제학, 전쟁의 과학

2015.9.6.

　2015년 8월 14일은 정부가 정한 임시공휴일이었다. 최경환 경제부총리는 임시공휴일 지정에 따른 경제효과를 1조 3,000억 원으로 추산했다.

　며칠 뒤인 18일 정부는 실제 2조 원 정도의 소비지출을 유도했다고 발표했다. 이 장면에서 데자뷔를 느낀 건 아마 나만이 아니었을 것이다. 지난 2010년 11월 서울 G20 정상회의 때 한국무역협회는 이틀간의 정상회의가 유발하는 경제효과를 450조 원으로 추정한 바 있다. 5년이 지난 지금 그 많은 돈이 대체 누구의 호주머니로 들어갔을까 궁금하기도 하지만, 하루 임시공휴일로 우리가 2조 원을 쓴 지 일주일도 지나지 않아 내겐 새로운 궁금증이 생겼다. 북한과 전쟁하면 그 경제효과는 얼마나 될까?

　8월 20일 북한의 포격과 아군의 대응사격이 오간 이튿날 한국 주식시장에서는 반나절 만에 시가총액 24조 원이 증발했다. 종편 방송과 유력 신문사들뿐 아니라 공중파 방송사들까지도 이번엔 본때를 보여줘야 한다며 전쟁불사를 외치고 나섰다. 놀랍게도 전쟁의 경제효과를 따지는 언론은 거의 찾아볼 수 없었다. 돈 버는 일이 지상 최대의 과제인 한국사회에서 드디어 돈보다 더 가치 있는 일이 무엇인지 확인하는 순간이었다. 바로 전쟁이다.

가장 최근에 겪은 국가적 재난의 경제효과를 돌아보는 것이 도움이 될 것 같다. 전 국민을 충격에 빠뜨렸던 2014년 세월호 사고 때문에 그해 민간소비가 약 1조 8,000억 원 줄어들었다는 보고가 있다. 올해 메르스 사태가 경제에 미친 충격은 세월호 때의 다섯 배라고 한다. 물론 여기에는 피해자들의 목숨과 가족이 겪은 고통, 전 국민이 받은 충격 등은 포함되지 않았다.

정말 전쟁이 나면 우리가 어떤 위험과 피해를 감수해야 하는지 정부나 군 당국이 정확하게 알려준 적이 거의 없다. 그럴 의지가 있는지도 의심스럽지만, 군사작전권도 없는 우리에게 그런 예측 능력이나 있을까 싶다. 1994년 북핵 위기 때 미국 클린턴 정부의 시뮬레이션에 따르면 개전 24시간 내 수도권 150만 명 사상, 일주일 만에 500만 명 사상, 전쟁당사국과 인근 국가의 직접적인 경제 손실만 1조 달러 이상이라는 예측이 나왔다. 2013년 미국 헤리티지 재단의 선임연구원 브루스 클링너Bruce Klingner는 한반도에 전쟁이 발발했을 시 결국 연합국이 승리하지만 제1차 세계대전 수준의 사상자(전체 사상자 약 3,252만 명, 938만 명 전사)가 나올 것으로 전망했다. 전쟁불사론자들에겐 이보다 더 소중한 가치가 있는 모양이다.

돈벌이보다 중한 전쟁이라면 최소한의 과학적인 분석은 해봐야 하지 않을까? 이는 전쟁을 반대하는 사람들에게도 꼭 필요하다. 어떤 요소를 얼마나 제거해야 전쟁 위험이나 전시 피해가 어떻게 줄어드는지 예측할 수 있기 때문이다. 그 결과는 향후 남북한 상호군축이나 현 정부의 한반도 신뢰 프로세스에도 큰 도움이 될 것이다. 전쟁을 하든 말든, 이제는 전쟁의 과학에 대해서도 한번 생각해봐야 한다.

양자역학 국정교과서

2015.10.24.

　내 책장에는 양자역학 교과서가 스무 권 정도 있다. 양자역학은 물리학과에서 가장 중요한 과목이다. 현대물리학의 정체성은 양자역학의 확률론이라 해도 과언이 아니기 때문이다. 아마 다른 물리학자들 책장에도 양자역학 교과서가 가장 많을 것이다. 어떤 이들은 과학 교과서가 그리도 많다는 점을 의아해하기도 한다. 자연의 근본 질서를 탐구하는 과학이라면 정답이 하나 있는 공부를 하는 셈인데 굳이 교과서가 그리 많을 필요가 있냐는 말이다.

　여기에는 두 가지 오해가 있다. 과학에서의 '정답'은 언제나 검증의 시험대에 오른다. 그 정답이 얼마나 높은 정밀도에서 성립하는지 항상 확인한다. 그 결과 '정답'이 '오답'으로 바뀌기도 한다. 그래서 과학에서 말하는 '정답'이란 임시적이다. 훌륭한 과학교육은 정답을 가르치는 교육이 아니라 정답의 한계를 가르치는 교육이다. 과학의 위대한 발견은 정답이 오답으로 바뀔 때 자주 등장했다.

상황이 이렇다면 정답을 바라보는 관점이 학자들마다 제각각일 수밖에 없다. 따라서 교과서가 많아진다. 이는 과학의 발전이라는 면에서 재앙이 아니라 축복이다. 북한산은 하나이지만 거기에 오르는 길이 수십 가지인 것이 서울시민에게 축복인 것과 같다. 리처드 리보프Richard Liboff의 양자역학은 행렬역학적 수리 전개가 일품이고, 스티븐 가시오로비츠Stephen Gasiorowicz의 양자역학은 파동함수적 논리 전개가 깔끔하며, 스티븐 와인버그Steven Weinberg의 양자역학은 대가의 숨결이 느껴진다.

만약 전 세계의 지도자급 과학자들이 모여 단 하나의 교과서를 정해서 그것으로만 양자역학을 공부하라고 했다면, 나는 일찌감치 물리학을 포기했을 것이다. 물리학이 가장 성공적인 과학 분야로 기록될 일도 없었을 것이다. 실제 20세기 초 소련에서는 양자역학이 마르크스-레닌주의와 부합하지 않는다고 해서 외면당하기도 했다.

권력층의 입맛에 맞지 않는다는 이유로 침묵을 강요당한 대표적인 사례로는 역시 갈릴레오 갈릴레이Galileo Galilei가 있다. 1616년 로마 교황은 니콜라스 코페르니쿠스Nicolaus Copernicus의 태양중심설을 가르치거나 옹호하지 못하게 했다. 곧이어 코페르니쿠스의 역작 『천체회전에 관하여』는 금서로 지정되었다. 갈릴레오는 자신의 저작 『두 체계의 대화』가 1616년의 결정을 어겼다는 이유로 종교재판에서 유죄를 선고받았고, 책은 금서로 지정되었다. 1633년 6월의 일이다.

나는 역사를 잘 모른다. 하지만 단순한 사실fact 너머에 있는 진리와 진실을 추구한다는 점에서는 자연과학과 통하는 면이 있다고 확신한다. 하나의 '올바른' 정답을 강요하는 것이 아니라, 과학에서와 마찬가지로 수백 가지의 오답 가능성을 허용하는 것이 참된 역사 교육임을 믿어 의심치 않는다. 역사교과서 국정화는 국가가 단 하나의 양자역학 국정교과서를 만들겠다는 것만큼이나 우습고도 어이없는, 하지만 대단히 무서운 발상이다. 이는 학문의 자유에 대한 정면 도전이자 인류 문명에 대한 가혹하면서도 야만적인 테러이기 때문이다. 갈릴레오의 후예로서, 나는 이 반문명적 폭거를 규탄한다.

'기계 이세돌'을
준비해야 하는 시대

2016.1.31.

구글의 자회사인 딥마인드가 개발한 인공지능 컴퓨터 알파고가 유럽 바둑 챔피언을 이긴 뒤 이세돌 9단에게 도전장을 던졌다.

인공의 프로그램이 프로 바둑기사를 이긴 것은 이번이 처음이다. 알파고는 심층신경망이라는 딥러닝 알고리즘을 이용해 기계학습을 수행할 수 있다. 인간의 사고방식을 닮은 알고리즘과 빅데이터, 그리고 이를 빠르게 처리할 수 있는 하드웨어의 발달은 최근 몇 년 사이 인공지능 분야의 획기적인 진전을 이끌어왔다. 알파고를 개발한 구글은 이미 2012년 유튜브의 동영상 속에서 컴퓨터가 고양이를 인식하게 하는 데 성공했다. 페이스북은 딥페이스라는 알고리즘을 이용해 사람 얼굴을 인식한다. IBM의 인공지능 컴퓨터 왓슨은 2011년 퀴즈쇼에서 인간에게 완승을 거두었고 현재 의료 분야에서 혁혁한 공을 세우고 있다. 인공지능과 로봇의 등장으로 조만간 사라질 직업에 대한 기사는 이제 식상할 정도이다. 프로 바둑기사라는 직업도 위험해졌다.

2016년 3월로 예정된 이세돌 9단과 알파고의 세기의 대결에 내기를 건다면 나는 이세돌 9단에게 걸겠다. 한 지인은 SNS에서 "반상에 혈흔이 자욱한 피비린내가 나는 대국 끝에 컴퓨터의 수십 개 대마가 나자빠지는 결과가 일어나리라"라고 이세돌 9단의 압승을 예상했다. 특히 이세돌 9단의 장기인 이른바 '흔들기' 등은 아직 알파고가 극복하지 못할 것으로 전망했다. 이세돌 9단 본인도 이번 대국에서 본인의 승리를 예상했다. 하지만 스스로 말했듯이 3년이나 5년 뒤엔 어찌 될지 아무도 알 수가 없다. 나는 이세돌 9단이 기계를 이긴 마지막 인간이길 바란다.

더 큰 바람이 있다. 한국의 인공지능 컴퓨터가 이세돌 9단을 이긴 최초의 기계였으면 좋겠다. 우리 교육이 특목고와 수능과 명문대에 목매다는 사이, 그렇게 대학에 진학해서는 다시 알바와 스펙과 취업에 내몰리는 사이 세상은 벌써 이만큼 변해버렸다. 암기 잘하고 계산 잘하는 한국형 천재는 검색과 계산 프로그램의 발달로 그 존재 의미가 오래전에 사라졌다. 알파고의 도전장은 이런 시대 변화를 극명하게 보여준다. 조훈현과 이창호를 거치며 세계를 호령했던 한국 바둑은 지금 중국에 밀려 고전 중이다. 그나마 이세돌이라는 걸출한 인물 덕분에 인간과 기계 간 세기의 대결은 서울에서 열리게 되었다. 그러나 나와 지인의 예상대로 이세돌 9단이 이긴다 한들 헛헛한 마음은 감출 수 없을 것 같다. 알파고를 개발한 딥마인드는 구글에 인수된 영국 회사이다. 세계 바둑대회가 열리면 명함도 못 내미는 영국이다. 영국의 바둑 인구는 약 4만 명으로 2,000만 명가량의 중국이나 900만 명가량의 한국에 비할 바가 못 된다. 그런 영국에서 만든 인공지능이 세계 최강의 바둑기사에게 도전장을 냈다. 아마도 머지 않은 미래에는 인간이 기계에 도전장을 내야 할 것이다.

　이제 우리는 제2의 이세돌뿐 아니라 '기계 이세돌'도 키워야 하는 시대에 살고 있다.

알파고 쇼크

2016.3.13.

충격의 한 주였다. 인공지능이 바둑 최고수를 이기는 날이 이렇게 빨리 올 줄은 몰랐다. 서양의 이양선과 새로운 문물에 깜짝 놀랐던 조선 말의 우리 모습이 이랬을까 싶다.

알파고는 예상보다 너무 강했다. 아니, 우리가 처음부터 예상을 잘못한 것이다. 언제부터인가 우리는 제2의 쇄국, 즉 '디지털 쇄국'을 하고 있었다. 스마트폰이 한국에 상륙하는 데에는 2년이 지체되었다. 업계 종사자들은 천지가 개벽하기에도 충분한 시간이었다고 말한다. 국내 유명 SNS 업체는 수시로 정부의 세무조사를 받았다. 게임 산업은 마약소굴 취급을 받는다. 어릴 때부터 게임광이었던 알파고의 개발자 데미스 하사비스Demis Hassabis가 한국에서 태어났더라면 나이 마흔인 지금쯤에는 세계적인 인공지능 회사가 아니라 동네 치킨집을 힘겹게 운영하고 있지 않을까? 그렇게 문을 걸어 잠그고 우리가 한 일이라고는 부동산 재개발과 4대강 삽질뿐이었다.

과학자의 눈에 비친 오늘날의 대한민국

알파고는 인류 최고수를 그냥 이긴 것이 아니라 인간이 이해하지 못하는 방식으로 이겼다. 일부 착점은 바둑 최고수들도 이해하지 못했다. 바둑의 정석을 다시 쓰거나 패러다임 자체를 바꿔야 할지도 모른다는 얘기까지 나온다. 알파고의 수를 이해하지 못하는 것은 알파고 개발자들도 마찬가지이다. 대국을 끝낸 인류 최고수에겐 함께 복기할 상대가 없었다. 인간은 모르지만 그 피조물인 기계는 알고 있는, 어쩌면 인류 역사상 가장 새로운 형태의 미지에 노출된 셈이다. 알려진 미지known unknowns와 알려지지 않은 미지unknown unknowns를 말했던 미국의 전 국방장관 도널드 럼스펠드Donald Rumsfeld의 표현을 빌려 쓰자면, "(인간에게) 알려지지 않은 (인공지능만 아는) 사실unknown knowns", 즉 미지未知한 기지旣知가 사상 처음으로 등장한 것이다.

늘 그랬던 것처럼 정부는 부랴부랴 인공지능 시대 마스터플랜 수립에 나섰다. 이 분야를 또 무슨 '전략 산업'으로 키울 요량인가 보다. 정작 알파고를 개발한 구글은 인공지능으로 더 나은 세상을 만들겠다고 한다. 모든 문제를 산업이나 돈벌이의 문제로만 치환해온 정부의 오랜 패착은 개선의 여지가 없어 보인다.

미국은 1957년 이른바 '스푸트니크 쇼크'(소련이 인류 역사상 첫 인공위성인 스푸트니크 호를 성공적으로 발사하자 미국이 받은 충격을 뜻한다)를 우주 강국으로 발돋움하는 발판으로 삼았다. 미국 항공우주국도 그렇게 창설되었다. 게다가 그 사건은 수학과 과학 같은 기초학문의 교육을 강화하는 계기가 되었다. '알파고 쇼크'를 극복하는 길도 근본적으로 다르지 않다. 인공지능과 경쟁해야 하는 시대일수록 플랫폼으로서의 기초학문이 더욱 중요하다. 알려진 지식known knowns

을 단순하게 전달하는 것만으로는 미지한 기지를 당할 재간이 없기 때문이다.

뒤집어 생각하면 '알파고 쇼크'는 우리가 하기에 따라 엄청난 기회가 될 수도 있다. 그러고 보면 우리에게 이런 성찰의 계기가 생긴 것도 이세돌이라는 걸출한 인류 대표가 있었기 때문이다. 그의 존재만으로도 그저 감사할 뿐이다.

'헬조선'의
곡성 哭聲

2016.5.27.

"이게 뭐지?" 화제의 영화 〈곡성〉을 보고 난 뒤의 첫 소감이었다. 머릿속엔 느낌표보다 물음표가 더 많이 남았다.

왜 마을 사람들이 이상해지고 살인사건이 계속 일어나는지부터 잘 이해되지 않았다. 외지인(쿠니무라 준國村隼)의 정체가 무엇인지, 일광(황정민)과 무명(천우희)은 또 어떤 존재인지, 이들은 서로 어떤 관계이며 주인공인 종구(곽도원)와는 왜 그렇게 얽히고설켰는지 납득이 될 듯 말 듯 하다가 머릿속은 더 복잡해졌다.

하루 정도 지나서야 나는 이 모든 혼란의 원인 한 가지를 깨달았다. 영화 속의 문법은 일상의 문법이 아니었다. 현실에 있을 법한 이야기를 다룬 영화는 우리 일상의 문법과 상식과 논리로 충분히 납득할 수 있다. 현실에 없는 존재(좀비나 귀신, 악령 등)를 다루는 영화는 그 자체의 문법을 따라야 한다. 좀비는 왜 죽지 않는지, 악령은 어떻게 저런 초자연적인 힘을 발휘하는지는 기본적으로 그 작품 속의 법칙에 따라 정해진다. 영화 〈트랜스포머〉를 보면서 우리는 어떻게 저런 변신 로봇이 외계인으로 존재할 수 있는지 같은 질문을 하지 않는다. 처음부터 '그렇다 치고' 받아들이면 그만이다.

〈곡성〉의 마력은 일상의 익숙한 문법이 아닐 수 없는 극적인 전개가 비일상의 결론으로 자연스럽게 도약하는 데 있다. 그 도약이 억지스러운 결과였다면 〈곡성〉은 뜬금없는 삼류에 머물렀을 것이다. 악령이나 절대악이 존재하는 세상의 법칙은 지금 우리가 생활 속에서 겪는 일상의 법칙과 다르다. 후자로 전자를 이해하려고 들면 혼란만 늘어난다. 나의 경우가 꼭 그랬다. "절대 현혹되지 마라", "미끼를 물었다"라는 영화 포스터의 카피는 어쩌면 일상화법에 길들여진 나 같은 관객을 향한 경고였는지도 모르겠다.

적어도 우리 행성에서 벌어지는, 초자연적이라 생각했던 현상들은 과학이 발전하면서 대부분 자취를 감추었다. 하지만 과학과 이성과 상식이 작동을 멈춘 곳에서는 악령과 귀신이 다시 등장하곤 한다. 가습기 살균제로 둘째(태아)와 셋째 아이를 잃은 한 여성은 한때 자신에게 귀신이 씌었나 하는 의심을 했다고 한다. 정부도 업체도 전문가도, 이 사회의 그 누구도 진실을 말해주지 않으니 그 자리를 귀신이 꿰찬 것이다. 과학적인 설명이나 납득할 만한 진상조사, 대책 마련도 없고 여전히 비슷한 위험에 노출돼 있다면 피해자의 입장에서는 가해의 주체가 기업이든 정부든, 아니면 사악한 악령이든 별 차이가 없다. 자기 배만 채우겠다는 악덕기업이나 국민의 생명과 안전은 나 몰라라 하는 정부가 악령의 실체라 해도 전혀 이상해 보이지 않는다.

과학자의 눈에 비친 오늘날의 대한민국

세월호 사건은 아직도 귀신에 홀린 것만 같다. 며칠 전 강남 한복판에서는 단지 여자라는 이유로 한 사람이 끔찍하게 살해되었다. 이유 없이 사람들이 죽어나가고 책임지는 사람은 아무도 없고 진실을 밝히려는 사람은 오히려 새로운 표적이 되기 일쑤이다. 과학이니 상식이니 하는 말은 전혀 적용되지 않는다. 악령이 등장하는 영화와 너무나 닮았다.

차라리 사악한 악령이 문제라면 용한 무당이라도 불러다 굿이라도 해보겠지만, 영화에서처럼 믿고 의지하던 무당마저 한패인 것이 우리 현실에 가깝다. 악령이 지배하는 '헬조선'은 그렇게 완성된다. 스크린 밖의 악령이 더 무서운 현실, 힘없는 사람들의 우는 소리는 오늘도 멈추질 않는다.

현실의 악령들은 우는 소리마저 부정한다. 악에 맞서는 첫걸음은 우는 소리, 곡성을 있는 그대로 들어주는 일이다. 여기 아픈 사람이 있음을, 뼈에 사무치는 슬픔과 통한으로 눈물 흘리는 사람이 있음을 외면하지 않고 기억하는 것이다. 김탁환 작가 등은 세월호 유족들의 곡성을 팟캐스트 〈416의 목소리〉에 담았다. 강남역을 찾은 추모객은 무수히 많은 쪽지를 남겼다. 그렇게 곡성을 들어주는 사람들이 있었다. 서로를 기억하고 잊지 않는 사람들이 있었다. 나는 그 힘을 믿는다.

20대 국회와
한국의 기초과학

2016.6.17.

지난 13일 제20대 국회가 개원했다. 16년 만의 여소야대 국회가
한국사회 전반에 참신한 새바람을 불러일으키길 기대한다.

일선에서 기초과학을 연구하고 가르치는 한 사람으로서 나는 20
대 국회가 한국 기초과학의 패러다임을 바꾸는 전기를 마련했으면
한다.

얼마 전《네이처》에서 한국 과학계를 비판한 기사가 화제로 떠
올랐다. 2014년 기준 R&D 투자 비중은 국내총생산 대비 4.29퍼센
트로 세계 최고 수준이지만 논문 수는 독일이나 일본에 못 미치고
노벨 과학상 수상자도 아직 없는 현실을 꼬집었다. 4.29퍼센트라는
숫자에는 통계의 함정도 있다. 2014년 R&D의 75퍼센트는 기업 몫
이다. 정부의 R&D 투자도 산업과 연관된 경우가 많다. 정부에서 나
온 문서를 보거나 관료들과 얘기를 하다 보면 '기초과학'이라는 단
어를 서로 다른 의미로 쓰고 있다는 느낌이 많이 든다. 정부에서 말

하는 '기초과학'은 대체로 로열티를 받을 수 있는 원천기술에 가깝다. 최근 정부의 주요 사업 중 하나인 "산업연계교육활성화 선도사업"이라는 명칭 자체가 이런 현실을 상징적으로 대변하고 있다.

이렇게 된 데에는 기초과학이든 응용과학이든 과학기술이든, 그 정체가 무엇이든 결국엔 죄다 국가경제발전에 복무해야 한다는 인식 탓이 크다. 특히 기초과학은 '과학기술'로 뭉뚱그려진 개념 속에서 그 존재감이 아주 작다. 기초과학이 그 자체로 존재 의의가 있음을 아무도 인정하지 않는다. 우리는 〈모나리자〉를 보면서 이 그림이 국가경제발전이나 국가안보에 얼마나 크게 기여했는지 묻지 않는다. 〈모나리자〉는 인간 지성의 최극단을 보여주는 작품이기 때문에 그 자체로 가치가 있다. 기초과학도 마찬가지이다.

알파고 시대에 필요한 인재는 산업계가 곧바로 현장에서 쓸 수 있는 인재라기보다 급변하는 상황에 주체적으로 대응할 수 있는 플랫폼형 인재이다. 이런 인재를 길러내기 위해서는 다른 모든 분야의 플랫폼 역할을 하는 기초과학(또는 기초학문)이 꼭 있어야 한다. 어차피 돈이 되는 응용 분야는 기업이나 산업계가 먹여 살릴 수 있다. 하지만 당장 돈이 되지 않는 기초과학은 국가가 나서서 보호하지 않는 이상 고사하고 만다. 패러다임 자체를 바꿔야 한다.

기초과학을 경제 활성화의 도구로 바라보는 이런 시선에는 여야가 따로 없다. 지난 4·13 총선 당시 주요 3당이 내놓은 과학기술 분야 정책은 거의 비슷하다. 과학기술은 여전히 경제위기를 돌파하는 미래 성장동력의 수단으로 인식될 뿐이다. 기초과학에 대한 지원을 확대하겠다는 말은 있지만 입에 발린 수사 이상으로 들리지 않는다.

자금지원을 늘리는 것만으로 해결되지 않는 심각한 문제들이 많다.

'R&D 비중 세계 최고'라는 환상 속에서 현장의 기초과학은 말라 죽어가고 있다. 화학과, 수학과, 물리학과 같은 기초과학 계열의 학과는 턱없이 부족하다. 세계 석학들이 서울대학교 자연과학대학의 의뢰를 받아 최근에 낸 보고서에 따르면, 서울대학교 자연과학대학은 여전히 '남들 따라 하기 과학'에 매몰돼 있다. 그사이 중국의 대학들은 거침없이 성장하고 있다. 《네이처》가 지난 4월 발표한 자체 연구성과지표를 보면 전체 50위권 내 중국 대학이 일곱 개였는데, 서울대는 57위에 불과했다. 대학에서 기초과학이 무너지는 현실을 외면한다면 백약이 무효하다. 대학은 자유롭고 선도적인 연구가 가능한 곳일뿐더러 학문 후속세대를 일차적으로 양성하는 곳이기 때문이다.

그래서 호소한다. 20대 국회에서 기초과학을 (그리고 다른 기초학문도) 보호하는 특별법이라도 제정해주기를 바란다. 반달가슴곰 같은 멸종위기 동물은 천연기념물로 지정해 국가가 보호한다. 생물다양성 확보 차원에서 당연한 조치이다. 한국의 기초과학도 멸종위기에 놓여 있다. 기초과학 종사자가 곰만도 못한 존재는 아니지 않은가.

과학자의 눈에 비친 오늘날의 대한민국

개·돼지 나라의
에어컨 상전

2016.8.19.

대한민국의 전력시장을 운영하는 전력거래소 홈페이지에 들어가면 실시간 전력수급현황을 알 수 있다.

이 글을 쓰고 있는 2016년 8월 18일 22시 25분 현재 대한민국의 전력공급능력은 9,108만 킬로와트이고 현재 부하는 6,986만 킬로와트이다. 전력은 단위 시간당 소요되는 에너지이고, 킬로와트는 전력의 단위이다. 실제 소비한 에너지양을 구하려면 전력에다가 소비한 시간을 곱하면 된다.

9,000만 킬로와트라는 전력공급 능력이 어느 정도인지 잘 실감나지 않을 것이다. 우리 집 스탠드형 에어컨의 소비전력은 1.8킬로와트이다. 보통의 벽걸이형 에어컨의 소비전력은 1킬로와트에 훨씬 못 미친다. 9,000만 킬로와트의 전력이면 5,000만 인구가 1.8킬로와트짜리 에어컨을 하나씩 돌릴 수 있다. 4인 가족의 가정에서는 가족 네 명이 스탠드 에어컨을 하나씩 총 네 대를 돌릴 수 있다는 말이다.

물론 생산된 전력으로 에어컨만 돌리는 건 아니다. 지하철도 움직여야 하고 공장도 돌려야 한다. 그렇기는 해도 5,000만 인구 모두가 에어컨 하나씩을 돌릴 수 있는 정도의 전력은 어마어마한 양이다. 아무리 낭비벽이 심한 가정이라도 이런 식으로 여름을 나진 않는다. 그럴 필요도 없다.

참 이상하지 않은가. 가족 수대로 에어컨을 돌릴 수 있는 나라에서 여름마다 전력난이 예상된다며 가정에서 전기를 아껴 쓰자고 하다니. 이런 요구가 제도로 정착된 것이 전기요금 누진제이다. 누진제 폐지니 완화를 반대하는 큰 이유 중 하나가 바로 전력난이다. 그러나 전기요금 부담이 줄어든다고 해서 에어컨 한 대를 돌리던 가정이 에어컨을 두 대 이상 돌리지는 않을 것이다.

그렇다면 우리는 애초에 각 가정이 에어컨을 사용하기 전부터 이미 다른 곳에서 많은 전력을 쓰고 있었던 것은 아닐까 하는 의심을 갖게 된다. 컵에 물을 조금밖에 붓지 않았는데 물이 넘친다면 원래 컵 속에 물이 많이 담겨 있었을 거란 이야기이다. 실제 가정용 전력 소비 비율은 전체의 13퍼센트에 불과하다. 공공용·상업용 전력소비 비율은 32퍼센트, 산업용은 52퍼센트로 가정용과 비교했을 때 훨씬 높다. 이미 많이 알려진 대로 누진제는 가정용에만 적용된다. 요금도 산업용이 훨씬 싸다. 에너지 자원이 없는 나라에서 에너지를 아껴 쓰는 것은 미덕이다. 하지만 사회 전체가 고루 그 부담을 지지 않는 구조는 옳지 않다.

그렇게 비싼 전기요금을 내는 사람들은 정작 직장에서 오랜 시간 일을 해도 월급이 누진제마냥 폭발적으로 증가하진 않는다. '전기요금 폭탄'이 두려운 우리는 에어컨을 상전 모시듯 할 수밖에 없다. 누진제 존속이냐 폐지냐가 핵심이 아니라, 이 나라에서 평범한 국민들이 사람 대접받고 사느냐 아니냐가 더 중요한 문제이다. 일시적인 전기요금 경감이나 여론에 떠밀린 누진제 졸속 개편은 "이거나 먹고 떨어져. 개·돼지들아"라고 말하는 것과 크게 다르지 않다.

가축으로서 개와 돼지가 하는 일 중엔 특별한 식재료를 찾는 일도 있다. 땅속에서 독특한 향을 내며 자라는 송로버섯을 찾는 데에 개와 돼지가 동원된다. 지난 11일 박근혜 대통령과 새누리당 신임 지도부 오찬 자리에 올랐다는 송로버섯도 그렇게 채취했는지 모르겠다. 마침 그날 전기요금 제도 개선에 관한 얘기가 오갔고 18일에는 당정 태스크포스가 출범했다니 기다려볼 일이다.

하지만 유례없는 폭염과 경제난, 사드 문제 등 때문에 힘겹게 하루하루를 살아가는 국민을 생각했다면 보는 사람이 더울 정도의 복장까지 갖춰 입고 그렇게 비싼 음식을 꼭 먹었어야 했을까 싶다. 전기요금 폭탄이 두려워서 라면 하나 끓일 때도 땀을 뻘뻘 흘려야 하는 평범한 가정집의 사정은 알고 있을지. 주권자인 우리는 절대권력이라는 송로버섯을 누군가에게 갖다 바치는 개·돼지가 아니다. 대통령은 '아랫것'들 사정은 좀 몰라도 되는 상전이 아니다. 상전은 집구석 에어컨만으로도 충분하다.

사드와
'미친 짓'

2016.9.9.

태양 같은 별이 안정된 형태를 유지하는 이유는 두 가지 요소가 균형을 이루기 때문이다. 하나는 핵융합에 의해 바깥으로 팽창하는 압력이고 다른 하나는 별의 중심으로 향하는 중력이다.

핵융합 반응에 필요한 연료를 다 써버리면 전자들이 서로 밀어내는 이른바 축퇴압이 중력에 맞선다. 이런 별을 흰난쟁이별이라고 한다. 좀 더 무거운 중성자별에서는 중성자들의 축퇴압이 중력과 균형을 이룬다. 이 균형이 무너져 중력이 우세해지면 블랙홀이 생긴다.

천상에서야 균형이 깨지면 블랙홀 같은 매혹적인 현상도 생기지만, 사람 사는 세상에서는 균형이 미덕일 때가 많다. 20세기 과학문명이 만들어낸 가장 기이한 균형은 아마도 '공포의 균형'일 것이다. 만약 미국이 러시아에 전면적인 핵 공격을 감행하면 어떻게 될까? 핵 공격으로 모든 군사시설과 지상기지를 파괴하더라도 이를 보복할 수단이 남아 있으면 미국도 막대한 타격을 입을 것이다. 핵무기

과학자의 눈에 비친 오늘날의 대한민국

를 잔뜩 장전하고 깊은 바닷속을 은밀하게 움직이는 핵잠수함이 대표적인 보복 수단에 속한다. 만약 미국이 이 사실을 잘 알고 있다면 섣불리 러시아에 선제 핵 공격을 하지 못할 것이다. 이는 러시아도 마찬가지이다. 즉, '내가 죽으면 너도 죽는다'라는 사실을 상대방이 잘 알고 있으면 핵전쟁이 나지 않는다. 이를 상호확증파괴에 의한 공포의 균형이라고 한다. 상호확증파괴는 영어로 'Mutually Assured Destruction', 즉 MAD이다. 말 그대로 미친 짓이다. 지구상에서 핵무기를 다 없애면 가장 간단하면서도 확실할 것을.

냉전 시절에 이 '미친 짓'을 뒷받침했던 전략 중에 탄도탄요격미사일Anti-Ballistic Missile, ABM 협정이 있다. 탄도탄요격미사일은 자국으로 날아오는 적국의 탄도미사일을 요격할 수 있는 미사일이다. ABM 협정은 이런 요격미사일의 개발과 배치를 제한하는 협정이다. 싸울 때 싸우더라도 서로 방패나 갑옷은 착용하지 말자는 협정이다. 방패나 갑옷이 없으면 내가 선제공격을 했을 때 2차 보복공격 때문에 나도 죽을 가능성이 높다. 그러니까 ABM 조약은 상호확증파괴를 더욱 확실하게 보장하는 의미가 있다.

ABM 조약을 파기한 것은 미국이었다. 2002년 당시 조지 워커 부시 대통령이 테러와의 전쟁을 명분으로 내세워 일방적으로 이 조약을 파기했다. 나는 방패를 들고 갑옷도 입을 테니, 당신들도 알아서 하라는 이야기이다. 미국의 미사일 방어, 즉 MDMissile Defense가 본격화된 것도 이즈음이다. 이렇게 되면 러시아는 MD를 뚫을 새로운 무기 체계를 개발하거나, 비슷한 MD 체계를 개발할 수밖에 없다. 인류를 절멸시킬 수 있는 전략무기가 줄어들기는커녕 새로운 군비경쟁이 시작될지도 모른다.

고고도미사일방어체계Terminal High Altitude Area Defense, 즉 사드THAAD는 적국의 탄도미사일을 높은 고도에서 요격하는 시스템이다. 사드가 방어무기체계라는 말은 맞다. 하지만 냉전 시기 핵 경쟁과 군축의 역사를 돌아보면 방패 하나 드는 것이 뭐가 문제냐고 말할 수만은 없다. 중국이나 러시아의 입장에서는 한반도 사드 배치 문제가 단지 사드 레이더로 자국이 감시당하는 것 이상의 의미가 있다. 수백에서 수천 발의 핵무기 통제권을 갖고 있는 시진핑과 푸틴에겐 미국의 MD가 턱밑까지 파고들어 핵 균형이 무너질지도 모른다는 위기감이 퍼지고 있을 것이다. 이런 상황에서 성주에 배치되어 수도권도 방어하지 못하는 사드를 박근혜 대통령이 '북핵 방어용'이라고 아무리 강변한들, 시진핑과 푸틴을 설득할 수 있을 리가 없다. 이들은 한국이 이제 미국의 핵전략 운용에서 최전선 방패 역할을 할 것이라고 여길지도 모른다. 우리 정부는 과연 이런 속내까지 다 계산하고 사드 배치를 결정한 것일까?

주먹 쓰는 사람들끼리 싸움이 나면 맨 앞의 조무래기들이 가장 먼저 다친다. 국제사회에서 지금 우리의 위치가 어디쯤인지 가늠해 볼 때마다 걱정이 앞선다.

과학자의 눈에 비친 오늘날의 대한민국

'무당통치'와
문명국가의 조건

2016.10.28.

2007년 무렵이었다. 김대중-노무현 정부 10년을 거치며 이제 우리도 형식적이나마 민주주의를 완성했으니 새로운 국가 어젠다가 필요하다는 목소리가 높았다.

산업화와 민주화를 이루었다면 그다음은 무엇일까? 산업화와 민주화를 이루었다는 것은 이제 겨우 우리가 정상적인 보통의 국가를 이루었다는 뜻이다. 더 나은 삶의 양태라는 사전적인 의미를 생각해보면, 나는 다음 단계는 문명화라고 생각했다. 물리학자로서 과학적 방법론에 기초한 문명사회를 꿈꾸었던 것은 나에게는 자연스럽고 당연한 귀결이었다.

그해 연말 대선 정국에서 당시 이명박 후보의 이른바 BBK 관련 '광운대 동영상'이 "주어가 없다"라는 한마디로 뭉개졌을 때 나는 큰 좌절을 느꼈다. 기록은 문명의 기본이다. 기록 문명에 관한 한 『직지심경』부터 한글에 이르기까지 내세울 게 많은 나라에서, 그것도 21세기 과학문명의 시대에 이는 있을 수 없는 일이라고 생각했다. 비슷한 반문명적 행태는 5년 뒤 대선에서 이른바 'NLL 대화록' 조작극으로 반복되었다.

그렇게 탄생한 박근혜 정권에 뭔가를 기대하긴 어려웠다. 세월호 사건과 메르스 사태는 스마트폰과 인공지능의 시대에 야만의 갈라파고스가 돼버린 한국의 민낯을 그대로 보여주었다. 이번에 드러난 최순실 게이트는 그 모든 야만이 사상 유례를 찾기 힘든 '무당통치'에서 비롯됐음을 강력하게 시사한다.

최순실 게이트의 본질은 '무당통치'가 민주공화국 헌정을 유린한 사건이다. 고관대작들이 머리를 조아렸고, 반발하던 공무원들이 잘려나갔고, 재벌들은 돈을 뜯겼다. 북핵문제, 위안부 협상, 사드 배치 등 국민의 생명과 국가안위와 직결되는 문제가 어떻게 농락당했는지 알 길이 없다. 다른 무엇보다, 대통령이라는 헌법기관 자체가 실질적인 권력 서열 1위인 무당에 의해 무력화되었다. 대통령이 무당에게 결재를 받아온 이 해괴망측한 사건은 문명화된 21세기가 아니라 기원전 21세기에나 있을 법한 일이다.

박근혜-최순실의 관계가 박정희 대통령 시절 최 씨의 아버지 최태민까지 거슬러 올라간다는 점은 널리 알려진 사실이다. 둘의 사이가 가까워진 데에는 '양친을 흉탄에 잃은' 박정희 정권 시절의 비극적인 사건들이 큰 역할을 했다는 게 중론이다. 그렇게 따지고 보면 '21세기 무당통치'는 산업화로 칭송받는 개발독재의 어두운 그림자가 40년 뒤 민주공화국에 사후적으로 멋지게 복수한 셈이다. 독재자의 딸이 대선에 출마했다고 우리를 조롱하던 외신들은 이런 결과를 예상하고 있었을까?

박 대통령 스스로 '무당통치'를 인정한 10월 25일 이후, 대한민국은 그 이전과는 완전히 다른 나라가 되었다. 국정은 이미 4년 전부터 중단된 상태였고, 지금 이 순간에도 그러하다. 하야와 탄핵이 각종 포털사이트 검색 순위를 휩쓸 때, 지금은 그런 말을 하면 안 된다는 사람들이 있었다. 사후 혼란을 어떻게 감당할 것이냐, 역풍은 계산에 넣었느냐는 비난이 쏟아졌다. 하지만 지금은 박근혜 대통령이 대통령직을 계속 유지하고 있다는 사실 자체가 엄청난 혼란이고 국가안보에 가장 큰 위협이다. 박 대통령이 그 직을 유지하는 동안에는 철저한 진상조사도 어렵다. 따라서 진상조사 과정 자체가 하야든 탄핵이든 박 대통령의 직무정지 및 권력해체 과정과 궤를 같이해야 한다. 당연히 역풍도 있을 것이다. 그러나 옳은 길을 갈 때의 역풍은 '계산하는 것이 아니라 극복하는 것'이어야 한다.

나라 꼴이 이 지경까지 되었으면 사태를 수습하는 과정에서 발생하는 혼란은 피할 수 없다. 혼란스럽고 복잡하니까 그냥 쉽게 가자고 하면 언젠가 제2의 무당통치가 반드시 재림한다. 사회혼란이 무섭다고 민주주의를 미루거나 불의를 심판하지 않는다면 그것은 아마도 지하의 군사독재가 가장 기뻐할, 민주공화국에 대한 가장 성공적인 사후 복수가 될 것이다. 문명은 야만의 종식에서 시작된다.

정유경장을 꿈꾸며

2016.12.30.

'혁명'에 해당하는 영어 단어 'revolution'의 원래 뜻은 회전 또는 공전이다. 이 단어에 '급격한 사회 변화'라는 의미가 부여된 것은 15세기 중반부터라고 한다.

100년쯤 뒤엔 인류 역사상 가장 중요한 혁명, 과학혁명이 시작되었다. 과학혁명이란 16세기에서 17세기 사이 서유럽에서 근대과학이 태동하고 완성된 일련의 과정이다. 그 시작점을 어디로 잡을 것인지에 대해서는 의견이 분분할 수 있으나, 코페르니쿠스가 사망한 1543년이 중요한 분기점임은 분명하다. 이해에는 그가 쓴 『De revolutionibus orbium coelestium』라는 책이 출판되었다. 우리말로 옮기면 '천구의 회전에 관하여' 정도 된다. 이때의 라틴어 'revolutionibus'에는 정치적 혁명이라는 의미가 없다. '과학혁명Scientific Revolution' 이 '천구 회전Revolutions of the Heavenly Spheres'에서 시작되었다는 점은 흥미롭다.

널리 알려진 대로 코페르니쿠스의 가장 중요한 업적은 지구와 태양의 위치를 바꾼 것이다. 코페르니쿠스 이전의 지배적인 우주관에서는 지구가 우주의 중심에 고정돼 있었다. 달과 태양, 수성, 금성, 화성 등이 지구 주위를 공전한다. 붙박이별들은 거대한 구면인 천구(항성천구)에 붙어 하루에 한 번 지구 주위를 회전한다. 코페르니쿠스 체계에서는 우주의 중심에 있던 지구가 변방으로 밀려나 태양 주위를 맴돈다. 항성천구가 매일 지구 주위를 한 바퀴 도는 대신 지구가 자전한다. 코페르니쿠스에서 티코 브라헤Tycho Brahe와 요하네스 케플러Johannes Kepler, 갈릴레오 갈릴레이를 거쳐 아이작 뉴턴Isaac Newton에 이르러 정점을 찍은 과학혁명의 출발점은 '단지' 지구와 태양의 자리를 바꾼 것이었다.

단순한 자리바꿈이 위대한 혁명으로 이어질 수 있던 이유는 각자 있어야 할 자리를 제대로 찾았기 때문이다. 지난 10월부터 그 진상이 드러난 박근혜-최순실 게이트를 통해 우리는 지금 한국사회에서 각자의 위치가 얼마나 전도돼 있는지 깨닫게 되었다. 대통령이 있어야 할 자리에는 최순실이라는 비선 실세가 버티고 있었다. 국민의 생명을 지키지도, 헌법을 준수하지도 않는 박근혜 대통령은 아직도 청와대를 지키고 있다. 그가 있을 자리는 교도소가 더 어울려 보인다. 국회에서 탄핵 소추 당한 뒤에도 전혀 반성하는 기색이 없다. 덕분에 주권자인 국민은 매주 광장으로 모였다. 단지 부정한 대통령을 즉시 끌어내리기 위해서만은 아니다. 원래 국민의 자리, 대한민국의 모든 권력이 비롯되는 주권자로서 제자리를 찾기 위해서였다.

주권자로서의 국민이 권력의 핵심에서 밀려나 주변부를 맴돌았던 것은 어제오늘의 일이 아니다. "민중은 개·돼지"라는 영화 속 대사는 아마도 대한민국 정부가 수립된 이래로 사실이었을 것이다. 대한민국 권력의 원천은 군부였고, 재벌이었고, 수구언론이었고, 부패한 검찰이었다. 박근혜-최순실 관계의 모태는 박정희 군사독재였다. 그 후예들은 선거에서 댓글조작 사건을 저질렀고, 이번 청문회에서도 진실을 은폐하는 데에 급급했다. 직장에서 몹쓸 병에 걸린 직원들에게는 한 푼도 쓰지 않던 재벌이 비선 실세를 위해서는 수백억원을 아끼지 않았다. 수구언론은 박근혜의 '아우라'를 위해 기꺼이 100개의 형광등이 되었고, 부패한 검찰은 김기춘과 우병우라는 괴물을 만들었다. 군부, 재벌, 언론, 검찰이라는 4대 거악이 민주공화국의 주인 노릇을 하며 주권자인 국민 위에 군림해왔던 역사를 이제는 뒤집어야 한다. 원래 이들의 자리를 찾아줘야 한다. '단지' 자리를 바꾸는 것만으로도 우리는 시대를 바꿀 수 있다.

병신년의 마지막에 광장에서 나는 희망한다. 새해 정유년은 경장更張의 한 해가 되기를, 어물쩍 넘어가다 악습이 되풀이되는 순환revolution이 되지 말기를, 다시는 거스를 수 없는 비가역의 혁명REVOLUTION이 시작되기를.

과학자의 눈에 비친 오늘날의 대한민국

트럼프 시대의 블루스

2017.1.20.

지난 연말《네이처》는 2017년 과학계의 미래를 전망하는 기사에서 두 번째 꼭지로 3월부터 시작되는 영국의 브렉시트 협상과 4월 프랑스 대선, 10월 독일 총선을 꼽았다. 이 일의 결과에 따라 유럽 과학자들의 연구 환경이 크게 달라질지도 모르기 때문이다.

첫 번째로 꼽은 항목은 도널드 트럼프Donald Trump 대통령 시대의 개막이었다. 과학전문지가 한 해를 전망하면서 북미와 유럽 대륙의 정치적 상황을 1, 2위로 꼽은 것이 흥미롭다. 트럼프는 기후변화가 사기라는 말까지 했다. 트럼프가 공언한 대로 미국이 파리기후협약을 탈퇴한다면 협약 자체가 무효화될 수도 있는 만큼 기후변화에 대처하려는 세계의 노력을 헛되이 할지도 모른다. 트럼프 행정부의 면면을 보면 그의 호언장담이 말로만 그칠 것 같지 않다.

에너지 및 기후협약 문제와 직접 관련이 있는 국무부, 내무부, 에너지부, 환경보호청 인선만 봐도 그렇다. 국무장관인 렉스 틸러슨Rex

Tillerson은 석유 거물로 불리는 엑손 모빌 최고경영자이다. 내무장관 라이언 징크Ryan Zinke는 셰일가스 개발론자로서 기후변화에 회의적 입장을 보인 바 있다. 에너지장관 릭 페리Rick Perry 전 텍사스 주지사는 2012년 공화당 대선후보 경선에 나서 에너지부를 없애겠다고 했던 사람이다. 환경보호청장 스콧 프루이트Scott Pruitt는 오바마의 환경규제를 반대하는 운동의 선봉에 서서 환경보호청과의 소송까지 불사하며 싸워온 인물이다. 이들 모두 기후변화 회의론자이거나 화석에너지 개발과 확대를 옹호해온 사람들이라, 트럼프 행정부는 확실히 파리기후협약과는 정반대의 길을 걸을 것 같다.

그뿐 아니라 백신 회의론자인 로버트 케네디 주니어Robert F. Kennedy Jr.가 신설되는 백신안전위원회를 맡을 전망이다. 부통령인 마이크 펜스Mike Pence는 인간 배아 줄기세포 연구에 반대 입장을 분명히 했다. 지난 10여 년 동안 환경부에서 환경파괴를 묵인하고 노동부에서 재벌 입장만 강변하던, 그리고 과학기술부와 정보통신부가 아예 사라진 우리네 상황이 묘하게 겹친다.

미국과학진흥협회장인 러시 홀트Rush D. Holt는 이번 미 대선을 두고 이렇게 말했다. "이번 선거는 정치기득권political establishment을 거부한 선거라고들 합니다. 그러나 그것이 기정사실established facts까지 거부하도록 내버려둘 순 없습니다." 트럼프 시대를 맞이하는 과학자의 절박함이 느껴진다.

기정사실까지 거부된 시대가 어떤지 우리는 이미 잘 알고 있다. 쿠데타를 쿠데타라 부르지 못했고, 건국절 논란과 함께 대한민국의 역사에서 임시정부의 기억은 지워지고 있다. 기정사실을 뒤집기 위한 몸부림은 국정교과서로까지 이어졌다. 앞으로 끔찍한 날들을 맞이하게 될 미국인들에게 연민의 마음을 느끼는 건 나만이 아닐 것이다.

설상가상으로 트럼프 대통령은 전문직 취업비자H-1B를 억제하는 이민법을 추진 중이어서 미국은 고급인력 수급에도 차질이 생길 것 같다. 미국의 이론물리학자인 미치오 카쿠加來道雄는 예전에 이런 말을 했다. "미국에는 비밀병기가 하나 있습니다. 바로 H-1B입니다. H-1B가 없다면 이 나라의 과학 기반은 무너져 내릴 것입니다. 구글은 잊으세요. 실리콘밸리도 잊으세요. H-1B가 없으면 실리콘밸리도 없습니다."

과학이 눈부시게 발전할 수 있던 요인으로 개방성과 민주성을 빼놓을 수 없다. 트럼프 대통령이 최악인 이유는 문제해결의 방법론조차 과학적 방법론과는 정반대로 작동시키려 하기 때문이다. 그런데도 미국 유권자들이 이민자와 유색인종과 사회적 약자를 조롱하고 공격했던 트럼프를 선택한 이유는 아마도 문명인으로서의 지성보다 호모사피엔스에 깃든 야만의 정서가 우세했기 때문일 것이다.

사이비 교주 일가에 나라를 완전히 넘겨버리다시피 한 우리 입장에서 남 걱정할 처지는 아니다. 올해 중요한 정치 일정을 앞두고 있기는 한국도 마찬가지이다. 정유년 새해, 야만과 문명의 갈림길이 다시 우리 앞에 놓여 있다.

컨택트, 2017

2017.2.17.

테드 창Ted Chiang 원작의 「네 인생의 이야기」를 영화화한 개봉작
〈컨택트〉가 화제이다. 다리가 일곱 달린 영화 속 외계인 '헵타포드'
가 쓰는 언어는 인간의 언어와 다르다.

헵타포드의 문자는 더욱 기묘하다. 원을 기본으로 해서 원주 위
에 촉수나 나뭇가지 모양의 복잡한 문양이 더해진 모습이다. 모양만
기묘한 것이 아니다. 인간의 문장은 일차원적이며 명사나 동사, 또는
주어와 서술어로 나누어 이해할 수 있지만 헵타포드의 문자는 그 자
체가 완결적인 하나의 문장이다. 분절적으로 나누려는 순간 전체 구
조가 무너진다. 이 완결적인 구조는 헵타포드의 시간 개념과 밀접한
관련이 있다. 인간에게 시간은 한 방향으로만 흐른다. 헵타포드에게
시간은 일차원적이지 않다. 원형의 문자처럼 시작도 끝도 없다. 과거
와 현재와 미래라는 인간의 개념도 존재하지 않는다. 모든 순간의 사
건이 파노라마처럼 펼쳐져 하나의 완결적인 일대기를 만들 뿐이다.

대개 영화가 시작할 때 화면에 영화 제목이 멋지게 등장한다. 〈컨택트〉에서는 영화가 다 끝난 뒤에야 'Arrival'이라는 원제가 스크린에 떠오른다. 시작과 끝이 구분되지 않는, 지극히 헵타포드적인 방식이다. 나는 영화가 끝난 뒤에야 처음으로 'Arrival'이라는 영화 제목을 보고서는, 지금까지 내가 봤던 영화는 그저 미래의 모습을 본 것일 뿐이고, 실제 영화는 지금 시작하는 게 아닐까 하는 생각을 문득 하게 되었다. 지금 내 기억 속의 모든 과거가 사실은 아직 내가 겪지 않은 미래의 일이라면 어떨까?

우리 모두 잠시 헵타포드가 되어, 2017년 현재 우리가 겪고 있는 이 모든 혼란이 아직 일어나지 않은 허상이라고, 그리고 실제 우리의 현실은 2012년 12월 1일이라고 가정해보자. 헌정유린과 국정농단의 참담한 '미래'를 알게 된 우리는 얼마 후 치러질 대선에서 과연 다른 선택을 할까? 박근혜를 선택하지 않을 자유의지가 있을까? 박근혜-최순실 게이트가 터지자마자 사람들은 너도나도 "박근혜가 그럴 줄은 몰랐다"라고 입을 모았다. 헵타포드의 힘을 빌려 2012년 12월 1일 '현재', 우리는 "박근혜가 그럴 줄 알고 있다". 우리에게 자유의지가 있다면, 아마 박근혜 후보는 대통령에 당선되지 못했을 것이다.

딱하게도 우리에겐 헵타포드 같은 능력이 없다. 하지만 그럭저럭 쓸 만한 두뇌는 갖고 있다. 인간은 오랜 세월 자신의 두뇌를 이용해 미래를 보거나 겪지 않고서도 미래를 예측하는 능력을 키워왔다. 그 능력의 선봉에는 과학이 있었다. 과학적인 사고와 방법론은 미래에 대한 가장 믿을 만한 예측을 내놓는다. 좀 어설프긴 하지만, 미래를 보지 않고도 어느 정도는 미래를 예견할 수 있다.

다행히 지금 우리는 2022년이 아니라 2017년에 살고 있다. 헵타포드의 능력을 빌려 2022년의 우리 모습을 미리 볼 수 있다면 참 좋겠지만, 그게 불가능하다면 다소 불만족스럽더라도 우리의 지적 자산을 총동원해 미래를 가늠해볼 수는 있다. "아무개가 그럴 줄 몰랐다"라는 말이 다시 나오지 않으려면 철저한 사전검증은 필수이다. 누가 새로운 대통령이 되었을 때 대한민국이 어떻게 바뀔지, 증거와 데이터에 기초한 평가와 예측에 심혈을 기울여야 한다.

한편 실제 벌어진 현실을 눈앞에 두고도 이를 부정하는 사람들도 있다. 특히 헌정유린과 국정농단의 공범이라 할 수 있는 새누리당은 당명을 자유한국당으로 바꾸면서 반성하기는커녕 오히려 역사를 거꾸로 돌리려 하고 있다. 100년 전쯤 우리 선조들이 20~21세기 대한민국의 굴곡진 현대사를 헵타포드처럼 내다볼 수 있었다면 민족반역자 처단만큼은 확실하게 하지 않았을까? 또다시 다행인 것은 지금 우리가 심판과 청산의 후회를 후대에 남기지 않을 수 있는 2017년에 살고 있다는 점이다. 헵타포드가 지닌 능력은 없지만 우리 'Human'은 지혜로운 사람, 호모사피엔스이다.

과학자의 눈에 비친 오늘날의 대한민국

2장

탐욕을 부추긴 대통령
이명박과 미실未實의 대한민국

"문제는 경제가 아내야,
멍청아!"

2007.9.19.

"문제는 경제야, 멍청아It's the economy, stupid!"

이 말은 빌 클린턴Bill Clinton 전 미국 대통령이 1992년 대선에 나서
며 내세운 캐치프레이즈이다. 걸프전 와중에 나온 이 구호가 약발이
있었는지 아칸소 출신의 시골뜨기는 승전보를 등에 업은 아버지 조
지 부시George H. W. Bush를 누르고 백악관에 입성했다. 이 구호는 공허
한 메아리로만 남지 않았다. 미국의 고질적인 쌍둥이 적자, 즉 무역
적자와 재정적자가 임기 말에 엄청난 흑자로 반전되었고 경제전문
가들조차 경제이론으로는 도저히 설명하기 힘든 유래 없는 10년 호
황이 미국을 유일 초강국의 위치에 올려놓았다.

2007년 대선, 왜 '경제대통령'인가

15년 후 자신의 구호가 태평양 건너 이 작은 나라의 대선에서 크

탐욕을 부추긴 대통령 이명박과 미실의 대한민국

게 유행하게 될지 클린턴은 짐작이나 했을까? 2007년 대선을 맞이한 한국사회는 그야말로 '경제대통령' 일색이다. 부동의 지지율 1위인 이명박 후보가 그러하고 손학규가 그러하고 문국현이 그러하고 심지어 민노당의 권영길마저 그러하다. 다른 후보들도 정도의 차이는 있지만 결국 '경제 패러다임'에서 크게 벗어나지 않는 모습이다.

후보들뿐만 아니라 관전자들, 언론이나 시민단체나 각종 전문가들조차 문제는 경제라고 입을 모은다. 15년 해묵은 그 구호를 내 기억 속에서 되살려준 이도 진보적 지식인으로 잘 알려진 손호철 교수였다.

정말 문제는 경제일까? 솔직히 나는 한 명의 유권자로서 이 명제에 큰 의심을 품고 있다. 우선 이 글을 쓰는 나는 정치문제나 경제문제에 관한 한 전혀 전문가가 아닌 평범한 시민임을 밝혀야겠다. 그렇기 때문에 혹여 누군가 멍청이라고 비난하고 싶다면 무지한 어느 백성의 어리석은 하소연으로 헤아려주기 바란다.

먼저 '문제는 경제'라는 논리가 왜 허구적인지 살펴보자. 한나라당과 보수언론들은 김대중-노무현으로 이어지는 10년을 '잃어버린 10년'으로 규정하며 이 정권에서 총체적인 경제실패를 경험했다고 주장한다. 특히 노무현 집권기에는 5년 내내 '반시장적이고 무능한 좌파정부가 시장경제를 망치고 성장동력을 잠식한다'라고 얘기해왔다.

"요즘 얼마나 먹고살기 힘드십니까?" 이 한마디는 민생파탄, 청년실업, 부동산 문제, 사교육비 부담, 양극화 등 우리 사회 모든 모순을 담아내고 있다. 이 문제를 해결하기 위해 이들은 기업규제는 풀고 세금은 낮추고 성장 중심주의를 앞세워 7퍼센트 성장을 달성하겠다고 한다.

그런데 손호철 교수나 민노당 등 이른바 진보세력은 그 모든 문제의 책임을 세계화 정책에서 찾고 있다. 한미FTA가 대표적이다. 보수든 진보든 이 모든 경제문제의 책임을 노무현 정부에 돌리는 것에 의견일치를 본 듯하다. 그런데 한나라당은 노무현이 민노당과 같은 것이 문제라고 하는 반면 민노당은 노무현이 한나라당과 같은 것이 문제라고 하고 있다.

나는 이 두 주장에서 우리나라 보수세력의 기만성과 진보세력의 무능함을 함께 느끼곤 한다. 많은 사람이 지적하듯, 현재 한국경제가 처해 있는 문제는 한마디로 집약하면 '내수 부진'이다. 기업들은 국내 투자와 채용에 소극적이고 소비는 위축되어 돈이 있어도 선순환적으로 돌지 않는다.

그렇다면 왜 내수가 부진할까? 이 질문에 대한 답으로 '세계화'는 격에 맞지 않는다. 큰 틀에서 궁극적으로 옳은 이야기는 종종 하나 마나 한 소리일 가능성이 높다. 그래서 진보세력이 무능하다는 말을 듣는 것이다. 구체적인 문제에 대한 구체적인 진단과 대안이 없기 때문이다.

소수 재벌 위하는 게 친시장적 정책?

그러면 한나라당의 주장처럼 노무현이 무능하거나 반기업적인 정책을 펴서 내수가 부진한 것일까? 여기에는 큰 함정이 있다. 출자총액제한제나 집단소송제, 금융산업구조법 등 비상식적인 재벌에 대한 합리적인 규제들이 모두 '반反기업 좌파정책'에 포함된다. 높은 상속세 때문에 기업인들의 경영의지가 꺾인다는 주장은 보수언론에 대문짝만 하게 실려도, 세계 1, 2위의 재력가인 빌 게이츠Bill Gates와 워런 버핏Warren Buffett이 이튿날 "(부시가) 상속세를 폐지하려는 움직임은 혐오스러운 행위"라고 강력하게 반대한 것은 보도되지 않는다. 최근에는 사법부마저 정몽구, 김승연, 박용성 등 범법 행위를 저지른 기업인을 사법처리하지 않고 풀어주며 친기업적인 분위기 조성에 발 벗고 나섰다. 신문들은 환영한다.

요컨대 한나라당과 보수세력이 말하는 친시장적인 정책이란 소수 재벌들에게만 특별하게 유리한 정책과 다름없다. 노무현 정부 초기 시도했던 각종 개혁법안들은 재벌에 편향되게 유리한 각종 제도와 법을 바꾸는 작업이었다. 여기에는 예컨대 범법행위를 저지른 기업인은 아무리 대기업 총수라도 응당 실형을 살아야 한다는 '상식'도 포함된다.

보수세력들은 이런 일련의 개혁들로 인해 자신들이 쌓아온 기득권이 침해될 위협을 느꼈고 그래서 이들은 모든 가능한 수단을 동원해 이에 항거했다. 말하자면 재벌들이 사실상 '자본가 파업'을 한 셈이다. 이것이 내수 부진의 근본적인 원인이다. 월스트리트 전문 애널리스트들조차 도무지 알 수 없었던 2003년 서울발 경제위기론의 실체는 개혁정부에 봉기한 자본가 파업과 다름없다. 신문사들은 이들의 충실한 입이 되었고 한나라당은 그 후견인 역할을 자임했다.

자신의 입맛에 맞지 않는 정부를 공격하는 데에 '경제실패'는 가장 유효한 수단 중 하나이다. 예전에 썼던 기사(《오마이뉴스》,「한나라

집권 땐 나라 망한다? 과학적으로 한번 따져봅시다」, 2007.6.17.)에서 밝혔
듯이 무능한 좌파정부가 나라를 망친다는 자신의 이론을 증명하기
위해서는 정말로 나라가 망해야만 했다. 언론과 대기업을 장악한 보
수세력은 그 증거를 실제로 만들어낼 능력이 있었고 '썰'에만 불과
했던 경제위기론은 2차 북핵 위기와 맞물리며 실체가 되었다. 국민
경제를 볼모로 한 자본가들의 파업은 민생파탄과 양극화를 디딤돌
삼아 각종 개혁정책들을 후퇴시키는 데 성공했다.

　가장 대표적인 예로 부동산 문제가 있다. 정부에서 무슨 대책을
내놓아도 한나라당과 보수언론은 실패를 미리 예견하며 투기를 부
추겼다. 신문지면에는 건설회사 광고가 넘쳐났다. 그 눈물겨운 노력
은 대성공이어서 종부세 대상자도 아닌 서민들이 부자들의 종부세
를 걱정하는 지경에 이르렀다. 자신들이 부동산 정책에 대한 불신을
확산시켜 정책을 무효화시키고서는, 그것으로 다시 부동산 정책 실
패의 책임을 물어 정부를 공격했다.

경제 의제 만들려는 보수세력의 목숨을 건 사투

　그러니까 한나라당은 자신의 기득권을 지키기 위해 재벌들과 합
작해 나라 경제에 분탕질을 쳐놓고는 그 책임을 모두 좌파정책 탓으
로 돌린 뒤 이제 와서 다시 경제를 살리겠다고 소리치는 셈이다. 바
로 여기에 한나라당이 내세우는 '경제대통령론'의 저의가 숨어 있다.

　'문제는 경제'라는 의제는 지난 5년 내내 한국의 보수세력이 노
무현 정부를 몰아내기 위해 끈질기게 공들여온 패러다임이며 그 완
결판이 바로 '이명박 대통령'이다. 노무현 정부의 지난 5년은 사실

개혁과 보수가 목숨을 건 사투를 벌인 5년(길게는 박정희 시절과도 맞닿아 있는)이었다고 해도 과언이 아니다.

지금 한국경제가 정말 위기인가 아닌가는 별개로 하더라도 우리 머릿속에 각인된 '경제문제'는 대부분 이 지난한 사투의 결과이기 때문에 이 과정을 고려하지 않고 어설프게 '경제대통령'이라는 패러다임에 뛰어드는 것은 이명박을 도와주는 셈일 뿐이다. 문국현과 권영길이 아무리 온갖 수식어를 '경제'라는 단어 앞에 붙인다고 하더라도 경제문제를 둘러싸고 5년간 형성된 이 패러다임이 바뀌지는 않는다.

예를 들어 이명박과 관련해 아무리 큰 비리가 터지더라도 박용성과 이건희와 정몽구와 김승연이 거의 무죄로 방면되는 모습에 익숙한 유권자들은 이를 대수롭지 않게 여길 가능성이 크다. "기업하는 사람들은 원래 그 정도는 해먹는 거 아냐?" 이것이 패러다임의 힘이다. 이런 패러다임에서는 오히려 크게 해먹는 것이 훌륭한 기업인의 척도로 여겨진다.

'문제는 경제'라는 패러다임이 허구인 두 번째 이유는 우리가 처한 대외적 상황과 관련 있다. 잠시 미국의 상황으로 돌아가보자. 1992년 경제문제라는 이슈가 잘 먹혔던 것은 역설적이게도 걸프전의 완벽한 승리 때문이기도 했다. 당시 걸프전이 지금 이라크전처럼 진행되었더라도 클린턴이 '문제는 경제'라고 했을까? 이라크에 발목이 잡혀 있는 지금 2007년 힐러리나 오바마가 "문제는 경제야, 멍청아"라고 말한다면 15년 전처럼 위력을 발휘할까?

달러라는 기축통화를 발행하지 않는다면 이미 국가파산 상태에 들어갔을 거라는 우려가 나올 만큼 지금 미국경제는 고질적인 무역적자와 비우량 주택담보대출 때문에 매우 어려운 상황이지만, 이번 대선에서 단연 중요한 문제는 이라크전 종결과 미국의 대외정책이다.

유일한 초강국이라는 미국에서도 이처럼 대외문제가 대선에 큰 영향을 미치는 것은 다른 나라와의 관계 속에서의 패권적 지위를 획득하는 것이 미국이라는 나라의 국가생존에 필수적이기 때문이다. 그렇다면 한국은 어떨까?

북미관계 변화에 주목해야 하는 까닭

교과서에 나온 이야기처럼 1,000여 회의 외침을 받은 우리 민족은 '생존'에 관한 한 남달리 민감할 수밖에 없다. 이것은 매 순간 말이나 글로 표현하는 문제가 아니라 본능과 피부로 느끼고 반응하는 문제이다. 강대국의 틈바구니에서 최근 100년 동안 식민지배와 내란을 겪은 세대와 함께 살고 있는 사회이기 때문에 이 '생존'의 문제는 모든 문제에 우선한다. 약소국인 대한민국이 국가생존의 문제를 잠시 접어둔다는 것은 상상하기 어렵다.

1997년 대선이 좋은 예가 될 수 있다. 혹자는 결국 IMF 경제위기 때문에 김대중이 당선된 것 아니냐고 할지도 모른다. 그러나 당시에 정말로 경제문제가 절대적이었다면 IMF의 주범인 한나라당의 이회창 후보가 그렇게까지 많은 표를 받을 수가 없었다. 이인제라는 변수와 이회창 후보 아들 병역비리 논란, DJP연합, 이 모든 조합이 합쳐지고도 김대중은 간신히 이회창을 이길 수 있었다. 왜 그랬을까?

내가 생각하는 가장 큰 이유는 '빨갱이에게 표 주기 싫다'라는 생각이다. 정말로 김대중이 '빨갱이'인지는 중요하지 않다. '김대중=빨갱이'라는 등식은 나 또한 초등학교 때부터 들어오던 이야기이다. 빨갱이는 우리에게 곧 생존의 문제와 직결되는 개념이다.

그렇다면 2007년 대한민국의 대외적 상황은 "문제는 경제야, 멍청아"라고 할 만큼 한가할까? 한국 현대사를 들여다보며 우리는 일개 미군 장교가 임시로 그은 38선이 분단선이 돼버린 상황이나, 한국전쟁 종전협정에서 남한이 하나의 주체로 나서지 못한 일들을 무척 안타깝게 여긴다. 그런데 우리는 바로 지금, 우리를 반세기나 짓누르고 있던 그 분단체제가 뿌리부터 뒤집어지고 있다는 점을 잘 알아야 한다.

조지 워커 부시George W. Bush 미국 대통령이 2006년 11월 평화협정 체결을 원칙적으로 천명한 이래 북핵해결과 북미수교로 가는 여정에 장애요인은 사실상 모두 사라졌다. 지금은 연내 북핵 불능화를 위한 단계적 조치들이 순조롭게 진행되고 있으며 이에 따라 6자회담과 북미, 북일 수교협상도 큰 탄력을 받을 전망이다.

북미수교를 하면서 정전협정이 평화협정으로 바뀌게 되면 가장 중요한 첫 번째 문제는 그 협정 당사자가 누구냐 하는 것이다. 정전협정 당사자가 아닌 남한이 여기에 주도적으로 참여하기 위해서는 사실상 비상한 노력과 세심한 준비가 필요하다. 이는 38선을 긋는 문제나 정전협정을 체결하는 문제보다도 훨씬 더 중요한 문제인 만큼 결코 북미 양자만의 문제로 간주해 구경할 사안이 아니다.

여러분이 부시 입장이더라도 자신의 임기(2009년 1월 29일) 내에 북미 평화협정과 수교협정을 맺어 한반도에서 냉전을 사실상 끝내고 싶어 할 것이다. 따라서 남한의 새 대통령이 처음으로 해야 할 가장 중차대한 일은 한국전쟁의 공식적인 종전선언에 일주체로 참여하는 것이다.

이는 그 어떤 경제정책보다도 한국경제에 근본적인 변화를 몰고 올 것이다. 휴전 상태라는 항상적인 위험요소가 완전히 제거되기 때문이다. 그뿐이 아니다. 50대 이하의 세대들은 '휴전선'을 태어날 때부터 머리에 이고 있었다. 우리는 이 존재를 지난 반세기 동안 너무나 당연하게 여겨왔다. 그러나 종전이 선언되면 말 그대로 '휴전선'이라는 개념 자체가 사라진다. 이렇게 되면 당연히 휴전선 155마일을 따라 남북한의 200만 군대가 일렬로 늘어서 있을 필요가 없다. 특히 남한에서는 전시작전권 이양과 맞물리면서 국토방위 개념이 근본적인 수준에서 바뀌게 된다.

당장 남북한 재래식 병력들이 후방으로 물러날 것이고 머지않아 일정 수준의 상호 감축도 예상된다. 매년 20조 원가량을 국방비로 써온 남한이나 없는 살림에 한 해 5조 원을 국방비로 써온 북한은 나라살림에 크게 숨통이 트일 것이 분명하다. 이렇게 되면 적어도 남한 사회 어느 구석에서나 골칫거리였던, 군대 문제 때문에 지금까지 우리가 치러왔던 갖가지 비용 요소도 크게 줄어들 것이다.

경제문제가 아닌 '생존 패러다임'이다

그래서 나는 이번 대선 역시 '생존의 패러다임'이 결국에는 큰 요소로 작용할 것이라고 생각한다. 그러지 못하고 지금처럼 경제문제에만 매몰된다면 그것은 한국사회에 큰 불행일 것이다.

탐욕을 부추긴 대통령 이명박과 미실의 대한민국

생존 패러다임의 전조는 물론 코앞으로 다가온 남북정상회담이다. 만약 회담이 성공적으로 끝난다면 두말할 필요도 없겠지만, 설사 별 성과 없이 끝난다 하더라도 대한민국의 새 대통령이 되려는 사람은 어쨌든 한반도 종전선언과 북미 간 평화협정 체결에 어떤 형태로 참여해서 어떤 역할을 수행해야 할지 질문받게 될 것이다. 이는 또한 한국의 군사 및 외교 분야에서 일어날 근본적이고 혁명적인 변화를 필연적으로 수반하기 때문에 한반도 평화정착과 동북아의 새로운 안보기구 구성을 향한 치밀한 로드맵을 대선후보들에게 요구할 수밖에 없다.

한국경제는 수출주도형이고 대외의존도가 높다고들 한다. 그런 경제구조를 가지고 있는 나라에서 다른 모든 요소를 제외하고 '오직 경제'만 중요하다고 외치는 것은 완벽한 허구이다. 중동에서의 전쟁, 미국의 권력이동, 중국의 올림픽과 양안관계, 일본의 새 총리, 북한 핵문제, 이 모든 요소가 우리 '경제'에 큰 영향력을 발휘하고 있다. 한미FTA 또한 이 연장선에서 보자면 단순한 경제문제가 아니라 새로운 무역동맹의 문제이다. 일국의 대통령이 단순한 경제장관이 아닌 것은 대통령으로서 이 모두를 파악하고 통합적으로 이해해야 하기 때문이다. 우리에게 필요한 것은 '경제대통령'이 아니라 그냥 '대통령'일 뿐이다.

✛ 2007년 대선은 이명박 후보의 압승으로 끝났다. 결과만 놓고 보면 MB의 '국민성공시대'라는 구호가 공감을 얻은 셈이다. 이런 기조는 이듬해 총선까지 이어졌다. 여기에는 노무현이 참여정부 5년 내내 경제를 망쳤다는 보수언론의 선동도 한몫을 했다고 본다. 그런데 MB정부가 끝난 뒤 성공시대를 살았다고 생각할 국민이 과연 몇이나 있을까? 4대강 사업과 자원외교에 50조가 넘는 천문학적인 돈이 들어갔음에도 아직 그 실상은 잘 알려지지 않았다. 적어도 MB와 그 일가에게는 대단한 '성공시대'였음에 틀림없다.

북미관계는 예상과 달리 별 진전이 없었다. 남북관계는 MB정부 초기부터 얼어붙었다.

탐욕을 부추긴 대통령 이명박과 미실의 대한민국

재벌정권의 한국판 '빅브라더'를 우려한다

2007.12.20.

결국 '한 방'은 없었다. 제17대 대선에서 한나라당 이명박 후보가 정동영 후보를 압도적인 표차로 누르고 대통령에 당선되었다. 이로써 헌정사상 최초의 '정권 재탈환'이 이루어졌다. 그러나 대선 정국 내내 온 나라를 혼란에 빠뜨린 BBK 사건 여파는 이른바 '이명박 특검'이라는 이름으로 이명박 당선자를 계속해서 괴롭힐 태세이다. 진실과 거짓의 문제는 압도적인 지지와는 별개이기 때문이다.

많은 사람은 이번 대선을 최악의 대선으로 꼽기를 주저하지 않는다. 온갖 의혹이 대선 막판까지 난무하면서 정책선거가 실종된 것은 물론, 그 결과로 찍을 사람도 없었다는 것이 큰 이유일 것이다. 나 또한 이번 대선이 최악이라는 데에 동의하지만, 그 이유는 좀 다르다. 이번 대선에서는 정말로 중요한 질문 하나가 빠졌기 때문이다.

"도대체 한국사회는 어디로 가야 하는가."

'좌파정권 종식, 정권교체' 구호는 옳았나

혹자는 이명박 당선자가 내세운 '좌파정권 종식'이나 '정권교체'가 그 답이라고 할지도 모른다. 그러나 노무현 정부가 전혀 좌파적이지 않았다는 점에서 '좌파정권 종식'이라는 구호는 문제설정 자체에 문제가 있다.

예를 들면 기업들이 관행적으로 해오던 분식회계를 못 하게 하는 것을 두고 '좌파정권의 반기업 정책'으로 규정하는 것은 오류이다. 선진국에서는 이런 식으로 이중장부를 두는 것은 당연히 범죄행위에 해당한다. 대북 퍼주기 논란도 비슷하다. 김대중-노무현 10년 동안 북한에 들어간 정부-민간의 모든 물자를 합해봐야 연평균 5,000억 원 수준인데, 이명박 당선자가 준비 중인 대북 퍼주기는 적어도 연간 수조 원에 이를 전망이다.

또한 경제파탄의 책임을 물어 정권을 심판한다고 하지만 불과 10년 전에 나라를 절단 낸 당사자가 바로 한나라당이고 그에 대한 책임을 제대로 지지 않았다는 점을 감안한다면, 정권을 교체해도 불안하기는 마찬가지이다. 게다가 경제파탄에 대한 진단과 책임 또한 상당히 자의적이다. 예컨대 대형할인점 때문에 재래시장이 죽어가는 것을 두고 "이게 다 노무현 탓"이라고 하는 것은 다분히 정략적인 공격이다.

경제대통령으로 포장된 이명박 당선자의 능력이 대선 과정에서 제대로 검증되지 않았고, 오히려 각종 의혹과 의구심만 커졌다는 점도 이것이 잘된 정권교체인지 의심하지 않을 수 없는 이유 가운데 하나이다.

이렇듯 한나라당과 이명박 당선자가 이번 대선에서 내세운 정권 교체와 경제 살리기는 한국사회의 현실에 대한 냉정하고 과학적인 분석에 기초해서 나온 결과물이라기보다는 다분히 정권탈환을 위해서 기획된 정략적 산물에 가깝다. 여기에는 조중동 같은 보수언론도 큰 몫을 했다. 그러다 보니 다른 중요한 국가적인 이슈들은 대선 기간 내내 거의 묻히고 말았다.

대선은 한 나라의 권력구조를 통째로 바꾸는 행사이다. 그렇기 때문에 한 나라가 앞으로 어떻게 나아가야 하는지 대중적으로 고민하고, 그 답을 구하는 장이 될 수밖에 없다. 그렇다면 이번 대선을 맞이하는 우리의 질문은 무엇이어야 했으며 어떤 해답을 찾아야 했을까?

국방과 외교 빼놓고 경제에 올인? '사기'에 가깝다

동서고금을 막론하고 한 나라의 생존에 가장 중요한 요소는 바로 국방과 외교이다. 한국처럼 강대국에 빙 둘러싸인 약소국의 입장에서는 더더욱 그러하다. 얼마 전 일본이 최신예 전투기인 F-22의 구매의사를 밝힌 것만으로도 동북아가 발칵 뒤집혔다. 한반도는 지금 세계 유일의 냉전 지역이면서도 빠르게 탈냉전의 기류를 타고 있다. 전통적인 북중관계에도 변화의 조짐이 보이고 있고 무엇보다 북미 수교는 초읽기에 들어간 상태이다. 남북한은 반세기 넘게 지속된 정전 상태를 곧 종식시킬 태세이다.

우리는 남한이 정전협정의 당사자가 아닌 것을 매우 부끄럽게, 그리고 안타깝게 생각하고 있다. 전쟁의 당사자이고 가장 많은 희생을 치렀으면서도 정작 그 판에서 주인 노릇을 못 하고 있기 때문이다. 이명박 당선자는 자신의 임기 중 종전선언의 일주체로 참가할 가능성이 매우 높다. 사실 종전선언의 일주체가 되는 것도 거저 주어지는 기회가 아니다. 그리고 종전선언은 단순한 이벤트가 아니라 동북아에 거대한 지각변동을 몰고 올 사건이며 새로운 힘의 균형점을 찾아 나서는 시발점이 될 것이기 때문이다. 한국이 이에 어떤 입장과 계획을 가지고 임할 것인가는 대한민국 생존에 직결되는 문제이다.

그러나 이번 대선에서는 이에 대한 전략적인 고민과 토론이 전무했다. 당장에 종전선언이 되면 '휴전선'이라는 개념 자체가 의미를 상실한다. 155마일을 따라 일렬로 늘어선 방어선이 이제는 무의미해진다는 뜻이다.

동북아의 탈냉전은 필연적으로 우리에게 새로운 국방의 개념(단순히 군사적인 개념을 넘어선)을 요구하고 있지만 어느 누구도 이에 대한 비전을 제시하지 않았다. 지역 내 새로운 군비경쟁에 대한 우리의 대처방안은 무엇인지, 힘의 공백을 메울 새로운 균형점은 어디인지 이번 대선에서는 논의하지 않았다. 원유 소비 전량을 수입하며 대외무역 의존도가 매우 높은 우리 실정에서 국방과 외교를 빼놓고서 경제문제에 올인한다는 것은 사실상 '사기'에 가깝다.

외교는 국방과 동전의 양면이다. 이명박 당선자의 외교역량은 후보 시절의 이른바 '꼼수 외교'에서 확인한 바 있다. 4강 정상과의 회담이 줄줄이 무산되자 경제실리 외교를 한다고 말했지만, 외교에는 경제로 환원되지 않는 문제들이 오히려 더 중요하다. 이명박 당선자와 한나라당이 우려스러운 것은 단순히 그들의 외교역량이 걱정스럽기 때문이 아니라, 외교 자체를 바라보는 관점이 천박하기 때문이다. 한반도와 주변 상황에 대한 명확한 사태 인식과 이를 돌파할 철학이 굳건하지 않으면 100여 년 전처럼 강대국들이 짜놓은 판에 이리저리 끌려만 다니다가 희생양이 될 가능성이 크다.

이명박 정권의 등장… 돈으로 안 되는 것은 없다?

시선을 국내 문제로 돌려보더라도 우려스러운 점이 적지 않다. 많은 사람은 이명박 당선자가 경제회생에 대한 부담감으로 무리하게 경기부양책을 쓰다가 심각한 부작용에 직면할 것이라고 경고한다.

이명박 당선자와 한나라당이 조중동의 도움을 받아 이번 대선에서 구축한 '경제프레임'은 매우 훌륭하게 역할을 수행했다. 그러나 그 덕분에 유권자들은 그 뒤에 가려진 진실을 보는 데 실패하고 말았다. 우선 그렇게 제시된 경제문제 자체가 올바르고 공정하게 정의된 문제가 아니었다는 점이 중요하다.

이명박 후보의 당선으로 말미암아 한국정치는 친일정권과 군사독재정권, 민주화정권을 거쳐 '재벌정권'의 시대를 맞이하게 되었다. 15년 전 정주영 전 회장이 대선에 출마했을 때, 또는 2002년 대선에서 정몽준 의원이 출마했을 때 재벌가의 노골적인 정계 진출을 경계하던 눈초리도 이번 대선에서는 이미 사라졌다. "세상에는 돈으로도 안 되는 게 있다"에서 "돈으로 안 되는 건 없다"로 바뀌었다. 이명박 당선자가 비록 혈연이라는 측면에서는 재벌가 출신이 아니지만, 그가 재계에서 쌓아 올린 화려한 경력과 대선 막판 정몽준과의 결합은 새 정권을 재벌정권으로 봐도 무방하게 해준다.

이미 그의 친재벌 정책들이 법인세 인하나 금산법(금융산업의 구조개선에 관한 법률) 완화에서처럼 줄줄이 예고돼 있다. 이미 일각에서는 삼성-이명박-검찰의 3각 커넥션을 거론하며 삼성 비자금 수사와 BBK 수사 등에서 검찰이 이명박과 삼성의 손을 들어줄 것이라는 관측이 나오기도 했다.

이렇게 권력구조가 사회의 힘 있는 세력을 중심으로 구축되면 그 구조는 바뀌기 어렵다. 사회 계층 간의 수직적 이동이 원활하지 못했던 것이 로마 멸망의 한 원인이었다는 점을 우리는 항상 잊지 말아야 한다.

언론권력도 빼놓을 수 없다. 지난 10년간 야당 노릇을 해온 것은 한나라당이 아니라 조중동이었다고 해도 과언은 아닐 것이다. 아마도 그들은 사즉생의 각오로 정권에 맞서왔을 것이다. 이번 대선에서 다수의 조중동 인사들이 이명박 캠프에 합류해서 정권창출을 도왔으니 지난 5년, 10년간 그들의 노고를 더해서 생각해보면 이들이 진정한 정권의 주인이라고 해도 전혀 틀린 말은 아니지 않을까?

이렇게 되면 결국 국민의 눈과 귀까지 새로운 체제가 모조리 장악하게 된다. 한국판 빅브라더, 또는 '매트릭스'가 이명박 시대에 출현할 가능성이 매우 높아진 것이다.

앞으로의 5년… 반대자들, '이명박 실패'의 증거보다 비전 먼저 찾아야

마지막으로 걱정스러운 점은 새로운 부패 고리의 탄생 가능성이다. 김영삼 전 대통령이 문민정부를 연 이래로 김대중 정부와 노무현 정부에 이르기까지 적어도 지난 15년간 최고 권력자가 직접 비리에 연루되거나 기업에서 돈을 받은 적은 없었다. 고위 공직자의 청렴도가 눈에 띄게 향상되었고 부당한 방법으로 모은 재산은 큰 대가를 감수하게 만들었다.

그러나 이명박 당선자는 이미 위장전입과 자녀들 위장취업 경력에 더해 각종 부정비리 의혹이 현재진행형이다. 그 때문에 이명박 당선자를 중심으로 얽힌 인맥, 학맥이 새로운 부패의 축을 형성할 가능성이 상존한다. 더 나아가 당선자의 친재벌 정책으로 인해, 관행으로 치부된 비리가 제도적으로 합리화될지도 모른다는 점도 극히 우려스럽다.

일각에서 예상하듯 이명박 후보가 당선되었다고 해서 대한민국이 망하지는 않을 것이다. 당선자의 반대자들은 자신들이 옳다는 것을 증명하기 위해, 마치 지난 5년간 노무현의 반대자들이 그랬던 것처럼 실제로 나라가 망해가는 증거를 수집하려는 유혹에 빠지기 쉽다.

하지만 어쨌든 한국이 세계 10위권의 경제대국이고 성공적인 민주화의 역사를 가진 나라라면, 누가 대통령이 되더라도 국가 전체로서의 안정성과 항상성을 가질 수 있도록 모두가 노력해야 한다. 그 속에서 새로운 비전을 찾아내지 못한다면 '반이명박 진영'은 5년 후에도 그 지리멸렬함을 면하기 어려울 것이다.

✦ MB의 당선은 쉬 예상되는 일이었음에도 그 결과를 받아들이기는 쉽지 않았다. 이 글은 대통령 선거 당일 저녁부터 개표방송을 보면서 쓴 대선결과 분석기사로, 이튿날에 기사화되었다. 기사 제목은 대개 편집부의 몫이다. 지금 시점에서 보자면 "재벌정권의 한국판 빅브라더"라는 제목은 참 적절했다. 종합편성채널이 등장했고 일부 공중파는 만신창이가 되어버렸다. 이런 맥락에서 생각해보면 2011년 서울시장 보궐선거 때 일어난 선관위 디도스 공격 사건, 2012년 대통령 선거 때 일어난 국정원과 국군 사이버사령부의 댓글조작 사건의 뿌리는 MB의 당선이 아니었을까?

이명박 대통령은 무슨 생각으로 국민 앞에 섰을까

2008.6.19.

2008년 6월 19일, 이명박 대통령의 대국민 특별 기자회견이 열렸다. 취임 100일이 갓 지났는데 벌써 두 번째로 국민에게 사죄했다. 구체적인 사정이야 어찌되었든 정상적인 방법으로 선출된 대통령이 이렇게 자주 국민에게 사죄하는 상황 자체가 국민의 한 사람으로서 착잡하다.

그러나 이날 이명박 대통령의 기자회견은 그 착잡함조차 눌러버릴 정도로 실망스러웠다. 도대체 이명박 대통령은 무슨 생각으로 국민 앞에 섰을까?

먼저 이번 사태의 핵심인 미국과의 쇠고기 협상 문제를 살펴보자

이명박 대통령은 '30개월 이상 쇠고기는 절대 들여오지 않겠다'라고 했다. 누차 강조하지만 30개월령 이상의 쇠고기는 부실 협상 내용 가운데에서 극히 일부에 지나지 않는다. 30개월 미만 소의 위험물질이 아무런 제한 없이 들어오고, 광우병의 근본 원인으로 지목된 미국의 사료 조치는 오히려 후퇴했다. 협상에 위배된 상황이 발생했거나 광우병이 실제 발생했을 때 한국정부가 취할 수 있는 중요한 주권적 조치들은 모두 포기했다.

국민이 분노하는 것은 이 모든 엄청난 일을 불과 몇 시간 만에 워싱턴 비밀회담에서 뚝딱 해치웠다는 점이다. 그런데도 이명박 대통령은 30개월 이상된 쇠고기만 안 들여오면 되는 것 아니냐고 강변하는 것이다.

지금 이명박 대통령을 보면 지난 대선후보 시절 그가 각종 의혹에 시달리던 때가 떠오른다. 여성 비하 발언, 독립투사 비하 발언 같은 온갖 실언들, 자녀들 위장취업과 위장전입 문제 등 지도자로서의 자질이 크게 의심되던 그 모든 검증 사안이 BBK 한 방으로 덮여버렸다.

당시 보수언론과 한나라당과 이명박 캠프는 마치 BBK 문제가 해결되면 이명박 후보의 모든 의혹과 문제가 다 해결되는 것처럼 선전했다. 그러나 BBK 의혹이 해소된다고 해서 그의 무능함과 부도덕함이 없어지는 것은 아니다. 지금 우리가 취임 후 100일간 그를 똑똑히 봐왔던 것같이.

마찬가지로 30개월 이상의 미국산 쇠고기가 들어오지 않는다고 해서 이번 부실 협상의 근본적인 문제가 해결되는 것이 결코 아니다. 이명박 대통령은 과연 이 점을 알고 있을까? 알고도 30개월 문제만 언급했다면 그는 또 한 번 국민을 크게 기만하는 것이다.

만약 그가 협상의 구체적인 문제와 국민이 크게 분노하는 이유가 정말 '30개월령'에만 있다고 믿는다면, 그는 자신이 무엇을 협상했는지도 분간하지 못하는 인물이거나, 말로는 소통을 말하면서 실제로는 여전히 컨테이너로 장벽을 쌓고 있는 이중인격자일 뿐이다.

여전히 자동차·반도체가 국민 생명·건강보다 더 중요한 대통령

더 나아가서 이명박 대통령은 구차한 변명을 늘어놓는다. 통상교역 국가로서 대한민국이 살아남으려면 쇠고기 시장을 내어줄 수밖에 없다고 변명했다. 그러니까 우리 국민의 생명과 건강보다는 자동차 한 대, 반도체 하나가 그에게는 더 중요한가 보다. 한 나라가 무역을 해서 먹고사는 가장 근본적이고 본원적인 이유는, 그 구성원이 풍성하고 인간다운 생활을 영위하기 위해서이다. 그것은 바로 국가의 존재 이유이기도 하다.

그러나 이명박 대통령은 무역을 위한 무역만을 생각할 뿐이다. 그것이 결국 국민에게 이익이 될 것인가는 전혀 생각하지 않는다. CEO 출신인 그는 아마도 무역을 통해 기업이 얼마나 많은 이익을 남길 것인가만 생각했는지도 모른다. 그것이 수십 년간 사장님을 지낸 그의 본능일지도 모른다. 그래서 그는 무역과 장사를 해야 한다는 생각만 할 줄 알았지, 그것이 결국 무엇을 위한 일인지는 전혀 생각해보지 못한 것 같다.

우리가 그렇게 쇠고기 시장을 내어준 세계 최강국인 미국은 전쟁터에서 허망하게 죽어간 자국 국민의 시신 하나를 찾기 위해서 엄청난 비용을 지불하고 수많은 국익 손해를 감수한다. 버젓이 산 사람의 생명과 건강을 일부러 큰 위험에 빠뜨리는 어느 이름 없는 약소국과는 비교하는 것 자체가 부끄럽다. 그것이 바로 '국가의 격'이다.

이명박 대통령 자신의 철학과 인생의 격이 어떨지는 모르겠지만, 대한민국 국민과 이 나라의 품격은 그렇게 천박하지 않다. 적어도 우리는 자동차 한 대 더 팔기 위해 후손들의 미래를 담보로 거는 도박 따위는 하지 않는 국민이다. 아니 21세기 하고도 8년이나 더 지난 지금 이 시대에, 도대체 이런 기본적인 국민국가적 임무까지 누차 말할 수밖에 없는 현실이 너무나 참담하다.

이명박 대통령은 재협상을 할 경우 발생할 국가 신인도 문제를 걱정하지만, 자기 나라 국민의 기본적인 생존권조차 헌신짝처럼 내던지는 대한민국 정부를 그 어느 나라가 문명국이라고 여길지가 더 걱정이다. 내가 일상적으로 마주치는 외국인들 사이에서는 이미 대한민국의 국가 신인도가 땅바닥에 떨어진 지 오래이다.

정녕 국민이 무서운 줄 안다면… 대통령 자신이 마음을 바꿔라

국민을 무서워한다고 말하며 뒤로는 여전히 방송을 장악하기 위한 음모를 착착 진행시키는 이명박 대통령을 지켜보면서 참으로 무서운 사람이라는 생각이 들었다. 이러한 행동은 등 뒤에 칼을 감추고서 잠시 상대방을 안심시키기 위해 흘리는 악어의 눈물과 무엇이 다른가.

정녕 이명박 대통령이 국민 무서운 줄 안다면, 온갖 방법으로 방송과 여론을 장악하려는 모든 시도를 즉각 중단하고 최시중 방통위

탐욕을 부추긴 대통령 이명박과 미실의 대한민국

원장을 해임하라. 그렇지 않다면 겉으로는 국민을 무서워한다고 말하면서도 속으로는 방송을 장악하지 못해 자신이 수세에 몰렸다고 여길지 그 속을 누가 아는가.

2008년 6월 10일, 대통령 자신의 말대로 그가 정말 청와대 뒷산에 올라 촛불시위를 지켜봤는지는 알 길이 없다. 그도 즐겨 불렀다는 〈아침이슬〉을 목 놓아 부르면서 광화문의 시민들은 또 얼마나 많은 피눈물을 흘렸는지 이명박 대통령은 알고 있을까? 일상의 중요한 대소사를 제쳐놓고 그렇게 밤거리에서 아침이슬이 내릴 때까지 생존권과 민주주의를 외쳐야만 했던, 그렇게 우리 마음속에 알알이 맺힌 설움을 그는 알고 있을까?

대한민국에서 오직 한 사람, 이명박 대통령 자신이 마음을 바꾸면 모든 문제가 해결된다. 기만적인 추가협상을 중단하고 즉시 기존 협상을 무효화하라. 그리고 재협상에 나서라. 국민의 목숨과 생명을 지키기 위해 이명박 대통령이 큰 결단을 내리고 그 이후의 어려움에 당당히 맞서고자 한다면, 나는 해 뜨는 광화문 사거리에서 기꺼이 그와 함께 〈아침이슬〉을 부를 것이다.

✦ 미국산 쇠고기 수입 파동으로 시민들의 촛불시위가 시작된 것이 2008년 5월 2일이었다. 그 뒤 한 달 이상 시위가 이어졌고 광화문에는 컨테이너 박스를 이용한 이른바 '명박산성'이 등장하기도 했다. 5월 22일에는 미국산 쇠고기 수입과 관련해 처음으로 이명박 대통령의 대국민 담화가 나왔다. 이 담화는 이 대통령이 취임하고 나서 처음 나온 대국민 담화였다. 두 번째 담화는 6월 19일에 나왔다. 이 기사는 이명박 대통령의 두 번째 대국민 담화가 나왔던 날 쓰였다. 그날 나는 서울 코엑스에서 열린 국제학회(The 16th International Conference on Supersymmetry and the Unification of Fundamental Interactions)에 참가하고 있었다. 이날 대국민 기자회견은 국내외의 관심을 끌었던 만큼 나도 학회 도중에 기자회견 내용을 보았다. 담화 내용이 실망스러웠던 나는 그 자리에서 작업용으로 학회에 가져갔던 노트북을 이용해 단숨에 이 기사를 써서 송고했다. 기사가 온라인에 공개된 시각은 오후 6시 43분이었다. 대통령이 정치를 제대로 하지 못하면 나 같은 과학자는 본업에 충실하기도 어렵다.

그들은 '제2의 노무현' 탄생이 싫었다

2009.6.4.

노무현 전 대통령이 서거하고 국민장이 끝난 지금 한국사회는 지금까지 전혀 경험하지 못한 전대미문의 정국으로 빠져들고 있다.

청와대와 한나라당은 이미 지나간 일로 짐짓 모른 체하거나 들불처럼 번진 추모열풍을 '미친 바람(광풍)' 정도로 여기는 모양이다. 보수언론은 노무현의 자살을 개인과 가족의 비리로 인한 단순 자살로 평가하며 검찰 수사의 정당함을 옹호하기에 바쁘다. 《조선일보》는 2009년 6월 4일자 사설에서 시국선언문을 발표한 서울대학교 교수들의 법적·도덕적 하자를 비판했고, 《중앙일보》는 같은 날 칼럼에서 국회가 힘을 키워 대통령에 대항하라는 해괴한 주문을 내놓았다.

다른 한쪽에서도 노무현 서거 이후에 어떻게 할 것인지 고민이 많아 보인다. '친노는 무엇을 할 것인가'부터 '한국사회가 노무현의 유산을 어떻게 이어받을 것인가'에 이르기까지, 저마다의 계산법이 모두 다르다.

'집단 괴롭힘' 당한 대통령

그러나 이 모든 논의에는 중요한 한 가지 이야기가 빠졌다. 어디를 보아도 노무현과 검찰, 노무현과 이명박, 노무현과 조중동의 대립이 있을 뿐이다. 현상적으로는 이런 관찰이 전혀 틀리지 않다. 하지만 우리가 사태의 본질을 정확히 꿰뚫어 보려면 겉으로 드러난 현상의 이면을 들춰볼 필요가 있다.

많은 국민은 노무현의 자살이 현 정부의 핍박과 검찰을 앞세운 정치적 보복 때문에 일어났다고 생각한다. 그래서 그의 자살이 억울하다는 생각에, 한편으로는 그에게 미안한 마음에 수백만이 빈소를 찾았다. 사실 노무현에 대한 핍박은 어제오늘의 일이 아니다. 노무현은 국회의원 시절에도 핍박받았고 대통령이 된 뒤에는 본격적으로 집단 괴롭힘을 당했다. 대통령 중심제에서 현직 대통령이 집단 괴롭힘 당하는 상황을 쉽게 상상하기 어렵지만 한국사회에 살았던 우리 모두가 목격자이다.

노무현은 야당뿐만 아니라 조중동과 싸웠고 검찰과 싸웠고 군인과 싸웠고 고위 공직자들과도 싸웠다. 심지어는 집권당과도 싸웠다. 한마디로 노무현은 한국사회의 그 모든 기득권 세력의 집단 괴롭힘을 한 몸에 받았다. 퇴임한 뒤에도 아방궁 논란부터 기록물 유출, 논두렁에 버렸다는 1억 원 시계까지 언론과 국가기관을 동원한 그들의 집단 괴롭힘은 그치지 않았다. 왜 그랬을까?

너무 뻔한 질문인지도 모른다. 한국사회의 기득권이 노무현을 싫어했으니까 그랬겠지. 노무현이 개혁적이고, 타협할 줄 모르고, 원칙을 강조하고, 입바른 소리만 하고, 특유의 승부사적 기질만 앞세우니

탐욕을 부추긴 대통령 이명박과 미실의 대한민국

기득권이 좋아할 리가 만무하지 않은가.

그러나 나는 이 뻔한 질문과 이 뻔한 모범답안에 의문이 생긴다. 정말 노무현 '한 명 때문에' 그랬을까?

누가 '잃어버린 10년'을 말하나

이명박 정부가 들어선 뒤 한국사회에서 벌어진 일들을 보면서 나는 한국의 보수세력이 말했던 '잃어버린 10년'이 정확히 무엇을 뜻하는지 알 수 있었다.

검찰은 무소불위의 권력을 휘둘렀던 10년을 잃어버렸고, 경찰은 시위대를 한껏 두들겨 팼던 10년을 잃어버렸고, 대기업은 무분별하게 탈세하며 사업을 확장했던 10년을 잃어버렸다. 보수언론은 세무조사를 받지 않고 마음대로 기사를 썼던 10년을 잃어버렸고, 정치인들은 마음껏 돈다발을 뿌리고 다녔던 10년을 잃어버렸고, 군인은 아무 생각 없이 태평스럽게 국가안보를 남의 나라에 맡겨놓은 10년의 좋은 세월을 잃어버렸다.

국민이나 국가보다 자신과 조직의 이득만 챙겼던 고위 공직자들에게도 지난 10년은 자신들의 경력 속에서 잃어버린 10년이었을 게다. 한마디로 이들에게 지난 10년은 악몽이었을 것이 분명하다.

김대중 대통령이야 나름대로 오랫동안 정치를 해왔기 때문에 그런대로 인정한다 하더라도 천민 출신인 노무현 대통령이 입바른 소리만 해대며 훨씬 더 직설적으로 원칙과 기본을 강요했으니 그 언짢은 기분이 짐작은 간다.

하지만 내 생각에 한국의 기득권이 정말로 두려워했던 것은 노무현이라는 한 당돌한 정치인이 대통령에 당선되었다는 사실 자체가 아니었을 것이다. 그들이 정말로 두려워했던 것은 대한민국이라는 민주공화국에서는 언제 어느 때라도 노무현 같은 '듣보잡(듣도 보도 못한 잡놈)'이 갑자기 대통령이 돼서 자신들의 기득권에 위협을 가할 수 있다는 제도적인 개연성과 다이내믹 코리아로 대변되는 한국 사회의 역동성이 아니었을까?

어쨌든 대통령은 5년에 한 번 바뀐다. 아무리 선거 기간 공을 들이고 심지어 무리수를 쓴다고 해도 1997년이나 2002년처럼 기적 같은 역전극이 벌어질 가능성은 항상 열려 있다. 나 같은 공화주의자에게는 이 가능성이야말로 민주공화국의 최대 장점이지만, 잃어버린 10년을 아쉬워하는 이들에게는 '애먼 놈'이 대통령이 될 수 있는 구조적인 개연성이 무척이나 성가셨을지도 모른다.

일제시대부터 따지자면 100년 가까이 떵떵거리고 잘살아왔는데, 이제는 5년마다 마음을 졸이고 살아야 한다면 그 마음이 편치는 않을 터이다. 노무현 5년 동안 한국의 기득권이 뼈저리게 경험한 교훈은 바로 이것이었다.

그래서 이들이 노무현을 집단적으로 괴롭힌 근본적인 이유는 노무현 개인 때문이 아니다. 어차피 대한민국은 민주공화국이니까 선거제도를 부정할 수는 없는 노릇이고, 그렇다면 노무현 같은 성가신 존재가 대통령에 오르지 못하도록 실효성 있는 조치를 취하는 것이 가장 합당한 방법이다. 즉, 그들은 제2의 노무현이 출현할 가능성을 실질적으로 차단하기 위해 노무현 죽이기에 나선 것이다. 특히 노무현을 어떻게든 실패한 대통령으로 만드는 것이 가장 효과적인 방법

가운데 하나였다.

'제2의 노무현' 탄생을 두려워했던 그들

이문열의 단편소설 「칼레파 타 칼라」는 보수 기득권의 이런 논리를 전형적으로 보여준다. 이 소설은 고대 그리스의 한 도시국가에서 일어난 혁명 상황을 묘사한다. 사회적 불만이 우연적인 요소를 통해 폭발해 혁명에 성공하지만 곧 혁명세력이 이전의 부패세력과 비슷해진다는 요지의 내용이다. 혁명이라는 걸 해봐야 결국 달라지는 건 아무것도 없다는, 이른바 혁명적 허무주의의 대표작이다.

혁명적 허무주의가 매우 위험한 이유는 크게 두 가지이다. 우선 미래의 확실하지 않은 상황 때문에 현재의 사회적 모순이나 악을 방치하게 된다. 또한 현재의 개혁세력을 미래의 부패세력으로 미리 범죄시하는 잘못을 저지른다. "너도 권력을 갖게 되면 똑같아질 것"이라는 비아냥이 대표적인 사례이다.

'노무현 집단 따돌림'의 근본적인 목표는 바로 이것이다. 그들은 단순히 노무현 개인을 정치적으로 응징하고 보복하는 것에 그치지 않는다. 국회에서 탄핵당하고 쓸쓸히 퇴장하는 노무현의 모습을 상상해보라. 검은 돈을 받아 수의를 입고 포승줄에 묶여 수갑 차고 카메라 플래시 세례를 받는 노무현의 모습을 상상해보라. 그 한 장의 사진은 단지 노무현 개인의 위법이나 부패나 기만을 말하는 것이 아니다.

누군가 노무현의 뒤를 따라 한국사회를 개혁하겠다고, 반칙과 특권을 없애겠다고, "그저 밥이나 먹고 살고 싶으면, 세상에서 어떤 부정이 저질러져도, 어떤 불의가 눈앞에서 벌어지고 있어도, 강자가 부당하게 약자를 짓밟고 있어도, 모른 척하고 고개 숙이고 외면"하면서 "이 비겁한 교훈을 가르쳐야 했던 우리 600년의 역사, 이 역사를 청산해야 합니다. 권력에 맞서서 당당하게 권력을 한번 쟁취하는 우리의 역사가 이루어져야만 이제 비로소 우리의 젊은이들이 떳떳하게 정의를 얘기할 수 있고 떳떳하게 불의에 맞설 수 있는 새로운 역사를 만들어낼 수 있습니다"라고 또 누군가 소리 높여 외친다면, 그때 그들은 제2의 노무현에게 수의 입고 수갑 찬 노무현의 사진 한 장을 보여줄 것이다. "결국 너도 이렇게 될 것이다!"라고 말하며.

어차피 누가 되든 결국에는 다 똑같아질 것이라면 그냥 지금 힘이 센 사람을 찍으라는 논리는 힘을 얻는다. 지난 대선에서 이명박 후보를 지지한 사람들에게도 이런 심리가 어느 정도는 작용하지 않았을까?

기득권의 공작은 당연히 노무현 개인에게 머무르지 않았다. 싹수가 보이는 인재들은 초기에 가차 없이 싹이 잘렸다. 유시민을 비롯한 젊은 386 정치인들이 부당하게 언론의 십자포화를 맞은 것은 당연한 수순이었다. 한번은 청와대 386 참모들이 소주 대신 양주만 마신다고 도덕성에 큰 문제가 있는 것처럼 중요하게 보도되기도 했다.

될성부른 나무는 떡잎부터 제거했던 일이 아주 새로운 것은 아니다. 정조 이래 세도정치 기간에는 똑똑해 보이는 왕가의 사내들이 암암리에 납치되거나 암살되었다는 말도 있지 않은가. 내가 그 구체적인 증거를 찾을 길은 없지만, 대표적으로 이하응이 대원군이 되기 전에 목숨 하나 부지하려고 비렁뱅이 한량 노릇을 했던 이야기는 유명하다.

이것만으로는 불안했던지 보수 기득권은 자신들의 사회 지배를 좀 더 확실하게 유지하기 위한 제도적 방편도 강구했다. 지금 논란이 되고 있는 방송법이 대표적인 예이다. 2002년 대선 패배의 원인을 방송 미디어 장악 실패에서 찾고 이를 극복하기 위해 재벌과 보수언론에 보도채널을 안겨주려 한다는 이야기는 삼척동자도 다 안다. 사장 하나 바뀌었을 뿐인데 KBS가 1년 만에 이렇게 바뀔 수 있느냐는 시청자들의 볼멘소리는 방송법 개정 이후의 한국사회를 가늠하게 해준다.

기득권 세력은 공화국의 진실이 불편하다

아마도 노무현은 5년 내내, 아니 일생을 그들과 싸우면서 그들이 무엇을 원하는지 정확하게 알고 있었을 것이다. 탄핵이 두려워 불의에 고개를 숙이는 모습, 실체적 진실과는 상관없이 수의를 입고 수갑을 찬 모습, 그 모습이 노무현 한 명의 굴욕과 불명예로만 기록된다면 노무현은 타협했을지도 모른다. 그러나 16대 대통령으로서 노무현은 결코 그럴 수가 없었다. 그것은 대한민국 민주주의가 자살로 내몰리는 길이기 때문이다.

대한민국은 민주공화국이다. 오랫동안 잊힌 대한민국의 헌법 제1조 1항. 이 뜻이 궁금하면 그다음 항을 보면 된다. 대한민국의 주권은 국민에게 있고 모든 권력은 국민으로부터 나온다. 주권자인 이 땅의 국민이 곧 대한민국 권력의 원천이요 주체라는 것이다. 그래서 노무현 같은 상고 출신도 지고지순한 서울대 출신을 누르고 대통령에 오를 수 있었다. 한민족 5,000년 역사에서 노무현 같은 천출이 최고의 권력자에 오른 예는 일찍이 없었다. 이것이 이 땅에 공화국 정부를 세운 보람이 아닐까?

그러나 한국의 기득권 세력은 공화국의 진실이 매우 불편할 것이다. 돈 많은 재벌 회장님들은 아무리 큰 죄를 지어도 실형을 살지 않아야 하고, 상고 출신이 대통령이 되어서는 안 되며, 힘없는 철거민들은 공권력에 타살을 당해도 그저 자살 테러리스트에 불과하다. 그 어느 누구도 이제는 더 이상 갑자기 대통령이 돼서 자신의 아성을 위협하지 않아야 하고 그런 싹들은 시위자의 마스크를 벗겨 발본색원해서라도 잘라야만 한다.

노무현이 순순히 그들의 각본을 따랐다면 가장 훌륭한 실패의 본보기로서 전가傳家의 보도寶刀가 되었을 것이다. '마치 국정을 잘못 운영한 것처럼 비판받고 지인들에게 돈을 갈취하고 부정부패를 한 것처럼 비치는' 그 모습 그대로 말이다. 대한민국의 민주주의는 그렇게 자살로 내몰릴 수밖에 없다. 노무현은 자신의 자살로 그 길을 잠시 막아놓았다.

"삶과 죽음이 모두 자연의 한 조각"이라는 고인의 유서를 보면서 나는 충무공의 사즉생 생즉사를 떠올렸다. 기막히게도 모순적인 2009년 한국의 상황에서, 노무현의 죽음은 역설적이게도 한국 민주주의의 몰락을 잠깐이나마 저지하는 버팀목이 되어버렸다.

보수언론은 죽음 초기부터 노무현을 자살로 내몬 자신들의 집단 괴롭힘 책임에서 비켜갔다. 검찰과 맺은 악연이니, 승부사의 인생역정이니, 무거운 수사 중압감이니, 넘쳐나는 추모물결이니 하는 건 죄다 사건의 본질과는 전혀 상관없는 내용이다. 모든 내용은 노무현 개인의 문제로 환원된다.

그러나 우리는 똑똑히 알아야 한다. 자살로 내몰린 노무현은 곧 참살당한 대한민국 민주주의의 또 다른 모습임을.

이런 까닭에 지금이 노무현은 우리에게 무엇인가, 어떤 의미인가, 또 그의 유산은 무엇인가만을 따지고 있을 때는 아닌 것 같다. 우리가 그를 위해 눈물을 흘리고 있는 이 순간에도 이건희는 면죄부를 받았고 용산에는 용역이 들이닥쳤고, 방송법은 통과를 눈앞에 두고 있다.

노무현이 자신의 몸을 던져서라도 지키고자 했던 것이 있었다면, 그것은 그가 그토록 사랑했던 조국의 민주주의가 아니었을까?

+ 노무현 대통령이 서거한 날 밤, 나는 해외 학회 참석하기 위해 출국해서 일주일 뒤에 귀국했다. 노무현 서거와 관련된 글을 쓰고 싶었으나 이후에도 계속 집안 제사와 예비군 훈련 때문에 시간을 내지 못하다가, 예비군 훈련이 있던 날 밤부터 다음 날 아침까지 이 글을 쓰게 되었다. 이 글은 미국산 쇠고기 파동 이후 거의 1년 만에 다시 《오마이뉴스》에 쓴 기사였다. 이 글이 처음 《오마이뉴스》에 기사로 채택되었을 때는 기사 등급이 높지 않았다. 다행히 유명 포털에서 이 기사를 비중 있게 노출해준 덕분에 조회수가 순식간에 40만 회를 넘었다. 그와 함께 《오마이뉴스》의 '좋은 기사 원고료 주기' 시스템을 통해 총 2,000명이 넘는 인터넷 독자가 원고료를 보내주었다. 당시 원고료 총액이 710만 원 정도로, 이는 역대 《오마이뉴스》 기사 원고료 액수 기준 3위에 해당했다. 이후 독자 중 한 분이 이 기사를 플래카드에 출력인쇄해서 서울시청 대한문 앞에 내걸었고 유인물로 만들어 뿌리기도 했다. (대한문 앞을 지나다가 그 유인물을 내가 받아보기도 했다.) 《오마이뉴스》 기사가 플래카드로 출력돼 내걸린 일은 처음이어서, 《오마이뉴스》 편집부에서 이 사건을 취재해 다시 기사로 내기도 했다. 이 기사를 계기로 나는 한동안 해마다 5월이면 《오마이뉴스》에 노무현 추모기사를 썼다.

이 기사의 원고료 전액은 그해 노무현 재단에 기부했다. 가장 최근에 이 기사로 받은 원고료는 2017년 1월 23일자였다. 2017년 2월 현재까지 내가 《오마이뉴스》에서 받은 원고료 총액은 약 1,670만 원이다.

누구도 그처럼
목숨을 걸지 않았다

2009.8.24.

김대중에 대한 영남의 저주는 상상을 초월한다. 나는 19년을 그속에서 살았다. 빨갱이에 사기꾼은 기본이고 김대중이 대통령 되면 부산 사람들부터 몰살시킨다는 소문은, 적어도 부산에서는 흉문이 아니라 사실에 가까웠다.

대학에 들어가 광주항쟁의 진실을 알게 되었을 때 나는 지난 19년을 얼마나 허구와 거짓 속에서 속고 살아왔는지 통감할 수 있었다. 그 충격을 비유적으로 말하자면, 영화 〈매트릭스〉에서 주인공 네오가 모피어스의 빨간약을 먹고 진실을 알게 될 때 받은 충격과 비슷하다. 부산의 방송과 신문들에서는 결코 보거나 들을 수 없는 내용이었다. 물론 학교에서도 가르치지 않았다. 김대중을 역사의 뒤안길로 보내는 2009년의 대한민국은 어떨까?

어떤 이는 그렇게 정보를 통제해서 사람들을 세뇌시키는 게 과연 가능하냐고 묻기도 한다. 또 어떤 이는 이제 우리 사회가 민주화되고

인터넷이 급속도로 퍼졌으니 더 이상 그런 식의 세뇌가 불가능할 것
이라고 말한다. 국민의 높은 의식 수준도 대개는 같이 언급된다. 과
연 그럴까?

영화 〈화려한 휴가〉가 나왔을 때 서울의 어느 어르신은 진압군이
정말로 그렇게 잔인했는지 처음 알았다고 말했다(나는 내가 본 사진과
영상물에 비하면 영화가 너무 순하게 만들어졌다고 생각했다). 광주항쟁
이 일어난 지 20년도 넘었고 해마다 국가가 공식적으로 기념사업을
하는데도 광주의 진상을 모르는 사람이 꽤 많다. 발포 책임자는 아
직도 밝혀지지 않았지만 중앙 일간지의 어느 기자가 그 피해자의 한
사람인 김대중에게 죽기 전에 비자금 실체를 밝히라고 호통치는 것
이 대한민국의 현실이다.

'빨갱이 김대중' 세뇌의 주범은 누구?

고 김대중 전 대통령은 1980년 신군부에서 내란죄로 사형을 선
고받고 사형수로 복역하기도 했다. 김대중 시기를 계기로 그와 관련
된 언론 보도가 잇따르자 김대중이 정말로 민주주의를 위해서, 남북
통일을 위해서 그렇게 진심으로 노력했는지 처음 알았다는 사람들
이 꽤 있다. 잘못된 정보에 세뇌되지 않고서야 대명천지에 가능한 일
이 아니다.

대체로 우리는 일본 국민들이 한일관계에 대해 잘못된 역사 인식
을 가진 이유를 일본의 잘못된 교육과 일본 언론에서 찾는다. 일본은
매우 오래전부터 우리보다 훨씬 더 개방적이고 국제화된 나라이며
인구도 세 배나 많다. 그런 나라에서 대다수 국민이 잘못된 역사 인

식을 '세뇌'당했다고 당연하게 여기면서도 우리는 누군가에 의해 한국 현대사를 세뇌당하지 않았을 거라고 그렇게 자신할 수 있을까?

나는 이번 국장을 통해 그렇게 세뇌한 주범을 똑똑히 알 수 있었다. 김대중 서거에 부쳐 위대한 지도자를 잃었다는 한나라당은 자신들이 특별한 이유 없이 김종필 국무총리(김대중 정부의 첫 총리였다) 인준을 6개월이나 해주지 않았다는 점은 전혀 기억하지 못하는 듯하다. 1998년 2월 25일 김대중이 취임 선서를 하던 바로 그날부터 한나라당은 사사건건 발목을 잡았다. 민정당과 공화당으로 이어지는 그들의 뿌리는 그 '위대한 지도자'를 빨갱이로 몰아 여러 번 사지로 보냈다. 아직도 그들은 툭 하면 '좌파척결'이나 불순한 배후를 거론하며 정치적 반대자를 낙인 찍는다. 노무현 전 대통령이 억울하게 죽어간 것이 석 달 전의 일이다. 자신들의 지난 과거를 조금도 반성하지 않는 그들이 이제 와서 위대한 지도자 운운하는 것은 새빨간 거짓말이다.

조중동은 그들과 가장 가까운 공범이었다. 지금까지 내가 본 신문 사설 가운데 가장 기억에 남는 것이 2000년 6월 15일자 《조선일보》 사설이었다. 이날 《조선일보》의 첫 사설 제목은 「IMT 2000 황금알인가」였고 두 번째 사설 제목은 「양안에 훈풍이」였다. 첫 사설은 당시 차세대 이동통신으로 주목받던 IMT 2000사업의 과열 양상을 경계하는 내용이었고, 두 번째 사설은 중국과 대만 사이의 긴장 완화를 다루었다. 두 번째 사설의 첫 문장은 이렇다.

비록 부분적이긴 하지만 타이완의 천수이볜陳水扁 총통 정부가 중국 대륙과 '3통通'을 허용키로 한 것은 타이완 해협의 긴장 완화는 물론, 동북아 지역 전체의 평화 정착을 위해 적지 않은 희망을 갖게 해주는 조처로 보인다.

이 사설을 실은 날 김대중은 평양에서 김정일과 역사적인 6·15 공동선언을 발표했다. 어차피 그날 선언은 다음 날 신문에서 다룰 수밖에 없는 구조이지만 평양에서 무슨 일이 벌어지고 있는지에 전 세계의 이목이 집중된 그날, 대한민국의 1등 신문은 중국과 타이완의 관계 개선을 걱정하고 있었다. 그런《조선일보》가 남북의 평화와 통일을 향한 김대중의 노력을 있는 그대로 보도했을 것이라 기대하기 어렵다. 햇볕정책을 '퍼주기'라고 가장 앞장서서 반대했던《조선일보》가 아니던가.

실제《조선일보》는 김대중 서거 다음 날 사설에서 "김 전 대통령이 민주화운동을 시작했을 때 온 나라는 권위주의 체제 아래에서 떨고 있었다. 우리는 그때 사실대로 쓸 수 없었고, 정직하게 말할 수도 없었다"라고 실토하기도 했다. 안타까운 일이지만 30년이 지난 지금도《조선일보》는 사실대로 쓰지도 않고 정직하게 말하지도 않는다.

엊그제까지만 해도 입바른 소리하는 노 정객에 저주를 퍼붓던 사람들이 아무런 해명도 하지 않고 갑자기 180도 다른 말로 그를 칭송하고 있으니 진의를 믿기 어렵다. 과거에 대한 일말의 반성이 없다면 그들은 내일 또다시 자신들의 필요에 따라 사실대로 쓰지도 않을 것이고 정직하게 말하지도 않을 것이다.

존경할 만한 보수주의자, 김대중

오늘 김대중을 추모하는 전국적인 열기와는 사뭇 다르게 김대중에 대한 국민들의 정서적 반감 또한 대단했다는 점은 반드시 짚고 넘어가야 한다. 지금 추모방송들은 지난 일이라고 쉽게 넘어가지만 1997년 대선에서 김대중이 거둔 승리는 거의 기적에 가까운 일이었다. 흔히 말하는 네 가지 요소, 즉 ① IMF가 터지지 않았거나 ② 이회창 아들이 군대에 갔거나 ③ 이인제가 출마하지 않았거나 ④ DJP연합이 불발되었거나 하는 네 가지 일 가운데 어느 한 가지만 일어났더라도 김대중의 당선은 불가능했다. 이 모든 요소를 종합하고서도 김대중은 겨우 39만 표 차이로 이겼다.

나의 고향인 경주와 부산 친지들은 "그냥 김대중이 싫어서", "말하는 게 얍삽해 보여서", 아니면 "전라도 깽깽이라서" 아무도 김대중을 찍지 않았다. 국장이 모두 끝나고 김대중을 땅에 묻은 지금, 한국의 현실은 달라졌을까? 오히려 한나라당은 새로운 미디어법을 날치기로 처리해, 힘센 언론사에게 더 큰 힘을 쥐어주려 한다. 그런 상황에서는 김대중 같은 거목을 또다시 만나기는 어려울 것이다.

19년간의 세뇌에서 벗어났을 때 나는 혁명을 꿈꾸는 운동권 학생이었다. 사회혁명의 관점에서 본다면 김대중은 확실히 우리의 대안이 아니었다. 그러나 여러 해 운동에 가담하면서 수십 년 동안 민주화의 한길을 간다는 것이 얼마나 어려운 일인가는 가늠할 수 있었다. 적어도 김대중은 그 오랜 세월 동안 헌정질서를 유린하거나 그러한 활동에 공범으로 가담하지 않았다. 그 사실만으로도 김대중은 존경받을 이유가 충분했다. 나의 관점에서 보자면 김대중은 존경할 만한 보수주의자였다.

과학에서는 또 다른 길, 혹은 대안alternative이 무척 중요하다. 과학이 발전하고 성공할 수 있었던 것은 항상 또 다른 길이라는 가능성을 열어두었기 때문이다. 과학에서는 또 다른 가능성이 곧 축복이다.

나는 한국의 민주주의도 이 대안을 인정받기 위한 투쟁의 역사였다고 생각한다. 김대중은 그 한가운데 서 있는 사람이었다. 그는 박정희 말고도 대통령을 할 만한 사람이 있음을 직접 증명했다. 예비군을 없애도 국방을 할 수 있음을, 남북 간 화해와 협력을 이루어서 통일의 길을 열 수 있음을 주장했다. 군사독재나 한국식 민주주의가 아니라 보편적 민주주의도 한국에 적용할 수 있음을, 재벌 위주의 정부주도 관치경제가 아니라 시장의 자율성과 중소기업을 중심으로 하는 경제구조를 만들 수 있음을, 그리고 호남 출신도 충분히 국가를 잘 운영할 수 있음을 주장했다. 대통령이 되어서는 실제로 그 다른 길이 모두 성공적으로 작동할 수 있음을 직접 증명해 보이기도 했다.

그러나 나는 김대중이 IMF를 극복할 때 그의 방식이 이넌 또 다른 대안을 깊이 생각하지 않은 것은 문제라고 생각한다. 알짜기업들이 헐값에 팔려나갔고 신용불량자들이 대량으로 생겨나 차기 정부에까지 큰 부담을 지웠다.

한국의 민주주의가 불행했던 것은 그런 대안을 실천해볼 수 없었기 때문이라기보다 대안을 말하는 것조차 허용되지 않았기 때문이다. 또 다른 길을 말하는 것은 곧 빨갱이요, 좌경 반란분자였다. 불행하게도 대안을 인정하지 않는 현상은 이명박 정부에서 재현되고 있다. 민주주의가 후퇴했다는 말이 나오는 것도 그 때문이다.

탐욕을 부추긴 대통령 이명박과 미실의 대한민국

진보주의자 가운데 누구도 김대중처럼 목숨 걸지 않았다

그러나 내가 김대중을 존경하는 가장 큰 이유는 그가 정말로 '행동하는 양심'이었기 때문이다. 그것도 그 행동의 강도가 남달랐다. 김대중은 진정으로 행동하는 양심에 자신의 목숨을 걸었다. 김대중이 여러 번 죽을 고비를 넘긴 일화는 유명하다. 그리고도 다시 자기 목숨을 내놓기는 쉽지 않다.

나는 아직도 김대중이 평양을 방문하기에 앞서 발표했던 대국민 성명을 기억한다. 2000년 6월 13일 아침 김대중의 표정은 비장했다. 길지 않은 그 성명을 잘 보면 으레 들어가 있는 "잘하고 돌아오겠습니다"라는 말이 없다. 그는 다음과 같이 말했다.

"이제 국민 여러분의 뜻을 모아 북녘 땅을 향해 출발하겠습니다."

성명서 어디를 봐도 "돌아오겠다"라는 말이 없다. 그러니까 방북하면서 의미 있는 성과를 내기 전에는 돌아오지 않겠다는 뜻이다. 나는 그날 김대중이 정말 자신의 모든 것을 걸고 평양에 들어가는구나 하고 생각했다. 그리고 6·15 성명을 들고 무사히 돌아왔다.

무엇보다 그는 생의 마지막 순간에도 민주주의를 위해 자신의 몸을 던졌다. 대부분의 언론은 그의 서거를 그저 유명 정치인의 예정된 죽음 정도로만 다루었다. 그러나 그가 노환에도 불구하고 한국사회의 안타까운 현실을 고발하려다 병세가 악화되어 죽음에 이르렀음은 부인할 수 없는 사실이다. 김대중은 이번에도 자신의 모든 것을 걸었다.

내가 계속해서 '민중후보'나 '진보후보'에 투표하며 자칭 진보주의자로 살아오면서도 현실 정치의 진보주의자들을 잘 믿지 못하는 가장 큰 이유는 그들 가운데 누구도 김대중처럼 자신의 모든 것을 걸지 않기 때문이다. 민주주의의 문제가 그만큼 그들에게 절박하지 않기 때문일까? 민주주의가 위기라는 말은 수도 없이 들었지만 그에 항거해서 그 '흔한' 단식투쟁도 변변히 못하는 사람들을 누가 믿고 따르겠나. 노무현 탄핵 때 이미 분노한 시민들이 길거리에 나앉았는데도 진보주의자들은 "우리는 노무현과 다르다"라는 강박관념에 성명서 하나 제대로 발표하지 못했다. 그래서 국민들은 진보주의자들에게서 감동을 느끼지 못한다.

위대한 지도자니, 행동하는 양심이니, 그런 말들을 언론에서 들을 때마다 나는 가슴 한 켠에서 분노를 느낀다. 누구 때문에, 무엇 때문에 그가 쓰러졌는데 왜 그가 그토록 지키고 싶던 조국의 민주주의는 아무도 얘기하지 않는가. 왜 김대중은 생의 마지막 순간에도 목숨을 걸어야만 했던가. 그가 정말로 위대한 지도자였다면 왜 우리는 그의 짐을 조금이라도 덜어주지 못했던가.

현직 대통령인 이명박은 이 점에서 일차적인 책임을 면하기 어렵다. 이명박 대통령은 당선되자마자 6·15와 10·4 남북정상회담을 없던 일로 하고 남북관계를 1991년 남북기본합의서 시절로 돌려버렸다. 노무현은 방북 때 "북한은 개혁이나 개방이라는 단어를 무척 싫어한다"라고 힘주어 말했음에도 이명박은 자신의 대북정책을 '비핵개방3000'으로 확정했다. 이런 사례들은 두 전직 대통령의 성과를 전혀 모르는 무지의 소산이거나 의도적으로 모욕을 주려는 행위로

밖에는 해석할 길이 없다.

민주주의는 어떤가. 작년의 미국산 쇠고기 파동에서부터 미네르바 사건, 용산참사, 대법관파동, 쌍용차 사태 등 한국사회 자유의 폭과 인권의 깊이가 심각하게 훼손되었음을 지난 1년 반 동안의 수많은 사례가 증명하고 있다. 이명박 대통령이 진심으로 김대중 전 대통령의 서거를 애도한다면 그가 목숨을 걸고 비판했던 자신의 국정 방식을 반성해봐야 한다.

"꽃은 화려할 때 지는 기야!"

영화 〈황산벌〉에서 김유신이 어린 화랑들을 사지로 내몰면서 내뱉은 말이다. 85년 굴곡 많은 인생, 그 숱한 영욕의 세월을 보낸 김대중이었지만, 죽음을 목전에 두고서도 조국의 민주주의를 위해 마지막 일성을 높였던 2009년 여름의 인동초가 내게는 가장 화려해 보였다.

이제는 그처럼 대의를 위해 자기 한 몸을 던질 위인이 누가 있을까 하는 마음에, 다시 시작되는 한 주와 함께 이명박 시대의 일상으로 되돌아갈 생각을 하니 김대중의 빈자리가 너무나 크게 느껴진다. 김대중을 묻으며, 나는 그래서 한국의 민주주의도 함께 묻히는 건 아닐까 두려웠다. 아득히 멀어져가는 그의 운구행렬 뒤로 나는 어느 시인의 한마디를 떠올렸다.

"민주주의여, 만세"

+ 남북관계, 북미관계가 험악해질수록 김대중 전 대통령이 생각난다. 북한을 포함한 동북아 문제에 관한 한, 김대중은 세계 최고의 전문가였고, 가장 큰 어른이었다. 살아생전에 미국이 정책담당자들이 북한 문제와 관련해 종종 그를 찾아와 자문했던 것도 그 때문이었다. 늘 강조했던 상인적 현실감각과 서생적 문제의식늘 가시고 김대중은 복잡하게 얽힌 실타래 같은 남북관계에 항상 그럴듯한 해결책을 제시해왔다. 지금은 무슨 문제가 생겨도 우리가 기댈 큰 어른이 없다. 게다가 미국의 트럼프 행정부는 대북강경노선을 고집하는 가운데 북한과 미국이 강대강의 대결로 치달을 가능성이 높아졌다. 만약 김대중 전 대통령이 아직 살아 있다면 우리가 험악한 북미관계에 개입해 긴장을 완화할 여지를 조금이라도 남겼을 텐데 하는 아쉬움이 크게 남는다. 2017년 현재 조기대선을 앞두고 각 대선주자들이 너도나도 공약과 정책을 내놓고 있지만 김대중만큼의 시야를 갖고 남북관계를 개선하고 동북아에 새로운 질서를 수립할 비전을 제시하는 이는 하나도 없다. 새삼 우리 사회 큰 어른의 공백이 너무나 무겁게 느껴진다.

덕만과 노무현, MB와 미실…
닮았을까

2009.12.22.

2009년 최대의 화제작으로 꼽히는 MBC 드라마 〈선덕여왕〉이 곧 막을 내린다. KBS 〈천추태후〉나 SBS 〈자명고〉 같은 다른 여걸 소재 드라마가 맥없이 잊힌 반면 〈선덕여왕〉은 대한민국 드라마의 새 장을 연 드라마로 오래 기억될 것 같다.

〈선덕여왕〉이 후한 평을 받아야 하는 이유는 한때 40퍼센트를 넘나들었던 시청률 때문이 아니다. 요즘 시청자들은 냉정해서 잠시라도 마음이 떠나면 채널을 돌린다. 〈선덕여왕〉 후반부도 그래서 시청률이 떨어졌다. 블록버스터 대작이라 불리는 〈아이리스〉가 40퍼센트를 넘지 못한 것도 비슷한 이유에서이다.

〈선덕여왕〉이 호평을 받아야 하는 이유, 그래서 성공할 수밖에 없던 이유는 (누구나 이미 다 알고 있겠지만) 창조적인 캐릭터이다. 〈선덕여왕〉은 기본적으로 마키아벨리적 2인자 미실과 그를 동경하면서도 그와 맞설 수밖에 없는 1인자 덕만의 관계를 핵심으로 삼고 있다.

〔덕만〕 요순하지 않았던 여왕 캐릭터

흔히 〈선덕여왕〉 하면 미실을 매우 성공적인 캐릭터로 꼽고 그것도 사실이지만, 우리는 이 드라마의 주인공인 덕만도 눈여겨봐야만 한다. 왜냐하면 덕만은 전통적인 주인공의 캐릭터와는 사뭇 다른 모습을 많이 보여주기 때문이다. 대개 사극에서 주인공으로 나오는 왕은 지극히 요순堯舜적인 도덕주의자이다. 그래서 항상 정도를 걸으며 백성이 곧 나라의 근간이요 민심은 천심이라는 교과서의 가르침을 철저하게 준수한다. 〈태조 왕건〉, 〈대조영〉, 〈대왕세종〉, 〈이산〉, 〈태왕사신기〉 등 거의 예외가 없다.

그러나 덕만은 여기서 엇나간다. 덕만은 공주 신분을 되찾기 위해 여론조작과 왜곡, 심지어 날조까지 서슴지 않는다. 아예 한술 더 떠서, 자신과의 약조를 지키지 않은 안강촌 우두머리들을 직접 베어 버린다. 앞서 열거한 임금들은 상상도 못 할 일이다.

지난 2007년 대선이 끝난 뒤 인터넷에는 유시민의 '국개론(국가개조론)'을 빗댄 새로운 '국개론(옳지 못한 표현이지만, 속칭 '국민 개새끼론')'이 횡행했다. 자신이 보유한 아파트 값이 오를 것으로 기대하고 MB에게 표를 던진 유권자들을 향한 일부 누리꾼들의 원망 섞인 표현이었을 것이다.

예전 드라마에서는 백성들이란 대체로 순박하고 어진 이들로만 묘사되었다. 그러나 〈선덕여왕〉의 백성들은 다르다. 인터넷 표현을 빌리자면 '국개'들이 심심찮게 등장한다. 특히 미실은 적나라하게 '국개'들의 본성을 설파한다. 백성들이 첨성대 앞에서 기도만 할 것이다, 원래 한 치 앞도 내다보지 못하는 것들이다, 백성들은 진실을

탐욕을 부추긴 대통령 이명박과 미실의 대한민국

두려워한다 등등.

덕만은 그런 미실에 맞서 당당하게 반론을 펼치지 못한다. 오히려 미실의 말이 사실이 아닐까 의심하기도 한다. 그리고 마침내 칼을 빼서 '국개'들을 처단하기까지 한다. 이처럼 〈선덕여왕〉은 대중과 지도자와의 관계를 현실적으로 들여다보기 시작했다.

〔덕만 vs. 노무현〕 드라마 같은 노, 현실 같은 덕만

대개 드라마는 현실과 무척 동떨어진 이야기로 가득하다. 나는 〈선덕여왕〉을 보면서 드라마와 현실이 새로운 양태로 동떨어질 수 있음을 깨달았다.

2009년 5월에 서거한 노무현 전 대통령은, '바보'라는 그의 별명이 말해주듯이, 말하자면 요순적인 도덕주의자였다. 그가 집권한 동안 하루도 빼지 않고 보수언론은 그의 입바른 소리를 질타했다. 노무현 전 대통령이 원칙, 도덕, 정의를 강조하면 보수언론은 그런 가치들이 이제는 더 이상 먹고사는 데 도움이 되지 않는다고 항변했다. 노무현 전 대통령은 '쇼'를 싫어해서 후보 시절에는 사진 찍으러 미국에는 가지 않겠다고도 했고, 대통령으로 재임하는 동안에 MB처럼 시장골목을 돌아다니며 떡볶이를 사 먹지도 않았다.

여론조작이나 왜곡은 노무현과는 무척이나 어울리지 않는 단어들이다. 그런 그가 '국개'를 두들겨 패거나 하는 일도 상상하기 어렵다. 경찰 폭력 때문에 시위대가 사망하자 즉각 사과성명을 내고 관련자를 문책했다. 한마디로 노무현 전 대통령은 〈선덕여왕〉 이전에 드라마에서 보아온 전형적인 도덕주의적 왕의 모습에 가깝다. 그만큼 그는 비현실적인, 드라마 캐릭터에 가까운 인물이다.

그런데 덕만은 그런 노무현을 비웃기라도 하듯, 아니 보란 듯이 여론조작을 밥 먹듯이 하고 심지어 '국개'를 베어버린다! 덕만은 그렇게 '쇼'를 즐겼다. 현실의 노무현은 오히려 드라마 캐릭터에 가깝고 드라마 속 덕만은 속세의 정치인을 닮았다. 누군가는 BBK나 용산참사를 떠올리며 MB와 덕만이 닮았다고 할지도 모르겠다. 그러나 이 둘 사이에는 결정적인 차이가 있다. 그 차이는 미실을 들여다보면 훨씬 더 분명해진다.

〔미실〕수단과 방법 가렸으나 정의롭지 못한 '고수'

미실은 아마도 2009년 최고의 히트상품이 아닐까 싶을 정도로 전 사회적인 신드롬을 불러 일으켰다. 미실의 무엇이 그토록 사람의 마음을 훔쳤을까? 그것은 한마디로 말하자면 '고수의 경지'이다.

우리는 거의 반사적으로 미실을 악역이라고 부른다. 미실은 왜 악역일까? 그것은 그가 정의롭지 못하기 때문이다. 미실이 원하는 것은 권력과 사리사욕뿐이다. 미실의 실체는 여기서 한 발자국도 나아가지 않는다. 그런데도 미실이 돋보이는 이유는 그 권력과 사리사욕을 채우는 방법이 예사롭지 않기 때문이다. 그는 수단과 방법을 '가린다'.

미실은 완벽을 추구한다. 그래서 사람들은 실수를 할 수 있지만 미실의 사람은 실수를 해서는 안 된다. 권력 획득에 도움이 되지 않는다면 제 배로 낳은 새끼도 눈물 한 방울 흘리지 않고 내던진다. 한마디로 미실은 사리사욕 채우기를 예술의 경지로 올려놓았다. 그는 언제나 남들보다 두 수는 앞을 내다본다. 군사와 외교에도 능통하며 인간과 사물의 본성을 정확하게 꿰뚫어 보는 통찰력을 가졌다.

비유적으로 말하자면 미실은 〈와호장룡〉의 리무바이(저우룬파周潤發) 같다. 리무바이는 청룽成龙과 리롄제李连杰에서 볼 수 없던 새로운 무술의 경지를 보여주었다. 가깝게는 〈하얀거탑〉의 천재적인 외과 의사 장준혁과도 무척 닮았다. 장준혁은 의사로서의 능력뿐만 아니라 줄서기와 공작, 사태 수습에서도 천재성을 발휘했다. 이 고수의 경지를 투박하게 표현하자면 자신과 주변에 대한 완벽한 통제라고 할 수 있다. 어떤 상황에서도 흔들림 없는 미실의 미소는 대나무 숲을 유유히 거니는 리무바이의 발걸음, 수술실의 공기마저 숨죽이게 하는 장준혁의 현란한 손놀림과 같다.

완벽을 추구하는 고수의 경지가 없다면 미실이라는 캐릭터는 그저 평범한 악역에 머물렀을 것이다. 보통 드라마에서 성공적인 캐릭터는 입체적인 캐릭터로서 자신만의 존재 이유가 뚜렷하다. 장준혁을 위한 변명은 〈하얀거탑〉이 빼어나게 그려낸 현대 사회조직의 치열한 생존경쟁으로도 충분하다. 〈용의 눈물〉에서는 이방원과 정도전 가운데 어떤 사람이 선이고 어떤 사람이 악인지 구분하기가 어렵다. 각각 왕권 강화와 신권臣權에 의한 견제라는 나름대로의 새 왕조 건국 이념을 가지고 있기 때문이다.

미실에게는 안타깝게도 이 존재 이유가 전혀 없다. 미실은 그저 사리사욕을 위해 권력을 탐할 뿐이다. 자신만의 큰 뜻이 있는 것도 아니고 삼한일통의 포부가 있는 것도 아니다. 그 때문에 캐릭터의 입체감이 반감되어야 하는데, 이를 완벽을 추구하는 고수의 경지로 극복하고 있다.

그러나 이 같은 미실의 캐릭터 설정은 의도된 것이다. 내 생각에
〈선덕여왕〉 전체를 통틀어서 가장 중요한 대사는 덕만이 던진 이 질
문이다.

"미실의 시대에는 왜 신국이 발전하지 않았을까?"

그리고 덕만은 이 질문에 대한 답을 곧 찾게 된다. 미실의 가장
큰 약점, 그것은 신국에 대한 주인의식이 없다는 것이다. 만약 미실
이 주인의식을 갖고 있었다면 덕만의 말대로 스스로 왕이 되고자 하
거나 삼한일통을 꿈꾸었을 것이고, 그 과정에서 자연스럽게 신국의
발전과 백성의 존재를 의식했을 것이다(그랬다면 미실은 대의명분과
스스로의 존재 이유를 획득한 입체적인 캐릭터가 된다).

이것은 미실에게 가장 뼈아픈 약점이다. 덕만의 우려대로 덕만과
김춘추가 잠자는 용을 깨워 미실이 대의를 품게 돼 결국 난을 일으
키고 내전의 상황으로 치닫지만, 여기서 미실은 결정적인 딜레마에
빠지게 된다. 새로운 대의를 내세우며 일어섰으니 신국에 대한 주인
의식도 없다가 살아날 수밖에 없다. 그래서 내전의 대치 상황에서 덕
만과 미실이 담판을 지을 때, 덕만의 말처럼 미실은 처음으로 자신도
모르게 왕의 모습을 내비치게 된다. 미실은 신국 땅의 동서남북 경계
선을 언급하며 그 전선에 뿌린 자기 동지들의 피를 되새긴다.

여기서부터 미실은 신국에 대한 주인의식을 체화하는 과정에 들
어간다. 그래서 아무리 대야성 대치 상황이 급박해도 전선의 병력 이

동을 금지시킨다. 비로소 신국 황제의 마음을 품게 된 것이다. 주인으로서 지닌 황제의 마음은 어버이의 마음과 같다. 주인의식이 없던 미실은 자신의 권력을 위해 핏덩이도 내던졌지만, 이제 주인으로서 황제의 마음을 품고 보니 버렸던 자식(비담)이 눈에 들어올 수밖에 없었다. 황제의 주인의식, 그것은 모성애와 다르지 않다.

그런데 새로운 주인의식을 가지고 자신을 돌아보니 지금 이 난리는 도무지 신국 황제로서의 처신이라고 할 수가 없지 않은가! 신국의 황제가 지닌 주인의식으로는 도저히 상대등 시해를 조작하고 황제를 납치·구금하고 자신보다 왕위 서열이 높은 덕만과 춘추를 추포하고 급기야 신국을 반 토막 내는 내전의 상황으로 몰아갈 수는 없는 노릇이다. 매사에 완벽을 추구하는 미실은 설령 자신의 반란이 성공하더라도 온전히 신국의 주인 노릇을 할 수 없으리라는 점을 깨닫기 시작했다.

덕만은 자신과 춘추가 잠자는 용을 깨웠다고 두려워했지만 정작 그 용은 잠에서 깨어나는 순간 더 이상 용으로서의 삶을 살 수가 없던 것이다. 그런 미실에게 자살 이외에는 선택의 여지가 없었다. 게다가 비담이라고 하는, 훨씬 더 '완벽한' 카드가 남아 있음에랴.

이쯤이면 MB가 덕만이나 미실과 어떤 점에서 근본적으로 다른지 명확해졌을 것이다. 덕만이 미실에게 품었던 그 의문을 이제 MB에게 적용해보자.

"MB의 시대에는 왜 대한민국이 후퇴하고 있을까?"

〔MB vs. 미실〕 거짓말의 경지 MB, 딜레마로 마감한 미실

덕만은 이미 이 질문에 대한 정답을 주었다. 주인의식! MB는 대한민국에 대한 주인의식이 없다. 주인의식이란 모두가 내 것이라는 소유의식이 아니라 모두를 품고 아끼려는 어머니의 마음이다. 일촉즉발의 대치 상황에서도 전선의 병력 이동을 금지시킨 덕만과 미실의 마음은 솔로몬 앞에서 자기 자식을 내어주는 어미의 마음과도 같다.

이에 비하면 참모총장을 바꾸고 활주로를 틀면서까지 롯데타워를 허가한 MB의 마음은 모성과는 거리가 무척 멀다. 국민들에게 위험한 쇠고기를 먹이게 하는 협상을 억지로 성사시킨 것도 어미의 마음이 아니다. 자신의 목소리를 들어달라는 국민들의 애원을 컨테이너 산성으로 틀어막고 되레 두들겨 패는 것도 모성이라 할 수 없다. 최소한의 생존권을 요구하는 용산 주민들을 공권력으로 무참히 죽여놓고도 아직 사과의 말 한마디 나오지 않았다.

그래서 MB의 백년대계라는 말도 믿기 어렵다. 공기업과 온갖 기관과 언론사에까지 자기 사람을 심기 위해 법과 관행을 무시하고 무리하게 낙하산을 내려 보낸 이유가 무엇일까? 민주주의를 후퇴시키면서까지 자신에게 반대하는 목소리를 가차 없이 날려버리는 이유가 무엇일까? 간단하다. 자신이 하고자 하는 일을 손쉽게 밀어붙이기 위함이다.

이렇게 반대 목소리를 미리 모두 잠재우고 불도저로 미는 방식은 흡사 집 지키는 개들과 경보장치를 먼저 해제하고 남의 집에 침입하는 약탈자의 습성과 같다. 미디어법과 세종시와 4대강이 대표적인 예이다. 이미 사회적 합의로 법까지 만들어 시행단계에 들어간 세종

시를 갑자기 모두 없던 일로 돌리고 국민 절대다수가 반대하는 미디어법과 4대강 사업을 무리하게 강행하는 가장 큰 이유는 집권 5년간 한 건 크게 해먹겠다는 약탈자의 심성이다.

그렇다면 MB는 잠에서 깨어나기 전의 미실과 닮았을까? 앞서 말했듯이 미실은 모든 주변 상황을 완벽하게 꿰뚫고 제어할 수 있는 고수의 능력을 지녔다. 지난 대선에서 많은 유권자는 MB가 도덕적 흠결은 있지만 능력은 있는 사람이라고 믿었기 때문에 그를 선택했다. 하지만 그 능력의 실체는 신기루와도 같다는 사실이 점점 명확해졌다. (미디어법 하나도 엉망으로 처리한 'MB의 사람들'은 '미실의 사람들'과는 달리 얼마나 실수를 많이 하는지.)

지금은 '미실未實의 공화국'

무엇보다 그가 한국경제를 살린다는 주장은 모순으로 가득 차 있다. 지난 글로벌 경제 위기 때 유독 한국경제가 취약했던 까닭은 대외의존도가 지나치게 높다는 점이었다. 이것을 적정 수준으로 낮춰 외부의 충격을 어느 정도 흡수할 수 있는 구조로 만들려면 상대적으로 내수시장을 육성해야만 한다. 인구가 5,000만에 불과한 한국이 할 수 있는 일은 크게 두 가지이다.

하나는 고용의 과반을 책임지는 중소기업을 보호하는 것이고 다른 하나는 북한과의 관계 개선을 통해 인구 8,000만의 새로운 한민족 경제권을 형성하는 것이다. 철저하게 대기업 위주의 정책을 고수하고 집권하자마자 남북한 상황을 1991년 기본합의서로 되돌린 MB는 완벽하게 정반대의 길을 선택했다. 아직도 MB는 대기업과 건설사를 중심으로 한국경제를 떠받치고 철학 없는 대외정책으로 외교적 고립을 자초하고 있다. 미실이라면 그러지 않았을 것이다.

한 가지 MB에게 예술적인 경지가 있다면 그것은 그의 거짓말이다. BBK 동영상에서부터(검찰 수사결과가 사실이라면 MB는 BBK가 자기 것이라고 대학생들에게 공개적으로 거짓말한 셈이 된다) 최근의 총기든 괴한에 이르기까지 그의 말은 어디서부터 어디까지 믿어야 할지 종잡을 수가 없다. 표를 얻기 위해 지난 대선 때 세종시 원안 고수를 약속했다는 MB의 '솔직하고 화끈한 사과'는, 오히려 지금 또 그가 무엇을 위해서 뭔가 거짓말을 하는 건 아닐까 하는 의구심만 키웠다.

'입만 열면 거짓말'이라는 세간의 푸념은 아마도 100년쯤 뒤에 어느 드라마에서는 새로운 재미로 다가올지도 모르겠다. 그러나 MB 치하에서 3년을 더 살아야 하는 지금의 우리로서는 그의 예술적 경지를 감상만 하고 있을 처지가 못 된다. 거짓이 횡행하고, 이제는 거짓을 거짓이라고 말하는 소리조차 사라진 대한민국은 확실히 진실이 실종된 미실未實의 공화국이다.

✚ 드라마를 즐겨 보는 나는 드라마와 시사 이슈를 연결시켜서 글을 많이 쓰려고 했다. 2012년 대선과 시차가 좀 나긴 했으나 드라마 〈선덕여왕〉은 방송 당시 차기 대선에서 박근혜를 띄우기 위한 술책이 아니냐는 얘기가 나올 정도였다. 나는 그런 주장을 억측이라 생각했고, 그래서 이 글에서도 박근혜보다는 당시 대통령이었던 MB를 위주로 글을 썼다. 지금 다시 생각해보면 그때 박근혜를 주요인물로 다루지 않은 것은 잘못이었다.

천안함, 여전히 남는 의문들

2010.5.25.

2010년 5월 20일 천안함 민군합동조사단(합조단)의 공식 발표가 나왔다. 그 내용의 핵심은 북한의 어뢰 공격으로 천안함이 침몰했다는 것이다. 이 결과를 바탕으로 24일 이명박 대통령은 남북교류 중단을 골자로 하는 대국민 담화를 발표했다.

합조단은 북한 공격의 결정적인 증거로 어뢰의 프로펠러를 포함한 추진모터와 조종장치를 제시했다. 이번 발표로 세간에 익명의 '군 고위 관계자'나 '핵심 관계자'를 통해서만 나오던 북한 공격설이 공식화되었다. 그러나 여전히 적지 않은 사람이 합조단의 조사결과 발표를 100퍼센트 신뢰하지 못하고 있다.

나 또한 그 적지 않은 사람 가운데 한 명이다. 과학연구와 관련된 일을 하다 보면 남의 말을 쉽게 믿지 않고 일단 의심부터 하는 직업병에 걸리기 일쑤이다. 그래서 당국의 천안함 발표에 내가 의혹을 가지는 것은 매우 일상적인 현상이지 북한에 대한 호불호와는 아무런 상관이 없음을 미리 밝혀둔다. 아니, 북한에 관한 한 나는 한국의 여느 보수만큼 북한체제를 혐오한다. 정치적으로는 좌파적 성향이라고 할 수 있으니, 나는 말하자면 '반북좌파'이다.

이번 공식 발표, 그리고 지금까지 천안함을 둘러싼 여러 상황에 대해 내가 품은 의혹은 대략 다음과 같다.

[의혹 1] 함정 침몰의 직접적 원인

① 비결정 알루미늄 산화물: 합조단의 발표 중에서 천안함이 어뢰로 피격되었다는 가장 결정적인 증거는 어뢰 자체라기보다 함체와 어뢰에서 동시에 발견된 흰색 가루, 즉 폭발에 의해 생긴 것으로 추정되는 비결정 알루미늄 산화물이다.

합조단은 선체 연돌 등에서 다량의 흰색 가루를 발견했고 그 정체를 밝혔다고 했다. 그런데 사진으로 공개된 함체 절단면을 보면 흰색 가루가 절단면이나 단절된 전선 등에 걸쳐 골고루 나타나지 않는다. 만약 어뢰가 터져 버블제트로 함체가 두 동강이 났다면 절단면을 따라 흰색 가루가 상대적으로 많이 검출될 것으로 기대할 수 있다.

해난구조 전문가 이종인 씨는 합조단이 발표한 알루미늄 산화물이 알루미늄 재질의 선체에서 자연스럽게 생긴 것이 아니냐는 의혹을 제시하기도 했다. 그렇기 때문에 합조단은 구체적으로 선체 어느 부위에 얼마만큼의 흰색 가루가 분포해 있는지를 명확히 밝혀야 한다.

② 파편: 폭발물에 섞였을 것으로 예상되는 알루미늄 가루로 보이는 흰색 가루가 많이 검출되었음에도, 함체 어디에서도 어뢰의 파편이 발견되지 않았다는 것은 미스터리이다. 공식 발표 전에는 언론

을 통해 매우 작은 파편 조각을 발견했다는 보도도 있었으나 공식 발표문에는 선체에서 어뢰 파편이 발견되었다는 말이 없다.

③ 어뢰 프로펠러: 합조단은 어뢰 프로펠러를 제시하며 어뢰가 폭발하더라도 프로펠러 등 일부 부위가 손상을 입지 않을 수도 있다고 발표했다. 그런데 합조단이 공개한 어뢰 프로펠러는 ①에서 말했던 흰색 가루로 뒤덮여 있다. 이는 어뢰의 프로펠러가 폭발물의 영향을 많이 받았음을 암시한다. 그럼에도 프로펠러가 거의 원형 상태를 유지하고 있다는 것은 이해하기 어렵다.

④ 물기둥: 합조단은 최종적으로 물기둥이 솟았으며 넘어진 좌현 견시병 얼굴에 물방울이 튀었다고 발표했다. ①에 따르면 폭발에 의한 흰색 가루가 함정 연돌에까지 흡착한 상황이고 그렇다면 적어도 함정 전체를 뒤덮을 만한 물기둥이 치솟았을 가능성이 높다. 이는 버블제트에 의한 함정파괴 동영상에서도 쉽게 관찰할 수 있다. 그 정도면 견시병이 물벼락을 뒤집어써야 한다.

⑤ 버블제트: 합조단은 선체손상 부위, 사체검안 결과, 지진파 분석자료 등을 근거로 버블제트에 의한 충격파로 천안함이 파괴되었다고 발표했다. 그러나 지진파를 분석했던 숭실대 연구팀은 이미 버블제트에서 반드시 관찰되어야 하는 시간차 파동이 발견되지 않았다는 이유로 버블제트 가능성을 기각한 바 있다. 만약 숭실대 연구결과가 틀렸다면 왜 그러한지 합조단은 설명을 해야 한다.

⑥ 열흔: ①에서 발견된 흰색 가루는 합조단 발표에 의하면 고온·고압 상태에서만 만들어진다. 그런데 공개된 TOD Thermal Observation Device(열상감시장비) 영상을 보면 함정 주변에서 그런 흰색 가루를 만

들 만한 고온 상태를 찾아볼 수 없다. 추가로 공개된 영상은 사고 발생 직후인 오후 9시 22분에 찍힌 것이다(군 당국의 발표를 믿는다면 2분 40초 정도 더 지연된다).

⑦ 파도: 천안함이 중어뢰의 강력한 폭발과 이로 인한 버블제트로 오후 9시 22분에 침몰되었다면 한동안은 이로 인해 함정 주변에 파도가 일렁거려야 한다. 그러나 오후 9시 22분을 찍은 TOD 영상을 보면 함정 주변의 물결은 너무나 잔잔하다.

⑧ 함수와 함미: 공식 발표에 의하면 어뢰는 천안함의 거의 한가운데를 공격했다. 그렇다면 함체가 동강 난 뒤 함수와 함미의 이후 상황은 크게 다르지 않을 것으로 예상된다. 그러나 실제로는 함수는 우로 90도 기울어져 천천히 침몰했고 함미는 거의 그대로 순식간에 가라앉았다. 버블제트에 의해서 어떻게 함수와 함미가 이처럼 비대칭적으로 침몰할 수 있는지 설명이 필요하다.

⑨ 그 외 : 외상 없는 시신 상태, 물고기 떼죽음이 없는 점, 큰 부상 없는 생존자, 손상되지 않은 '1번 글씨', 연어급 잠수함의 삭선 및 공격 능력과 운항 궤적, 안쪽으로 휘어진 천안함 스크류 등은 이미 제기된 의혹이다.

〔의혹 2〕 주변국 동향

① 북한이 공식적으로 공격을 부인하는 이유는 무엇인가: 정부나 언론에서는 이번 공격이 북한이 화폐개혁 후·유증 극복과 3대 세습을 위한 내부단속용이라고 한다. 만약 그렇다면 굳이 천안함 사건을 북한 당국이 공식적으로 완강히 부인할 이유가 없다. 천안함 침몰이 북

한의 소행이라면 그것은 김정일의 지시에 의한 것이라기보다 정찰총국의 단독 범행일 가능성이 높다.

② 미군의 미온적인 태도: 천안함 사건은 한국의 방어망이 뚫린 사태일 뿐 아니라 미군의 해상방어망에도 큰 구멍이 난 사건이다. 미군 입장에서는 천안함 사건이 동맹국과 함께 대규모로 적국 인근 해역에서 해상훈련을 하던 도중 동맹국 함정이 적국 공격으로 침몰한 실제 상황으로, 이는 예전 림팩훈련 때 한국군 잠수함이 미군 항모와 이지스함을 포함한 수십 척의 함정을 훈련상 격침시킨 것보다 충격적인 사건이다. 왜냐하면 적의 130톤급 잠수함의 잠입 경로, 잠행 유무, 도주로 등을 전혀 감지하지 못했을 뿐만 아니라 사건 발생 두 달이 지나도록 여전히 모르고 있기 때문이다.

림팩훈련 뒤 미 해군이 항모 방어 전략을 수정한 것은 잘 알려진 사실이다. 그런데 이번 천안함 사건의 교훈을 미 해군은 어떻게 받아들이고 있는가. 그리고 북한이 합조단 발표 내용과 같은 최첨단 스텔스 해저무기체계를 보유하고 있다는 사실을 군사학적으로 어떻게 평가하고 있는가. (아직까지 미군 고위관계자가 자신들이 취합한 정보를 토대로 천안함 사건과 관련해 내놓은 군사 관련 공식논평은 찾기 어렵다.) 그리고 미군이 이번 사건에 대해 파악하고 있는 정보는 어디까지이며 왜 아직 아무런 발표를 하지 않는 것인가. 사건 발생 직후 북한 개입 가능성을 강력하게 차단한 근거는 무엇인가.

허위사실 유포 유력 일간지와 익명 관계자 책임져야

이러한 의혹들이 완전히 해소되지 않는다면 합조단의 공식 발표는 사실이라고 믿기에 너무나 허점이 많다. 발표 직전에 인양한 터빈실도 마저 조사해야 함에도 무리하게 조사결과를 발표한 배경도 의문이다. 그러나 일단 이런 의문들은 잠시 접어두고, 합조단의 발표를 일단 사실로 받아들이자. 그렇다면 우리는 지금 당장 무엇을 해야 하는가.

먼저《조선일보》가 주장한 인간어뢰는 거짓임이 드러났다. 또한 물기둥이 수평으로 퍼졌다는 주장도 사실과 다른 것으로 밝혀졌다. 허위사실을 유포한 유력 일간지와 익명의 고위 관계자는 국민에게 큰 혼란을 초래한 응분의 책임을 져야 한다.

정부는 합조단 공식 발표 뒤 직접 북한을 지목하며 다양한 방식의 대응책 마련에 나섰다. 유엔안보리 제소나 대규모 해상기동훈련, 남북관계의 전면적인 단절, 군사적 보복조치 등이 거론되고 있다. 대통령은 담화에서 북한 선박의 항행 금지를 선언하기도 했다. 그러나 가장 먼저 해야 할 일은 북한을 상대로 진상규명과 책임자 처벌, 재발 방지 등의 세 가지 기본 조처를 강력하게 요구하는 것이다. 북한이 이에 성실하게 응하지 않을 때에는 지금 거론되고 있는 조처들을 그다음 단계로 고려해볼 수 있을 것이다.

하지만 지금 정부의 태도는, 가장 중요한 진상규명은 최대한 애매한 상태로 내버려둔 채 북한에 대한 전방위적 압박에만 신경을 쓰는 것 같다. 이 때문에 천안함 사건을 대하는 정부의 불순한 의도를 의심하는 사람들이 생겨난다.

탐욕을 부추긴 대통령 이명박과 미실의 대한민국

그리고 시민사회에서 계속 주장하듯이, 일선 지휘관과 지휘계통에 있던 장성들은 모두 군법회의에 회부시켜 군령의 지엄함을 보여야 한다. 이번 사건은 군 본연의 임무인 경계근무를 유기한 사태로 국가안보에 매우 엄중한 상황을 초래했다.

합조단 발표 신뢰받으려면, 의혹 해명해야 할 것

또한 이명박 대통령은 국정 최고책임자이자 국군통수권자로서 이번 사태에 대한 최종적인 책임을 져야 한다. 특히 사후 미숙한 조처에 대해서 이명박 대통령은 국민에게 사죄해야 한다. 헌법에 명시된 대통령의 가장 중요한 임무는 국민의 생명과 재산을 지키고 국토를 수호하는 것이다.

합조단의 조사결과 북한의 소행으로 밝혀졌음에도 정부와 이명박 대통령은 사건 초기 경솔하게도 북한 연루설을 강력하게 부인했으며, 심지어 최전방인 백령도 시찰에 나서기도 했다. 이는 국가안보에 매우 중대한 위협 행위이다. 그 당시 대통령 유고 상황에 대비해 국무총리의 신변이 안전하게 보호되고 있었는지, 유사시 군령권과 행정권의 인계 준비가 잘되어 있었는지 지금이라도 따져보아야 할 문제이며, 그런 위험 상황을 스스로 초래한 대통령은 헌법에 명시된 책무를 가벼이 여긴 데 대해 사죄해야 한다. 안타깝게도 24일 발표한 대통령 담화에는 이런 반성과 사죄가 없다.

한편 북한은 자신의 무죄를 말로만 항변할 것이 아니라 당시 의심받는 잠수함의 동태에 대해 납득할 만한 설명을 하는 등 북한 군부를 대상으로 한 자체적인 진상조사를 벌여야 한다. 그리고 북한이 직접 당사자로 거론되는 만큼 북한만의 검열단이 아니라 객관적인 결과를 담보할 수 있는 국제적인 조사단을 구성하는 것이 바람직하다.

물론 우리가 북한에게 이런 요구를 하려면, 북한이 천안함을 공격했다는 우리 합조단의 조사결과가 공평무사함을 먼저 증명하고 각종 의혹들을 신속하게 해명해야 할 것이다. 다른 의견을 냈다는 이유만으로 야당 추천 위원을 고소한다든지 합조단 인적 구성사항을 공개하지 않는다든지 하는 행위는 합조단의 결과에 의심만 더할 뿐이다.

그럴 리야 없겠지만, 만약 합조단의 투명성이 지금처럼 계속 의심을 받는다면, 비극적인 천안함 사건은 선거를 앞둔 희대의 '친위쿠데타'로 기억될지도 모른다.

탐욕을 부추긴 대통령 이명박과 미실의 대한민국

임재범도 하는데,
왜 당신들은 거저 먹나

2011.7.1.

MBC의 예능프로그램 〈나는 가수다〉(이하 〈나가수〉)가 연일 화제이다. 경연을 통한 서바이벌이라는 독특한 방식은 방송 내내 논란을 몰고 다녔지만 국내 최고의 가수들이 들려주는 최상의 노래와 공연은 매주 온 국민을 감동시키며 각종 음원차트를 석권하고 있다.

〈나가수〉에 참가했거나 참가하고 있는 가수들의 인기는 수직으로 상승한다. 방송 다음 날에는 〈나가수〉의 일거수일투족을 다룬 기사가 넘쳐나고, 〈나가수〉를 분석하는 칼럼도 줄을 잇는다. 이명박 대통령도 〈나가수〉를 인용하면서 공직자들에게 '나가수 정신'을 강조하기도 했다. 가히 '나가수 신드롬'이라고 하지 않을 수 없을 정도이다.

〈나가수〉의 열렬한 팬인 나도 휴일 저녁 시간에는 어김없이 TV 소리를 키워놓고 방송시간을 기다린다. 하지만 나는 대중음악 전문가가 아니어서 〈나가수〉가 아이돌 중심의 음악시장에 긍정적인 영향을 줄 것인지 새로운 역편향으로 작용할 것인지, 아니면 숨은 보석의 가치를 재발견하게 될 것인지 가수에 대한 잘못된 평가 잣대를 대중에게 강요하게 될 것인지 가늠할 처지가 못 된다. 그저 시청자의 한 사람으로서 좋은 가수들의 좋은 노래를 편안하게 즐길 수 있는 시간을 갖게 돼 기쁠 뿐이다.

〈나가수〉가 이렇게 많은 논란을 불러일으키고 또 나름 성공한 프로그램으로 자리 잡을 수 있던 것은 청중 평가단에 의한 탈락 시스템 때문이다. 예술이나 가수를 점수로 매길 수 있느냐, 꼭 그렇게 가혹한 경쟁에 내몰아야만 하느냐는 의구심 뒤에는 바로 이 시스템 때문에 정상급 가수들도 매회 최선을 다할 수밖에 없다는 엄연한 현실도 존재한다.

어떤 사람들은 말한다. 안 그래도 치열한 경쟁사회인 한국에서 굳이 가수들을 그렇게 벼랑 끝으로 내몰아 경쟁을 시켜야 할 이유가 있냐고.

나는 이 질문의 전제 자체가 잘못되었다고 생각한다. 최고의 가수들이 살벌하게 경쟁하는 모습에 불편한 마음을 갖는 이유 가운데 하나는 '한국은 이미 치열한 경쟁사회'라는 생각이다. 누구나 쉽게 내뱉는 이 말은 반은 맞지만, 나머지 더욱 중요한 절반은 틀렸다. "한국은 치열한 경쟁사회가 아니다."

〈나가수〉의 메시지, "한국은 치열한 경쟁사회가 아니다"

우리 주변에서 쉽게 볼 수 있는 '절반'은 물론 열심히 경쟁한다. 유치원생과 초중고생들은 더 좋은 상급학교에 진학하려고 말 그대로 피 튀기게 경쟁한다. 대학생들은 더 나은 스펙을 얻기 위해, 그리

탐욕을 부추긴 대통령 이명박과 미실의 대한민국

고 비싼 등록금을 마련하기 위해 경쟁에 내몰린다. 직장인들은 상사에게 까이지 않기 위해, 후배들에게 밀리지 않기 위해 본격적인 생존경쟁에 나선다. 기업은 기업대로 서로를 밟고 서기 위해 경쟁하고, 대학들은 한 단계라도 높은 평가순위를 얻으려고 경쟁한다.

그러나 우리에게 이 살벌한 경쟁을 하도록 만든 사람들, 누구도 동의한 적이 없는 이 불공정한 게임의 규칙을 만든 사람들, 말하자면 영화 〈매트릭스〉에서 매트릭스를 설계한 아키텍처 같은 사람들은 전혀 경쟁하지 않는다. 한국사회의 요직을 차지하고 중요한 결정을 내리면서 커다란 파급력을 가진 사람들, 그렇기 때문에 그 어느 분야보다 더 치열한 경쟁이 필요한 사람들은 전혀 경쟁을 하지 않는다. 한국사회의 비극은 여기서 시작된다.

한국사회는 거의 모든 분야에서 어느 수준 이상 올라가면 더 이상 경쟁을 하지 않아도 되는 사회이다. 우리는 그렇게 경쟁이 필요 없는 수준 이상 올라간 사람들을 특권층이라고 부른다. 그 특권이란 '경쟁하지 않아도 되는 특권'이다.

우리는 대개 무슨 일이 생기면 연줄부터 찾는다. 자식들 군대 보낼 때, 승진할 때, 억울한 일이 생길 때, 심지어 큰 병원에 갈 때도 정해진 제도와 절차를 따르기보다 윗선의 누군가 힘이 센 사람이 나의 요구를 들어줄 방법부터 찾는다. 왜냐하면 그 힘센 특권층은 남들이 다 따라야만 하는 제도와 절차를 무시할 수 있기 때문이다. 그들에게 경쟁이란 없다.

경쟁하지 않는 특권이 광범위하게 보장된 사회는 봉건적인 신분제 사회이지만, 장관 자식이라는 이유로 외교통상부 특채에 쉽게 합격하는 것이 오늘날 민주공화국 대한민국의 현실이다. 대통령과 이런저런 연줄이라도 하나 있을라치면 대형 국책사업을 따내는 것도 식은 죽 먹기요, 국가의 중요 요직에서 감투 하나 쓰는 일은 손바닥 뒤집기보다도 더 쉽다. 그렇게 경쟁의 무풍지대가 되어버린 인의 장막을 우리는 '고소영' 사단이라고 불렀다.

피 말리는 경쟁이 일상화된 한국에서 경쟁이 불필요한 이런 집단이 존재한다는 기막힌 사실은 한국사회의 모순을 고스란히 담고 있다. 국민들에게 '어륀지'를 가르치며 영어 학습 경쟁에 불을 지른 정부는 정작 FTA 협정 문구 하나 제대로 번역하지 못했다. 국방의 의무와 준법정신을 강요하는 '나으리'들은 대부분 자식까지 병역을 면제받거나 위장전입 하나 정도는 기본 옵션으로 장착하고 있다. 사회정의를 지키는 최후의 보루라는 검찰은 떡값에 스폰서까지 붙어 오히려 불의를 향한 경쟁에서 선두에 선 듯하다.

경쟁하지 않아도 되는 특권층, 고소영 사단 그리고…

대학은 대학대로 좀 더 우수한 신입생들을 뽑겠다면서 온갖 편법을 동원하지만, 최근 반값등록금 사태에서 드러났듯이 정작 그렇게 뽑은 학생들을 위해서 대학이 하는 일은 별로 없다. 입시철만 되면 평준화 교육이 학생들의 질을 낮췄다며 마치 대학경쟁력, 심지어 국가경쟁력이 떨어질 것처럼 호들갑이지만, 대학이나 국가경쟁력의 책임을 갓 스무 살 된 대학 신입생에게 뒤집어씌우는 행태는 파렴치하다고밖에 설명할 길이 없다. 이런 대학들의 입장을 비호하는《조선일보》조차 자신들이 대학평가를 할 때는 교수들의 경쟁력에 가장 큰 배점을 매긴다.

배우는 것이 유일한 임무인 학생들에게 핵폭탄 같은 등록금과 함께 대학경쟁력이니 국가경쟁력이니 하는 어마어마한 책무를 지워 경쟁시키면서도, 정작 대학 본연의 임무인 연구와 인재양성에는 소홀한 것이 한국 교육의 현실이다. 최근 카이스트 사태에서도 봤듯이 '살인적인 경쟁'이라는 표현은 더 이상 수사修辭가 아니라 가장 사실적인 묘사가 되었다.

요컨대 한국사회는 가장 경쟁이 필요한 특권층이 자신의 경쟁을 피하기 위해 다른 보통 '평민'들에게 필요 이상의 무지막지한 경쟁을 강요하는 사회이다. 이것은 착취와 다르지 않다. 더욱 큰 문제는 이렇게 왜곡된 경쟁구도가 당연한 듯 받아들여지고 있다는 사실이다.

한국사회에서 재벌은 가장 대표적인 특권층이다. 죄를 지어도 벌을 받지 않는 관행은 이제 한국에서 당연한 상식이 되어버렸다. 초일류기업이라는 삼성이 아이폰 같은 제품을 못 만드는 이유는 삼성이 끊임없는 기술 개발을 통해 지금까지 세상에 존재하지 않던 혁신적인 제품을 만드는 모험과 경쟁의 길을 가지 않고, 이미 시장에서 검증된 상품을 내놓아 물량으로 승부하는 손쉬운 길을 가기 때문이다. 옴니아 같은 시간 벌기용 '스마트폰'을 내놓아도 기꺼이 구매해줄 수십만 명의 고객이 있고, 때가 되면 나 몰라라 하더라도 아무런 문제가 되지 않는다. 같은 회사의 노동자들은 작업장에서 백혈병에 걸려도 하소연할 길이 없다.

재벌의 일족들은 덩달아 손쉽게 돈을 번다. 보도에 따르면 29개 재벌의 총수일가 190명이 이른바 계열사 몰아주기 방식으로 번 돈이 무려 10조 원에 이른다. 공정한 시장에서의 자유경쟁? 이 세계에서는 그런 단어를 찾아볼 수 없다.

경영난 핑계로 노동자 자른 한진중, 〈나가수〉였다면?

그리고 한진중공업. 이 회사는 2009년부터 글로벌 경제위기와 영도조선소 수주량 부족 등의 이유로 정리해고를 추진해왔고 우여곡절 끝에 2011년 초 172명을 정리해고 했다. 회사가 내세운 이유는 긴박한 경영난이었다. 회사가 '경영난'에 처했으면 (그것이 뭐든 간에 '노동난'이라고는 하지 않으니까) '경영진'이 일차적인 책임을 지는 게 상식이다. 노동자들에게 고통 분담을 말할 수는 있지만 그것은 경영진이 응분의 책임을 진 뒤에 생각해볼 수 있는 문제이다.

그런데 한진중공업은 경영진이 잘못한 일에 대한 책임을 노동자에게 물었다. 더욱 기가 막힌 사실은 공권력이 회사의 편에서 정리해고에 항의하는 노동자들을 잡아간다는 점이다. 더더욱 기가 막힌 사실은 회사가 말하는 경영난이 별로 미덥지 못하다는 점이다. 한진중공업이 운영하는 필리핀 수빅 조선소(100만 평 규모)는 2010년에만 23척을 수주했고 같은 해 연말 주식배당금으로 174억 원이라는 돈 잔치를 벌였다. 이해 달성한 수주계약금이 1조 7,000억 원, 같은 해 연말 기준 수주 잔액이 5조 원을 넘는다. 그래서 사람들은 한진중공업이 8만 평 규모의 영도조선소를 폐쇄하기 위해 일부러 수주 물량을 수빅 조선소에 몰아준 것이 아니냐는 의혹을 제기하고 있다. 회사가 비용을 줄이기 위해 가장 손쉬운 방법을 선택했다는 것이다.

치열한 경쟁을 통해 기술력과 경영 능력을 확보한다고? 한진도 다른 여느 재벌과 마찬가지로 스스로 경쟁에 뛰어들지는 않는다. 누군가는 치러야 할 대가는 고스란히 노동자들의 몫이 되었다. 경영에 참여하지도 못하는 노동자들은 부당하게도 경영 부실의 책임까지 떠안고 필요 이상의 살벌한 생존경쟁에 내몰린 것이다. "대기업이 잘되면 국민경제가 살아난다." 적어도 한진중공업에 대해서는 이 말이 성립하지 않는다.

해고노동자들의 가정과 삶은 갈기갈기 찢어졌다. 모 방송사의 부산 방송국에서 시사 프로그램을 진행하는 이 지역의 한 교수는, 한진 사태를 다루는 프로그램을 준비하다가 해고노동자들과 그 가족들의 인터뷰 내용을 모니터링하면서 흐르는 눈물 때문에 일을 진행할 수가 없었다고 한다. 나는 그 기사를 읽는 것만으로도 눈물이 흘렀다 (관련 기사: 《프레시안》, 「작가가 울고 카메라도 울고 나도 하염없이 울었습니다」, 2011.6.28.). 적어도 '가정파괴 범죄'에 관한 한 한진중공업에 필적할 만한 흉악범을 찾기도 어려울 것이다.

한진 사태를 〈나가수〉식으로 표현하자면, 경연에 참가한 가수가 자신의 개그맨 매니저가 마음에 들지 않아 그 매니저를 잘라낼 구실을 찾기 위해 일부러 경연에서 꼴찌를 한 것과 같다. 규칙대로라면 이 가수는 퇴출되어야 하지만, 이 가수는 자신이 꼴찌를 한 책임을 물어 개그맨 매니저를 교체해달라고 요구했고, 놀랍게도 담당 PD가 이 요구를 흔쾌히 받아들인 상황이다.

프로그램 초기에 경연의 기회를 한 번 더 준 것 때문에 온 나라가 들썩였던 기억을 되살려봤을 때, 실제 〈나가수〉에서 꼴찌의 책임을 물어 매니저를 교체했다면 아마 그다음 주에는 〈나가수〉라는 프로그램 자체가 없어졌을 것이다. 172명의 해고노동자 가족과 자신의 목숨을 담보로 85호 크레인에 올라가 있는 김진숙의 실화 다큐멘터리에서는 안타깝게도 예능 프로그램에서도 지켜지는 최소한의 공정함과 정의로움도 찾아볼 수가 없다. 아니, 일주일 내내 온갖 〈나가수〉 가십거리를 쏟아내는 언론 기사 속에서 '한진' 자체를 찾아볼 수가 없다.

7월 9일 이후, 김진숙이 〈나가수〉를 볼 수 있길 희망한다

많은 사람은 〈나가수〉 인기의 비결이, 현실에서 공정한 경쟁이 실현되며 결과에 승복하는 모습을 보고 싶은 열망이 투영된 결과라고 한다. 내가 〈나가수〉를 좋아하는 이유는 굳이 경쟁하지 않아도 되는 대한민국 최고의 가수들이 스스로를 옥죄면서 최고의 무대를 만들기 위해 과감하게 경쟁에 나서는 그 모습 자체가 보기 좋아서이다. 사실 가수들은 거기서 떨어진다고 해서 더 이상 가수 생활을 못하는 극한 경쟁에 내몰린 것도 아니다. 오히려 시청자들은 떨어진 가수들에게 더 큰 관심과 애정과 격려를 보낼 만큼 성숙해 있다.

적어도 한국사회의 다른 곳에서는 이런 모습을 찾아보기 어렵다. 만약에 정치인들이, 검찰이, 공무원들이, 재벌이, 대학이, 언론사가, 경쟁 없는 특권적 울타리를 벗어나 최소한의 필요한 경쟁에 나섰다면 아마 한국은 일찌감치 선진국이 되고도 남았을 것이다.

그들에게 사회적 책임의식, 즉 '노블레스 오블리주' 같은 건 바라지도 않는다. 그저 다른 보통 사람들이 하는 것만큼 경쟁에 정정당당하게 나서는 것만으로도 충분하다. 굳이 말하자면, '노블레스 콩

퀴랑시엘Noblesse Concurrentielle(가진 자여, 경쟁하라)!'이라고 부를 수 있지 않을까?

한진중공업 영도조선소의 35미터 차가운 85호 크레인 위에는 혼자 6개월 동안 정리해고에 반대해 농성을 벌이고 있는 김진숙이 있다. 그곳은 몇 년 전에 같은 이유로 올라온 김주익이 목을 맨 곳이다. 지난 6월 27일 한차례 공권력이 투입된 뒤 85호 크레인에는 전기도 생필품도 차단되었다. 김진숙이 국가인권위원회에 긴급구제조치를 요청하고서야 국가인권위가 나서서 회사와 중재했고, 이틀 뒤인 29일 생필품과 의약품을 공급하기로 합의했다. 할리우드 영화에서는 인질에게 생필품이나 의약품을 공급하기 위해 테러리스트와 협상하는 대테러 경찰의 모습을 익숙하게 보았는데, 2011년 한국에서는 재벌기업과 대테러 경찰이 오히려 영화 속 테러리스트 같은 역할을 하고 있다.

김진숙은 말한다

"7월 9일에 2차 희망버스가 온다는 소식을 들었습니다. 저는 그날 이 싸움 끝내야 된다고 생각합니다. 진짜 185대가 와서 당신들이 얼마나 부도덕한 짓을 하고 있는지, 당신들이 얼마나 말도 안 되는 일을 지금까지 해왔는지를, 굳이 목청 높이지 않더라도, 굳이 구호를 외치고 성명서를 낭독하지 않더라도, 그냥 온 사람들의 면면들 그들의 표정 하나하나로 저는 보여줄 수 있다고 생각합니다. 그걸 우리는 6월 11일에 보여줬어요. 그래서 사측이 대노했다 합니다. 전 기뻐요. 그 사람들을 대노시킬 수 있어서."

7월 9일은 토요일이다. 김진숙이 그날 무사히 크레인을 내려와서 사랑하는 사람들과 함께 웃으며 다음 날 저녁 〈나가수〉를 볼 수 있기를, 다른 모든 평범한 사람처럼 가는 일요일을 아쉬워하며 대한민국 최고 가수들이 꾸미는 감동적인 노래와 무대를 편히 즐길 수 있기를, 나는 진심으로 기원한다.

＋ 이 글은 MBC의 인기 예능프로그램이었던 〈나는 가수다〉를 소재로 쓴 글이다. "한국사회는 무한 경쟁이 치열한 사회이다"라는 명제에 평소 의문을 품고 있던 차에 실상은 그렇지 않다는 점을 주장하기에 〈나는 가수다〉가 아주 적절한 소재여서 이런 글을 쓰게 되었다. 최근 벌어진 박근혜-최순실 게이트에서도 국민들이 가장 분노하는 대목 가운데 하나는 최순실의 딸 정유라가 고등학교와 대학에서 공정한 경쟁을 하지 않고 특권을 이용해 엄청난 혜택을 누렸다는 점이다. 비선 실세에 기대어 특권적 혜택을 누리려고 했던 것은 삼성을 위시한 재벌들도 마찬가지였다. 치열한 경쟁과, 그 이면에 숨겨진 특권이나 반칙은 동전의 양면과도 같다. 지금도 그런 현실은 크게 다르지 않아 보인다.

고맙다, 안철수!
분노가 솟구친다

2011.10.25

두 명의 죄수 A, B가 감방에 따로 갇혀 있다. 둘 다 자신의 죄를 인정하지 않으면 이들은 다른 혐의로 각각 2년간 징역을 살게 된다. 만약 한 명이 다른 한 명의 범죄 사실을 증언하면 증언한 죄수는 1년을 살고 나머지는 5년을 산다. 그런데 만약 두 명의 범죄 사실이 모두 밝혀지게 되면 둘은 각각 4년간 징역을 산다.

두 죄수가 할 수 있는 최선의 선택은 서로의 죄를 발설하지 않기로 협력하는 것이다. 하지만 동료를 배신하고픈 유혹은 클 수밖에 없다. 그러나 자칫 둘 다 서로를 배신하게 되면 오히려 더 큰 형벌이 기다리고 있다. 이것이 전형적인 '죄수의 딜레마' 게임이다.

죄수의 딜레마는 여러 형태로 변형되어 사회현상을 연구하는 데 큰 도움을 주었다. 특히 로버트 액설로드Robert Axelrod는 무한히 반복되는 죄수의 딜레마 게임을 연구해서 협력과 배신이 어떻게 생겨나고 서로에게 영향을 주는지 조사했다.

'응징의 가치'가 말살된 대한민국 역사

그는 여러 가지 알고리즘을 분석한 결과, 가장 단순한 팃포탯tit for tat 전략(첫 게임에는 협력하고, 다음부터는 상대방이 직전에 한 대로 따라하기)이 가장 성공적인 전략임을 보였다. 팃포탯이란 상대방이 협력하면 협력하고, 배신하면 즉각 응징하는 전략을 말한다.

팃포탯 전략은 국제사회에서도 가장 흔한 외교적 스탠스이다. 가령 북한 핵문제는 '행동 대 행동'의 원칙이 지켜지지 않아 교착상태에 빠져 있다. 미국이 북한에 대해 "나쁜 행동에는 그에 상응하는 대가를 치러야 한다"라고 주장하는 것도 팃포탯 전략이다.

액설로드는 이 연구에서 배신을 응징하는 가치를 새롭게 조명했다. 도발과 배신을 즉각적으로 응징하는 전략은 그렇지 않은 전략보다 좋은 결과를 도출했다. 이는 배신을 응징하지 않거나 그 응징이 즉각적이지 않으면 결과적으로 상대방에게 잘못된 신호를 주어 상대방은 계속 배신하는 것이 이득이라고 결론지을 것이기 때문이다. 배신에 대한 즉각적인 응징이 이뤄지지 않을 때 어떤 결과가 생기는지를 알아보는 데에는 한국사회가 제격이다.

안타깝게도 신생독립국 대한민국은 독립지사들을 중심으로 건설되지 못했고, 반대로 친일부역자들이 권력을 장악하면서 오히려 독립지사들을 탄압했다. 민족의 반역자들은 미국과 독재자에 협력하는 방식으로 계속해서 권세를 누려왔다. 반역과 배신에 대해 즉각적인 응징이 이루어지지 않는다면 누구나 배신이라는 큰 유혹을 떨치기 어렵다. 오늘날 한국사회의 정의가 거꾸로 뒤집어진 것은 어떤 형태로든 이 응징되지 못한 배신의 성공 스토리와 관련이 있다.

10·26 재보선을 앞둔 2011년의 한국은 그렇게 뒤틀린 자신의 자화상을 적나라하게 보여주고 있다. 네거티브든 후보 검증이든 그 과정에서 드러난 한국사회의 속살은 청산되지 못한 역사의 짐이 얼마나 무겁게 우리를 짓누르고 있는지, 새삼 그 무게감을 느끼게 해준다.

먼저 '어느' 유력 후보가 '또 다른' 유력 후보에게 제기한 의혹은 병역기피 목적 호적 쪼개기, 학력위조, 수상한 기부금, 월세 등이었다. 이에 맞서 '또 다른' 후보가 '어느' 후보에게 제기한 의혹은 건물투기, 유흥주점 월세, 2캐럿짜리 다이아몬드, 부친 학교 감사 제외 청탁, 부친 학교 재단 이사등재 등이었다.

그런데 '어느' 후보 쪽의 검증 공세는 곧바로 역풍을 맞았다. 왜냐하면 '어느' 후보가 속한 정당과 그 정당이 옹호하는 현 정부 각료들 중에는 병역이나 재산, 학력위조, 위장전입 같은 의혹에서 자유로운 사람이 별로 없었기 때문이다. 물론 강도가 또 다른 도둑놈을 보고 나쁘다고 말할 수는 있으나, 처벌받지 않은 강도가 다른 도둑을 처벌하라고 주장할 때 우리는 뭔가 정의롭지 못하고 공정하지 못하다고 느낀다.

미심쩍은 방법으로 군대 안 간 사람들이 병역비리를 파헤치겠다고 나서고, 차떼기 하거나 기부금 가로챈 정당에서 남의 기부금을 문제 삼는 모습을 보면서 사람들은 너무나 선명한 데자뷔를 느꼈을 것이다.

FTA 문구 하나 제대로 해석하지 못하는 분들이 '어륀쥐'를 가르치려 들더니, 위장전입 같은 '별'을 하나씩 달고 있는 분들은 하나같이 목소리를 높여 준법과 질서를 강조하고 나섰다. 마침 현직 대통령 직계존비속의 범죄행위에 해당하는 내곡동 사건이 터지면서 사람들은 '어느' 후보가 몇 년 전 했던 봉하마을 '아방궁' 관련 발언을 떠올렸다.

청산되지 못한 역사는 어떻게 현실을 왜곡했나

청산되지 않은 역사, 잘못에 대한 즉각적인 응징이 이루어지지 않은 결과는 흉악범이 경찰을 처벌하는 풍경을 만들어놓았다. 부조리극에나 나올 법한 이 이야기는 나라를 팔아먹은 친일 앞잡이들이 권력을 잡고서 독립투사들을 때려잡은 우리의 비극적인 역사와 너무나 닮았다.

'어느' 후보의 의혹 가운데는 학력 허위기재 의혹처럼 실무자의 단순 실수도 있고, '또 다른' 후보 측에서도 인정했듯이 배우자 병역 비리 의혹처럼 비극적인 한국 현대사의 파편에 유래한 것도 있다. 고가의 피부클리닉에 다닌 것은 비록 정서적으로 거부감이 생길 수도 있지만 그 자체가 위법하거나 심대한 부정·비리는 아니다. 내 생각에 정말로 중요한 의혹은 '어느' 후보가 부친의 비리 사학재단 이사로 계속 재직하고 있었고, 이를 숨겨왔다는 점이다.

'어느' 후보는 명문대 법대를 나와 판사를 거쳐 국회의원에 이른, 한국사회 최고의 엘리트 코스를 거쳐온 분이다. 학생들을 사실상 강제 노역시킨 비리사학의 2세가 이렇게 막강한 권세를 누린다면 비리 사학의 잘못이 '응징'될 가능성은 그만큼 줄어들 것이다. 실제로 '어느' 후보는 자신의 국회의원직을 이용해 사학법 개정에 적극적으로 반대했고, 감사 제외를 청탁했다는 의혹을 받고 있다.

이것은 선친대의 부정·비리가 응징되어 문제가 해결되기는커녕

대를 이어 구조화되고 있다는 점에서 대단히 심각한 문제이다. 겉모습만 보면 어느 영화에서 조직폭력배가 자신의 방패막이를 만들기 위해 조직원을 경찰학교에 침투시킨 것을 연상시킨다. 우리는 이것이 왜 그토록 심각한 문제인지를 영화 〈도가니〉를 통해 알 수 있다. 죄를 지은 사람이 그에 상응하는 처벌을 받기는커녕 다시 교단으로 돌아와 버젓이 학생들에게 못된 짓을 되풀이하는 끔찍한 상황이 구조적으로 고착될 수 있기 때문이다.

상식이 있는 국민이라면 북한의 3대 세습이 대단히 잘못된 행위라는 데에 이견을 달지 않을 것이다. 세습권력이 문제가 되는 이유는 주권이 국민에게 있지 않고, 그래서 통치자의 사리사욕을 위해 막강한 권력이 동원되며, 시간이 지나더라도 그것이 개선될 구조적 여지가 없기 때문이다.

헌법 1조 1항에서 민주공화국임을 천명한 대한민국은 어떨까? 응징되지 못한 부정과 비리와 반역은 법치를 비웃기라도 하듯, '어느' 후보의 경우처럼 대를 이어 전승되고 있다. 국민에게 위임받은 권력은 집안의 이익을 위해 사유화되고 개선의 여지는 더더욱 차단된다.

게다가 비슷한 처지의 사람들이 뭉쳐서 하나의 거대한 세력(검찰, 언론, 재벌을 망라하는)을 만들었기 때문에 응징되지 못한 부조리의 골짜기는 깊어만 간다. '어느' 후보가 국회의원으로 있으면서 보수언론에 종합편성채널을 안기기 위해 최선의 노력을 기울인 것은 우연이 아니다. 이들 언론사들은 그 보답인 양 이번 선거에서 '어느' 후보를 압도적으로 편들고 사실상 지원하고 있다. 비리와 부정과 반역은 구조적으로 재생산될 수밖에 없다.

공교롭게도 '어느' 후보 옆에는 '독재자의 딸'이 선거를 돕고 있고 (아마도 그녀는 '어느' 후보가 "딸을 가진 어머니의 마음"을 계속 강조하는 것이 그다지 달갑지는 않을 것이다) 그 뒤에는 국민의 손에 의해 쫓겨난 초대 대통령의 동상을 세우려는 무리가 있다. '뉴라이트'라고 하는 이들의 세계관은 나라를 팔아먹고 독립투사를 때려잡던 친일 앞잡이들과 다르지 않다. 이 모두가 척결되지 못한 역사의 좀비들이다. 응징하지 못한 반역과 부정은 대를 잇고, 그렇게 권력을 잡은 기득권은 다시 대를 이어 사유화된 권력을 향유한다.

직접적인 세습은 아니지만 MB의 경우는 응징되지 못한 부정·비리가 권력의 사유화와 맞물려 역사에 재등장할 때 얼마나 패악스러운 결과를 낳을 수 있는지 그 극단을 보여준다. 누구나 동의하듯이 MB는 '도덕성보다 능력'이라는 명분으로 대통령에 당선되었다. 그의 능력은 70년대 성장제일주의에 최적화된 것이다. 절차나 원칙, 윤리는 조금 훼손되더라도 원하는 결과를 얻기 위해서는 불도저처럼 밀고 나가는 능력에서 그를 당할 자는 아마 대한민국에 별로 없을 것이다.

배고픔을 이기기 위해 부정과 비리가 다소 있더라도, 경제발전이라는 목표를 위해 어쩔 수 없었다는 논리는 귀에 못이 박히도록 들어왔고 지금도 계속 울려 퍼지고 있다. 그때 청산되지 못한 악습은 40년이 지난 지금 대한민국의 민주주의를 살해했고, 그 자리에는 한반도를 뒤덮는 '공구리(콘크리트)'가 꿰차고 들어앉았다.

탐욕을 부추긴 대통령 이명박과 미실의 대한민국

민주주의 살해한 '공구리', 당신은 선택은?

투표로 위임된 국민의 권력은 도덕성마저 필요 없게 만든다는 그의 놀라운 능력에 따라 사유화된 권력으로 바뀌어, 대통령직이란 그저 자신과 일족의 재산과 권세를 불리기 위한 수단으로 전락해버렸다.

MB가 대통령직을 수행하면서 보여준 통치의 도덕적 기준은 너무나 낮고, 내곡동 사건처럼 법을 위반한 사례가 지극히 엄중하다. 그 탓에 차기 대통령은 어지간한 부정·비리나 위법행위를 저지르더라도 MB보다는 낫다는 평가를 받을 것이다.

따라서 우리가 차기정부를 평가할 때 MB정부가 판단의 기준점이 되지 않도록 하기 위해서라도 현 정부의 실정과 위법사례는 반드시 철저하게 '응징'해야 한다. 그렇지 않으면 MB식 부정부패는 그의 자손과 추종자들에 의해 언제든지 화려하게 부활할 것이다.

이렇듯 70년대 개발독재의 화신인 MB를 살펴보면 최근 태풍의 눈으로 등장한 '안철수 돌풍'의 비밀을 알 수 있다. 우리는 지금까지 성공을 위해서는 어느 정도의 부정과 비리를 감수할 수밖에 없다는 70년대식 성공스토리에 세뇌되어 있었다. 민주주의보다는 경제발전을 선택했고, 도덕성보다는 능력을 우선했다. 그러나 안철수의 등장은 많은 사람에게 성공에 이르는 '또 다른' 길이 있음을 보여주었다. 사악해지지 않더라도 성공할 수 있는, 비리와 부정에 물들지 않고서도 우아하게 성공할 수 있는 대안이 존재함을 그가 증명한 것이다.

하지만 70년대식 스토리로 가득 찬 세상에서 그의 '또 다른' 길은 쉽지 않았을 것이다. 그런 안철수가 집권세력을 "응징해야 한다"

라고 목소리를 높인 것은 대단히 주목할 만한 일이다. 잘못된 악습과 반역을 청산하지 않고서는 '또 다른' 길에 이르는 문이 좁아질 수밖에 없다는 것을 그는 온몸으로 알고 있을 것이다.

막판에 이른 선거는 그 결과를 예측하기 어려운 박빙의 접전이다. 아주 단순하게 생각해보자. 지난 무상급식 주민투표의 투표율은 25.7퍼센트였다. 일부 언론 보도에 따르면 이 가운데 약 85퍼센트가 오세훈 안을 지지했다고 한다. 따라서 대략적으로 생각해보면 유권자의 약 26퍼센트 중 85퍼센트, 즉 유권자의 약 22퍼센트($0.26 \times 0.85 = 0.22$)는 '이느' 후보를 찍을 것이다. 이들은 굉장히 적극적인 투표자일 것이므로 '또 다른' 후보가 이기려면 최소한 투표율이 22퍼센트의 배는 나와야 함을 알 수 있다.

정의로운 응징, '지금 여기'에 필요하다

이는 이번 선거의 원인 제공을 했던 지난 주민투표의 결과만 가지고서 아주 대략적으로 유추한 결과이다. 실제 선거결과와는 상당히 다를 수 있지만 투표율 약 50퍼센트를 기준으로 두 후보의 유불리가 어떻게 작용하는지 대략적으로 가늠해볼 수 있다. 이번 선거가 재보선임을 감안한다면 표로써 누군가를 응징하는 것이 결코 쉬운 일은 아니다.

청산되지 않은 역사는 우리에게서 많은 것을 빼앗아갔다. 참된 언론도 그중 하나이다. 방송과 신문과 인터넷 매체는 예전과 비교조차 할 수 없을 정도로 많아졌지만, 현 정권이 들어서면서 인터넷 포털은 '점령'당했고 방송사에는 낙하산이 내리꽂혔다. "천황폐하 만

세!"를 외치던 신문사는 여전히 건재하다. 입바른 소리 하는 방송인들은 줄줄이 철퇴를 맞았다.

그러나 진실을 갈망하고 부정에 저항하는 국민들의 뜨거운 열망은 두꺼운 지각을 뚫고 솟아나는 화산처럼 막을 수가 없다. 최근 아이튠즈 팟캐스트의 〈나는 꼼수다〉가 전 국민적인 인기를 얻는 것도 그 때문이다. 디지털 TV시대를 코앞에 둔 대한민국에서 마치 독립군이 방송하는 라디오를 순사 몰래 숨어서 듣듯이 매주 〈나는 꼼수다〉를 이어폰 끼고 듣는 모습은 역사의 아이러니이다.

하지만 이미 〈나는 꼼수다〉는 저항의 사령부 역할을 톡톡히 하고 있다. 휴대폰도 없던 시절 세상의 진실을 알 수 있는 가장 믿을 만한 매체는 손으로 쓴 대자보와 조악하게 만든 길거리 유인물이었다. 우리는 그런 상황에서도 독재를 몰아냈고 민주주의를 되찾았다. 지금 우리는 훨씬 더 많은 일을 할 수 있다.

한 번의 재보선으로 모든 것이 바뀌지는 않을 것이다. 하지만 위대한 역사의 첫 출발은 될 수 있다. 60년도 넘은 반역의 역사를 응징하고 청산하는 일은 쉽지 않은 대장정이다. 그러나 언젠가는 꼭 해야만 하는 일이라면, 지금 바로 첫발을 떼는 것이 현명한 방법이다. 다가오는 10·26 재보선은 우리가 어떤 선택을 하느냐에 따라 신성한 봉기의 첫 봉화로 기록될지도 모른다.

당신의, 그리고 우리의 정의롭고 압도적인 '응징'만이 뒤틀린 한국사회를 바로잡을 수 있다. 우리는 세상을 바꿀 수 있다.

+ 이 기사는 2011년 서울시장 보궐선거 전날인 10월 25일에 공개되었다. 보궐선거가 시행된 것은 당시 서울시장이던 오세훈이 시도한 무상급식 주민투표가 무산되자 오세훈 전 시장이 시장직을 사퇴했기 때문이다. 당시 집권당이던 한나라당에서는 나경원이, 민주당에서는 박영선이 후보로 나섰다. 안철수는 박원순과의 담판 끝에 출마를 포기했고, 박원순은 범야권 단일화 후보 경선에서 이겨 본선에 나서 결국 당선되었다. 이때 이미 안철수 열풍이 상당했다. 안철수가 이 무렵 강력한 어조로 집권세력을 '응징'해야 한다고 말했던 것에서 모티브를 얻어 이 기사를 쓰게 되었다.

탐욕을 부추긴 대통령 이명박과 미실의 대한민국

박원순은 어떻게 서울시장에 당선되었나

2011.10.27.

10·26 재보선이 끝났다. 여야, 보수, 진보를 막론하고 내년 대선의 전초전이라고 불렸던 이번 선거의 최대 격전지는 역시 서울시장 선거였다. 박빙일 것이라는 모두의 예상을 깨고 53.4퍼센트를 얻은 박원순 후보가 46.2퍼센트를 얻은 나경원 후보를 약 7퍼센트 포인트 차이로 누르고 새로운 서울시장으로 당선되었다.

최종투표율 48.6퍼센트를 기준으로 생각해 보면 나경원 후보는 전체 유권자의 약 22.5퍼센트(=48.6퍼센트×46.2퍼센트)에 해당하는 득표를 했다. 이는 지난 무상급식 주민투표에 참가한 25.7퍼센트 중에서 오세훈 안을 지지한 것으로 추정되는 85퍼센트에 해당하는 유권자 수와 거의 똑같다(25.7퍼센트×85퍼센트=22퍼센트). 따라서 여권으로서는 지난 주민투표보다 더 많은 유권자를 얻는 데 실패한 것으로 보이며, 이 수치는 사실상 여권이 서울에서 얻을 수 있는 고정지지율의 최대치라고 볼 수 있다.

나경원 후보가 22퍼센트라는 답보 상태에서 중도파들을 끌어들이지 못한 데는 오만했던 선거전략 탓이 커 보인다. 이번 선거의 원인을 제공한 사건은 오세훈 전 시장의 정치적 야심 때문에 파생된 무상급식 주민투표였다. 비록 개함開函을 하지는 못했지만 최저투표율을 달성하지 못한 것 자체가 어쨌든 결과적으로 시민들의 선택을 받지 못했다는 뜻이므로, 한나라당과 나경원 후보는 이 사태에 대해 사과하고 함께 책임을 지는 자세로, 우선 시민들에게 양해와 용서를 구하는 태도를 보였어야 했다.

사과 한마디 없던 나경원, 오만방자했다

그러나 선거에 임하는 나경원 캠프는 오만방자하기 이를 데 없었다. 책임과 사과는 온데간데없고 야권에 책임을 떠넘기기 급급했다. 게다가 초반부터 시작된 흑색선전은 보는 이들의 눈살을 찌푸리게 했다.

유권자들은 나경원 쪽의 네거티브가 세속될수록 오히려 잊고 지냈던 나경원 후보와 정부·여당 그리고 대통령의 '네거티브'를 다시 떠올리게 되었다. 초반 열세를 만회하기 위해 선거판을 진흙구덩이로 몰아가려던 나경원 측의 전략은 머지않아 부메랑이 되었다. 폭로의 맞공세 속에서 나경원 후보의 추악한 과거 행적이 드러났고, 마침 터진 대통령 직계가족의 내곡동 사건은 유권자들의 '응징'에 대한 의지를 불태우는 결과만 초래하고 말았다.

정부와 여당으로서는 수도 서울의 시장선거를 통해 준엄한 심판을 받은 셈이어서 충격과 타격이 클 것으로 예상된다. 특히 선거 과정에서 불거진 내곡동 사건은 대통령 직계가족이 국가기관인 대통령실을 끼고 범법행위를 자행한 사건이어서 정권의 기반을 뒤흔들 수 있는 폭발력을 지니고 있다.

노무현 대통령이 집권 1년여 만에 선거 관련 발언으로 국회에서 탄핵되었던 전력에 비추어본다면, 이명박 대통령이 불법적으로 권력을 악용해 사리사욕을 채우려 한 내곡동 사건은 충분히 탄핵사유가 될 만하다. 국회에서의 현실적인 역학관계상 탄핵은 되지 않겠지만, 이번 사건과 선거 패배로 인해 대통령의 국정장악력은 현저히 떨어질 것이다.

한나라당으로서는 유력한 대권후보였던 박근혜의 위상이 크게 흔들릴 것이다. 이른바 박근혜 대세론은 안철수의 등장으로 크게 휘청거렸고, 실제로 박근혜가 이번 선거에 적극적으로 개입했음에도 나경원 후보가 비교적 큰 표 차이로 졌기 때문에 대세론은 더더욱 빛이 바래게 되었다.

사실 그에게 붙은 '선거의 여왕'이라는 칭호는 언론이 과대 포장한 것일 수도 있다. 정작 자신에게 가장 중요한 선거였던 2007년 당내 경선에서 이명박 후보에게 패배했던 점을 잊어서는 안 된다. 또 힘 있는 보수언론이 선거 때마다 박근혜의 업적을 과대 포장했을 가능성을 염두에 둬야 한다.

이번 선거에서는 그 허세가 여실히 드러났다. 특히 무소속에게 후보 자리를 내줬다며 민주당을 비판하던 한나라당으로서는 그 무소속에게 본선에서 보기 좋게 패배한 셈이므로 민주당보다 훨씬 더 못한 꼴이 되었다. 게다가 야권연대의 힘이 박근혜를 압도할 정도로 강력했다는 점은 내년 양대 선거까지 두고두고 부담으로 작용할 것이다.

나경원 후보는 박원순 후보 측에 대해 이질적인 세력이 여럿 모였으니 힘 있게 시정을 이끌지 못할 것이라고 비판했으나, 자신은 같은 당 소속의 박근혜와도 융합되는 모습을 보여주지 못했다.

박근혜, 안철수 이전에 나경원에게 '당했다'

애초에 복지에 관심이 많았던 박근혜와 달리 나경원은 선거 기간에도 망국적 복지론을 주장했다. 사소한 일인지도 모르겠지만, 나경원 후보가 수시로 "딸을 가진 어머니의 마음"을 강조한 것도 박근혜를 불편하게 했을 것이다. 딸을 가진 어머니로서의 나경원이나 딸 아들을 둔 아버지인 박원순이 다르지 않을 터이니, 이 발언은 박근혜를 겨냥한 것이 아니냐는 의구심마저 들 정도이다.

이번 선거에 적극 참가하는 것도, 빠지는 것도 곤란했을 박근혜로서는 나경원과 그 뒤의 친이계에 좋은 감정을 갖기는 어려웠을 것이다. 또 향후 당내 대권가도에서 이 갈등은 어떤 형태로든 표출될 수밖에 없을 것이다.

야권으로서는 이번 선거의 의미가 더욱 클 수밖에 없다. 무엇보다 박원순과 안철수라고 하는 장외 블루칩이 한꺼번에 판에 끼어든 셈이어서 이들을 중심으로 한 새판짜기가 본격화될 전망이다. 야권의 이런 판도 변화는 결국 여권에도 큰 압박으로 작용할 것이다. 이번 재보선의 가장 중요한 분기점은 사실 안철수의 등장이었다.

안철수의 이름이 나오기 전에는 주민투표 무산과 오세훈 사퇴로 이어지던 정세가 곽노현 구속수사로 급선회하고 있었다. 즉, 선거의 쟁점이 원인 제공자였던 오세훈에서 그 대척점에 있던 곽노현으로 급속히 옮겨가면서, 오세훈 시정에 대한 평가가 곽노현에게 도덕적 책임을 묻는 선거로 변질돼가고 있었다.

이 와중에 등장한 안철수는 그 모든 판을 뒤엎었다. "역사를 거스르는 세력을 응징해야 한다"라는 그의 한마디는 순식간에 선거의 패러다임을 정권심판과 차기 대선 전초전으로 몰아갔다. '응징'이라는 단어는 내 생각에 한나라당을 규정하는 가장 정확한 말로, 안철수보다 훨씬 급진적이라고 분류되던 세력들에서도 찾아보기 어려웠다. 사실 진보정당들은 복지 '정책'에만 관심이 많았지 전체적인 일반 민주주의의 문제에는 상대적으로 소홀했다.

작년 지방선거에서 가장 훌륭한 정책을 갖고 있던 심상정 후보가 반MB정서에 밀려 후보에서 사퇴한 사건은 이 점을 극명하게 보여준다. 결국 정치인과 정치세력은 어떻게든 권력에 대한 문제, 즉 수권의 기획을 갖고 있어야 한다. 경제적인 문제들도 정치적으로 해결해야 한다는 정치경제학의 가르침을 잊었는지, 기존의 진보정당들은 정치와 민주주의와 권력의 문제보다는 상대적으로 경제적인 문제나 복지에만 매몰되었다(그렇다고 복지가 중요하지 않다는 말은 아니다).

구태정치에 염증을 느끼던 유권자들은 이 '응징'에 환호했고, 지금까지 안철수가 보여줬던 대안으로서의 성공스토리(MB와 달리 부정이나 비리에 물들지 않고서도 성공할 수 있다는 신화)는 신뢰감으로 다가왔다. 그리고 기존 정치권에서는 기대할 수 없던 방식으로 박원순과 후보단일화에 합의함으로써 기존의 정당정치 체제에 치명적인 균열을 만들어버렸다. 유권자들은 여기서 새로운 희망을 보기 시작했다.

박원순이 야권 단일후보가 되어 결국 서울시장까지 움켜쥔 것 또한 대단한 사건이 아닐 수 없다. 우선 박원순은 전통적인 야당 정치인도 아니고 또 전통적인 운동권이나 진보정당 스타일의 인사도 아니다. 말하자면 그는 야권에서도 제3의 세력에 속하는 사람이다. 게다가 박원순은 스스로의 손으로 제3의 길을 만들어왔다.

박원순은 자본주의의 틀 내에서 지극히 자본주의적인 방식으로, 아직 한국사회에서 드러나지 않은 자본주의적 기제들을 작동시켜 세상을 바꾸려고 했다. 그 때문에 자본주의와의 단절과 사회주의적 국가를 지향했던 일부 진보세력은 박원순을 탐탁지 않게 여기기도 했다.

안철수의 '응징'이라는 한마디가 가진 폭발력

이런 박원순을 '종북좌파'라고 부른 것은 사실 개념 정의부터 한참 잘못된 비판이다. 그런 박원순이 이른바 시민사회 영역에서 성공할 수 있었던 것은 그 정책적 디테일(그리고 그의 강직한 성품) 때문이었다. 이번 선거에서 그의 이런 면이 잘 드러나지 않았지만, 아마도 서울시정을 펴가는 데 큰 장점으로 작용할 것이다.

박원순 나름대로 87년 체제를 어느 정도 극복한 인간형이기 때문에 그는 말 잘하는 투사형 인물과는 거리가 멀다(이는 안철수도 마찬가지이다). 아마도 TV 토론회를 보는 박원순의 지지자들은 그 점이 굉장히 답답했을 것이다. 아직도 87년 체제를 완전히 못 벗어난 여야의 행태 속에서, 자기 후보가 TV 토론에서 멋지게 상대방 후보를 제압하면 지지자들은 결집하게 마련이다.

박원순은 그러지 못했음에도 유권자들이 결집력을 잃지 않았다. 나경원 후보와 한나라당의 결함이 훨씬 더 컸기 때문일 가능성이 높다.

앞으로의 시정과 재선 여부를 봐야겠지만, 박원순은 이제 가장 유력한 차차기 대선후보군에 이름을 올린 것이 사실이다. 그만큼 지배세력의 견제는 더욱 집요하고 난잡해질 것이다. 이미 그는 서울시장으로 나서기 전에 국정원의 사찰을 받았다. 정권 차원에서 잠재 대선후보군에 대한 감시와 견제가 일상화되었다는 증거이다. 서울시장 박원순은 아마도 노무현만큼이나 보수언론과 온갖 단체에서 대대적인 공격과 시달림을 당하게 될 것이다.

이것은 일종의 권력투쟁이기 때문에 박원순이 조심하고 피한다고 해결될 일이 아니다. 현 정권에서 자행된 행태를 보면 검찰과 여타 국가기관, 보수언론, 보수단체들은 없는 죄를 만들어내어 뒤집어씌우는 능력이 탁월하다. 이들은 실체적 진실이나 법치에는 관심이 없다. 오로지 정적을 제거할 목적을 어떻게 달성할 것인가에만 관심이 있다.

노무현의 최대 실수는 이런 사람들과 대화를 하려고 했다는 점이다. 살다 보면 때로는 대화가 통하지 않을 때도 있다. 부당한 정치탄압에는 분연히 맞서야 하고 지지자들은 자신의 지도자를 끝까지 지켜야 한다. 그래야만 우리의 민주주의와 우리의 가치를 보존할 수 있다.

이번 선거의 또 다른 공로자는 역시나 새로운 매체이다. 특히 팟캐스트 〈나는 꼼수다〉의 활약은 가히 독보적이었다. 나꼼수는 특종을 터뜨리며 박원순에게 퍼부어진 네거티브를 막아내고 오히려 카운터 펀치까지 날렸다. 대형 신문사와 방송 3사와 인터넷 포털이 모두 '점령'당한 상황에서 단 네 명으로 이루어진 나꼼수 특공대는 홀로 이 모든 상대와 맞서 통쾌한 KO승을 거두었다.

〈나꼼수〉에서 터뜨린 내곡동 사건, 고가의 피부클리닉, 기소청탁 등은 '응징'에 대한 확실한 명분과 근거를 제공함으로써 선거 판세 전반에 심대한 영향을 미쳤다. 그뿐 아니라 〈나꼼수〉가 다룬 BBK나 저축은행, 그리고 내곡동 사건 등은 정권의 뿌리를 뒤흔드는 내용들이어서 향후 정국에도 상당한 파장을 이어갈 것으로 보인다.

〈나꼼수〉는 또 다른 새로운 매체인 사회관계망 서비스SNS와 만나 그 폭발력을 배가했다. 사람들은 실시간으로 매주 〈나꼼수〉에서 폭로된 내용을 나르고 돌려보며 유통자 역할을 톡톡히 했다. SNS와 결합된 〈나꼼수〉가 '조중동+지상파 3사+대형 포털'을 이겼다는 점은 시사하는 바가 대단히 크다. 정권이 아무리 정보와 소통을 억누르려 해도 거기에는 명백한 한계가 있음이 드러났다.

그럴 리야 없겠지만, 만약 정부가 〈나꼼수〉와 SNS까지 통제를 한다면 우리는 아마 또 다른 새로운 매체를 찾거나 아예 만들어낼 것이다. 그런 면에서 종합편성채널은 오히려 대형 언론사에 큰 독으로 작용할 가능성도 배제할 수 없다. 결국 대중에게 중요한 것은 외형이나 덩치가 아니라 그 콘텐츠의 진실성과 충실함이기 때문이다.

민주당과 진보정당, '좋은 시절'은 다 갔다

그렇다고 해서 정권의 방송장악과 종편허용, 언론탄압이 용인되어도 좋다는 말은 물론 아니다. 만약 정상적인 언론환경이었다면 나경원 같은 후보는 본선에 나오지도 못했을 뿐만 아니라, 설령 나왔다고 하더라도 7퍼센트보다 훨씬 더 큰 차이로 패배했을 것이다. 언론의 자유는 어느 경우든지 최대한으로 확보되어야만 한다.

이런 면에서 보자면 박원순이 선관위를 포함한 모든 국가기관과 거의 모든 신문사와 모든 방송사 등의 편향적인 견제를 받으면서도 7퍼센트 포인트 차로 이긴 데는 상당한 의미가 있다. 1997년 대선에서 김대중은 서울에서 이회창 후보를 4퍼센트 포인트 차로 이겼고, 2002년 노무현 역시 이회창을 서울에서 약 6퍼센트 포인트 차로 이겼다.

공교롭게도 이명박 대통령은 2007년 대선 당시 서울에서 53.2퍼센트를 얻었는데, 이는 이번 선거에서 박원순 후보가 얻은 지지율과 거의 똑같다. 따라서 내년 대선에서 야권 단일후보가 나서서 박원순과 비슷한 지지율을 얻는다면 승세가 있다고 예측할 수 있다.

박원순의 당선은 그 자체로 한국에서 87년 체제가 소멸했음을 뜻한다. 한나라당은 안철수가 적절하게 지적했듯이 역사의 흐름을 거스르는 응징의 대상일 뿐이다. 민주당은 이미 1997년 정권교체 뒤 그 1차적인 역사적 소임을 다했는지도 모른다.

진보정당들도 민주-반민주의 틈새시장에서 재미를 보던 좋은 시절을 마감했다. 그렇다고 박원순-안철수 자체가 새로운 대안의 전형이라는 말은 아니다. 기존의 낡은 체제로는 아무것도 할 수 없다는 것, 이제는 제3의 세력까지 포함해 완전히 백지상태에서 모든 것을 다시 시작해야 한다는 것을 의미한다.

이번 서울시장 선거는 그 결과가 미칠 영향을 생각하면 가히 '극동의 재스민 혁명'의 시작이라고 부를 수 있을 것이다. 본격적인 혁명은 내년이지만, 이미 그 전초전은 시작되었고, 야권연대는 그 서전을 화려한 승리로 장식했다. 하지만 싸움은 이제부터이다. 유권자는 변화와 미래와 희망을 선택했다. 이 흐름을 거역하는 자라면 여권이든 야권연대든 그 누구도 살아남지 못할 것이다. 일일신우일신하며 도도한 역사의 흐름을 직시하는 자만이 최후의 승자가 되어 대한민국의 새로운 순환을 이끌어나갈 자격이 있다.

＋ 앞글이 2011년 10월 26일 있었던 서울시장 보궐선거 전날 쓴 기사라면 이 기사는 그 선거결과를 분석한 기사로, 선거 이튿날 공개되었다. 선거 분석기사는 개표 상황을 보면서 써야 하기 때문에 대개는 투표일 밤을 새우는 경우가 많다. 이 기사도 마찬가지였다. 선거 분석기사의 핵심은 승자의 승인과 패자의 패인을 분석하는 것이다. 내가 고른 키워드는 앞글과 마찬가지로 '응징', 즉 'MB 심판론'이었다. 이는 일반 민주주의의 문제로, 이 보궐선거가 치러진 원인인 무상급식이 복지 이슈였음을 생각해보면 의외일 수도 있다. 하지만 본문에서도 말했듯이 2010년 지방선거에 나섰다 중도하차한 심상정의 경우가 중요한 참고사례가 될 것이다.

그리고 그 '응징'을 가장 확실하게 들고 나온 사람이 안철수였다. 그때부터 한동안 나는 이른바 '안철수 현상'에서 희망을 보았다. 안철수 현상의 의미를 파악하는 것은 이듬해 총선과 대선에서도 나의 중요한 과제였다. 이어지는 글들을 보면 '안철수 현상'에 대한 내 생각이 어떻게 변해갔는지 추적할 수 있을 것이다. 2017년의 시점에서 봤을 때 더 이상 '안철수 현상'은 없다. 결론부터 말하자면 안철수 본인조차 '안철수 현상'의 본질을 잘 이해하지 못했고, 지금도 그러하다는 점은 분명해 보인다.

〈나꼼수〉 김어준,
정봉주-주진우 덕에 살았다

2011.12.9.

탈북자 단체인 자유북한운동연합이 북한에 풍선으로 날려 보내는 물품 중에는 북한 돈, 대북전단과 함께 소형 라디오가 있다. 이 단체의 대표는 언론 인터뷰(2009.10.10.)에서 "북한 주민들이 북한과 국제사회의 실상을 알 수 있도록 대북방송 청취용 라디오와 전단을 계속해서 보낼 계획"이라고 밝혔다.

얼마나 많은 북한 주민이 실제로 이 단체가 풍선으로 날려 보낸 라디오를 통해 북한과 국제사회의 실상을 알게 되었는지는 알 길이 없지만, 만약 북한 주민 가운데 한 명이라도 이 소형 라디오를 갖게 되었다면 그 주민은 지금까지 평생 한 번도 듣지 못한 이야기를 그 라디오를 통해 들었을 것이다.

2011년 남한에는 스티브 잡스Steve Jobs라는 세기의 천재가 남긴 신형 라디오가 날아와 온 나라를 들쑤시고 다녔다. 이 라디오에서 가장 인기 있는 프로그램은 단연《딴지일보》의 김어준 총수가 제작한 〈나는 꼼수다〉(이하 나꼼수)이다. 전 세계 누구나 보고 들을 수 있는 '팟캐스트'라는 형식의 인터넷 방송 순위에서 〈나꼼수〉라는 새로 나온 인터넷 라디오 프로그램이 세계 순위 1위를 기록하는 기염을 토했다.

방송 7개월을 넘긴 〈나꼼수〉는 전 사회적인 파장과 이슈를 몰고 다니며 지금도 거침없는 인기몰이를 계속하고 있다. 처음에는 외면하던 기존 매체와 인사들도 이제는 너도나도 나꼼수를 거론하며 그 현상을 분석하고 평가한다. '꼼수'라는 단어 자체가 요즘 급속히 확산된 것만 봐도 〈나꼼수〉의 위력을 실감할 수 있다.

MB가 키운 세계 1위 〈나는 꼼수다〉

〈나꼼수〉 방송에서 회자되는 책들은 모두 베스트셀러에 등극을 하다 보니 출판업계에서는 〈나꼼수〉가 출판시장을 왜곡한다며 아우성을 칠 정도이다. 그렇다면 〈나꼼수〉는 왜 이렇게 높은 인기를 누리는 것일까?

가장 큰 이유는 〈나꼼수〉가 우리 사회에서, 마치 폐쇄된 북한 사회에 날아 들어간 라디오 같은 역할을 하고 있기 때문이다. 〈나꼼수〉는 국민들이 알고 싶은 내용, 즉 "임금님 귀는 당나귀 귀" 같은 이야기를 큰 소리로 거리낌 없이 말해준다.

불행하게도 MB 치하의 한국사회에서는 언론의 자유가 심각하게 훼손되었다. 이 점에 관한 한 남한과 북한은 큰 차이가 없는 듯하다. 대표적인 인터넷 포털은 지난 대선을 거치면서 이미 '평정'되었고, 대선캠프의 언론특보를 방송통신위원장으로 앉혔으며, 멀쩡한 공영방송 사장을 법원의 중재 판결을 따랐다는 이유로 부당하게 쫓아냈다.

탐욕을 부추긴 대통령 이명박과 미실의 대한민국

인터넷 논객 미네르바는 괴담 유포자로 구속되었고 이제는 트위터나 페이스북 같은 SNS도 단속하겠다고 나섰다. 반면 친정부적인 보수언론은 종합편성채널이라는 엄청난 전리품을 챙겨 그 영향에 비해 부당하게 큰 권한과 혜택을 누리기 시작했다. 우리는 우리가 알고 싶고 궁금한 사건의 내막을 알 길이 없다.

이런 환경에서 몰랐던 내용, 알고 싶은 내용을 기대 이상으로, '한발 더 나가서' 들려주는 라디오가 인기를 끄는 것은 지극히 당연한 현상이다. 아니, 오히려 그 많은 언론사가 국민의 관심사를 철저히 무시하는 것이 훨씬 더 이상한 일이지 않은가.

정세는 총체적으로 국민의 생활 속에 녹아 있다. 비록 그 디테일을 자세하게 모른다 할지라도, 국민들은 현 정부 들어서 뭔가가 잘못되고 있다는 것을 생활 속에서 직관적으로 알고 또 느끼고 있다. 하지만 개개인이 느끼는 막연한 자각은 정부와 주류 언론매체를 통해, 그리고 비판 언론인들에게 재갈을 물리는 협박에 의해 움츠러들 수밖에 없다. 급기야는 뭔가 잘못되고 있다는 의심이 과연 올바른 의심인지 의심하는 지경에 이르렀다.

〈나꼼수〉는 '뭔가 잘못되었다'라고 생각하는 사람들이 결코 소수가 아니며, 우리가 그렇게 직관적으로 느끼는 데에는 다 그럴 만한 이유가 있음을 설득력 있게 보여주었다. 그 때문에 청취자들은 〈나꼼수〉를 들으면서, 김어준의 "쫄지 마, 씨바" 한마디에 큰 위안과 힘을 얻는다.

획기적인 구전 스토리텔링

〈나꼼수〉를 좀 더 자세하게 들여다보면 더욱 재미난 사실들을 알 수 있다. 〈나꼼수〉의 이야기 구조는 철저히 상향식bottom-up이다. BBK 나 저축은행, 청계재단, 내곡동 사건 등 가장 구체적인 사례의 온갖 디테일한 면을 세세하게 다루는 것에서부터 출발한다.

보통 우리가 편안하고 재미있게 수다를 떨 때 이런 방식을 택한 다. 우리 사회의 진보세력에게서 지금까지 들어왔던 이른바 '진보담 론'은 전혀 그렇지 않았다. 우리에게 익숙한 진보담론은 하향식top-down이었다.

〈나꼼수〉 이전의 이른바 진보논객들에게는 언제나 자기들이 생 각하는 관념의 왕국이 있었다. 현실은 단지 자신들이 가꾼 그 왕국 의 정당함을 입증하기 위한 도구에 불과했다. 따라서 현실 자체에 대 한 구체적인 관찰과 분석은 상대적으로 약할 수밖에 없었다. 북유럽 식 복지정책을 잘 연구하면 유권자들의 지지를 얻을 것이라는 관념 은 '반MB'라는 절박한 현실 앞에 무릎을 꿇을 수밖에 없었다. 아주 단적인 예를 들자면, 기존의 논객들은 언제나 무슨무슨 '~이즘'으로 자신의 논리를 이끌어나간다. 진중권이 대뜸 〈나꼼수〉에 '너절리즘' 이라고 대꾸한 것은 우연이 아니다. 세상을 바라보는 관념의 틀이 나 쁜 것은 아니다. 문제는 그것이 현실과 끊임없이 교감하며 긴장감을 갖지 않을 때 비극이 시작된다는 점이다. 예전에 내가 학생 운동할 때 가장 많이 들었던 말 중 하나가 "운동권은 항상 자신만의 결론을 이미 가지고 있기 때문에 토론 자체가 되지 않아. 그걸 나에게 강요 하려고만 해"라는 말이었다. 지금의 진보세력에게도 이 말은 여전히

탐욕을 부추긴 대통령 이명박과 미실의 대한민국

유효해 보인다.

진보세력 하면 식상한 하향식 논리가 자동적으로 떠오르던 사람들에게 〈나꼼수〉의 상향식 구전 스토리텔링은 획기적인 서사였다. 말하자면 진보진영의 담론이 딱딱하고 교과서적인 문어체에서, 술자리 뒷담화나 미용실 수다마냥 익숙하고 재미있는 구어체로 대변신을 감행한 것이다. 진보담론도 발상을 뒤집으면 이렇게 재미있을 수가 있구나! MB와 보수세력에 실망하면서도 현존하는 진보세력이 못마땅했던 사람들은 〈나꼼수〉의 획기적인 시도에서 새로운 가능성과 희망을 보았을 것이다. 물론 이것이 가능했던 데에는 현장의 디테일을 두루 섭렵한 정봉주와 주진우라는 걸출한 인물의 역할이 컸다.

나는 〈나꼼수〉를 들으면 어릴 적 시골집에서 화롯가에 앉아 할머니 할아버지가 들려주시는 옛날이야기를 듣다가 잠들던 기억이 떠오르곤 했다. 화롯가에서 들었던 이야기들 중에는 동화책에나 나올 법한 이야기도 있었고, 시골 동네 분들 사는 이야기도 있었고, 또 집안과 가족의 내력에 대한 이야기도 있었다. 〈나꼼수〉는 아이폰이라는 21세기 화롯가에서 네 명의 재담꾼이 들려주는 겨울밤의 이야기와 같다.

역설적이게도 〈나꼼수〉를 이끌고 있는 김어준은 상대적으로 (절대적인 기준에서는 그렇지 않지만) 하향식 논리에 더 가까운 인물이다. 〈나꼼수〉에서 그가 '전지적 가카 시점'에 입각해 '소설'을 쓰는 주된 역할을 하는 것도 이 때문이다. 최근 서점가를 휩쓸고 있는 『닥치고 정치』에서도 그의 이런 면이 묻어난다. 이 책에서도 드러나듯이 김어준은 인물의 캐릭터를 분석하는 능력이 탁월하다.

부산 출신인 내가 경험적으로 돌이켜 보았을 때, 영남 출신은 사회현상을 바라볼 때 등장인물의 구도를 원초적인 피아식별로 환원하는 경우가 종종 있다. 즉, 이편인가 저편인가가 중요할 뿐 어느 쪽이 옳은가, 그런 현상이 일어나게 된 사회구조적인 원인이나 역사적 배경은 무엇인가 하는 물음은 상대적으로 가볍게 처리하는 경향이 있다. 이것은 한마디로 말해 조직폭력배의 논리와도 닮은 점이 있다. 힘과 주먹이 곧 법인 세계에서는 누가 옳고 그른가가 의미가 없다. 오직 우리 편인가 아닌가, 정글 속의 생존경쟁에서 누가 살아남았는가가 중요할 뿐이다.

그래서 박정희나 전두환이 옳은가 그른가보다 이들의 쿠데타가 어떻게 성공했는가에 관심이 더 많고, 또 이들을 영웅시하는 경향이 아직 남아 있다. DJ가 당선되었을 때 "인자 갱상도 사람들은 다 쥑이뼨다 카데", "부산 갱제 작살 낼라꼬 일부러 삼성차 날려 묵었다 아이가" 하는 우려와 걱정이 팽배했던 것도 우연이 아니다. 영화 〈친구〉나 〈넘버3〉의 정서를 떠올리면 이해하기 쉬울 것이다.

진해 출신인 김어준이 나만큼 오래 영남에서 살지는 않았겠지만 『닥치고 정치』를 읽으면서 나는 내게도 여전히 많이 남아 있는 그 영남 정서를 떠올렸다. 곽노현 교육감 사건 때 유난히 김어준이 '우리 편 곽노현'을 강조하고 나선 것도 이런 맥락이지 않을까 싶다.

김어준은 인물에 대한 심도 깊은 통찰력을 보여주는 동시에 자신의 하향식 성향을 최대한 억누르면서 그 단점을 보완해줄, 즉 현장의 디테일에서 출발하는 상향식 스토리텔러인 정봉주와 주진우를 전면에 내세웠다. 〈나꼼수〉가 빛이 나는 이유는 김어준의 동물적인 촉수가 정봉주, 주진우와 만났기 때문이다. 현장과 사건과 팩트에 대한 집착에 가까운 집요함은 〈나꼼수〉를 떠받치는 가장 중요한 추동력이다. 김어준은 이 점을 정확히 알고 있었기 때문에 다른 여느 '좌파 논객'들이 하지 못했던 일을 할 수 있었다.

편향성이 오히려 신뢰받는 MB시대의 역설

〈나꼼수〉는 역설로 가득 차 있다. 21세기 첨단의 영상미디어 시대에 구닥다리 라디오 방송이 세계 1위의 인기를 누린다는 사실은 대단히 역설적이다. 가장 원시적인 구전의 형태가 가장 첨단의 팟캐스트와 아이폰을 통해 유통된다는 점, 이것이 다시 트위터나 페이스북이라는 SNS를 통해 확대·재생산된다는 점 또한 역설적이다. 언론과 표현의 자유가 최대한으로 보장되는 사회였다면 우리는 당연히 '동영상 나꼼수'를 보고 있었을 것이다.

게다가 대놓고 스스로가 편파적이라고 하는데도 사람들은 〈나꼼수〉를 신뢰한다. MBN의 설문조사에 따르면 〈나꼼수〉의 신뢰도는 40퍼센트로, 조중동의 신뢰도 17.2퍼센트의 두 배 이상을 기록하며 압도적으로 앞섰다.

〈나꼼수〉의 편향성이 오히려 더 큰 신뢰를 받는 상황은 한국사회의 역설을 대변한다. 예컨대 미국산 쇠고기 수입을 반대하는 여론이 찬성 여론보다 두 배나 많은 상황에서 수입 찬성 입장과 반대 입장을 일대일로 보도하는 것은 중립적인 보도인가? 민족정론지니 일등 신문이니 하는 언론사들은 언제부터인가 이런 기계적인 중립성조차 내팽개친 지 오래이다. 사람들은 이미 〈나꼼수〉의 편향성이라는 것이 굽은 막대를 곧게 펴려는 역편향임을 잘 알고 있다.

방송 7개월, 〈나꼼수〉는 이미 충분히 많은 것을 이루었다. 언제 진보매체가 거대한 보수매체를 더블스코어 이상으로 이겨본 적이 있던가? 〈나꼼수〉에서는 단 네 명이 허름한 골방에서 불과 7개월 만에 오로지 '말발'로 그걸 해냈다. 사실 이는 기적에 가까운 일이다. 5만 인파가 엄동설한에 세 시간 동안 여의도 벌판을 떠나지 않고 반FTA를 외치며 〈나꼼수〉 공연을 즐겼다. 이름난 한류스타가 아니면 상상하기 어려운 일이다. 토크콘서트와 정치집회가 결합된 방식은 지금까지 세상에 없던 공연형 집회를 선보였다. 2008년 촛불집회가 한국사회 시위 문화의 새 장을 열었다면, 온라인과 오프라인을 넘나드는 〈나꼼수〉는 그보다 훨씬 더 진화된 형태의 정치문화를 만들었다.

지난 10·26 재보선과 한미FTA 비준을 거치며 〈나꼼수〉는 MB시대 저항의 사령부로서 확실히 자리매김했다. 내곡동 사건은 현직 대통령과 그 직계가족이 연루된 실정법 위반 사례로 적발되었고, 나경원 후보 관련 의혹은 재보선 결과에 결정적인 영향을 미쳤다. 격동의 정국이 예상되는 내년 〈나꼼수〉에 대한 기대가 더욱 커지는 것도 이 때문이다.

그렇다면 〈나꼼수〉의 미래는 과연 어떨까? 그동안 많은 의혹이 〈나꼼수〉를 통해 제기되었고 또 해소되었지만, 여전히 더 많은 의혹이 안개 속에 가려져 있기 때문에 〈나꼼수〉가 해야 할 일은 아직도 많다. 그리고 지금까지의 성공을 바탕으로 나날이 그 사회적 신뢰감을 쌓아온 결과 수많은 정보가 앞으로도 계속 〈나꼼수〉로 몰려들 것으로 보인다. 이것은 〈나꼼수〉에게 새로운 기회이면서 동시에 위기이기도 하다.

좋은 콘텐츠는 형식을 초월… 〈나꼼수〉 진화 버전을 기대한다

예컨대 이제는 얼굴이 널리 알려지고 각종 강연과 공연, 심지어고소로 바쁜 주진우가 탐사 취재를 예전처럼 잘할 것인가, 정봉주가내년 총선에 출마하면 관계 설정을 어떻게 할 것인가 하는 문제도과제로 남을 것이다. 또한 넘쳐나는 정보와 정권 말기 홍수처럼 드러날 비리 의혹 관련 제보들을 어떻게 효과적으로 처리할 것인가도 풀어야 할 숙제이다.

언젠가 김어준이 말했듯이 단편적인 정보들을 모아서 하나의 거대한 이야기로 재구성하는 능력이 필요하다. 조만간 〈나꼼수〉의 정보처리 능력이 한계에 이르기 전에 새로운 질적 도약이 필요할지도모르겠다.

이런 관점에서 보자면 〈나꼼수〉가 민변과 함께 이른바 '쫄지마프로젝트'를 기획한다든지, 자매방송이라 할 수 있는 〈나꼽살〉이 경제 문제를 전담하는 전략은 대단히 바람직하다. 개인적인 욕심을 부린다면 〈나꼼수〉가 좀 더 조직적인 진화를 거듭해서 한국 진보진영의 유력한 씽크탱크로 발돋움하는 모습도 기대해본다.

목수는 연장을 탓하지 않고 농부는 밭을 탓하지 않는 법이다.〈나꼼수〉가 증명했듯이 좋은 콘텐츠는 형식을 초월한다. 다행히도기술의 진보로 태어난 놀라운 문명의 이기들은 우리의 목소리를 세계 어디에든 날려 보낼 풍선과 라디오를 만들어주었다.

〈나꼼수〉가 싫다면, 마음에 들지 않는다면, 〈나꼼수〉더러 뭐라고 하기 전에 여러분 자신만의 방송을 만들면 된다. 그런 방송이 많아질수록 우리 사회는 그만큼 더 풍성해지지 않겠는가. 행여 〈나꼼수〉보다 재미있는 방송이 나온다면 나는 기꺼이 〈나꼼수〉를 버리고 그 프로그램의 열렬한 애청자가 될 것이다.

+ 2011년은 《딴지일보》의 김어준 총수가 제작했던 팟캐스트 <나는 꼼수다>의 해였다고 해도 과언이 아니었다. <나는 꼼수다>는 한국에서 팟캐스트의 전성시대를 여는 데에 큰 기여를 했다. 지금은 주제별로 분야별로 다양한 팟캐스트가 널려 있어 필요에 따라 상황에 따라 골라 들을 수 있게 되었다. 이 글은 <나는 꼼수다>의 성공비결과 그 의미를 분석한 기사이다. 이때만 해도 <나는 꼼수다>가 저항의 주요 근거지 역할을 하면서 이듬해 대선에서 나름 큰 역할을 하리라 기대했으나, 결과적으로 박근혜 후보가 당선돼 빛이 바랬다.

선거와 새로운 미디어의 등장은 언제나 흥미로운 주제이다. 팟캐스트는 아날로그적인 라디오 형식에 스마트폰이라는 최첨단 IT기기가 결합된, 그 자체로 재미있는 미디어이다. 그러나 돌이켜보면 2012년 대선은 팟캐스트의 대선이었다기보다 페이스북이나 카카오톡 같은 SNS의 대선에 더 가까웠다. 2017년의 조기대선은 어떤 미디어의 선거로 기억될지 사뭇 궁금하다.

탐욕을 부추긴 대통령 이명박과 미실의 대한민국

〈해품달〉과 이명박, 기분 나쁘게 닮았다

2012.3.9.

장안의 화제였던 〈해를 품은 달〉(이하 〈해품달〉)이 담당 PD가 파업에 참가해서 결방되는 사상 초유의 사태를 겪었다. 애청자의 한 사람으로서 마지막 남은 2회(그것도 가장 중요한 2회!)를 보기 위해 일주일을 더 기다려야 한다는 사실이 무척 고통스럽다. 게다가 예정된 종방일인 3월 8일에 맞춰 분석기사를 내려고 지난 주말 내내 1회부터 18회까지 몰아서 복습한 노력이 물거품이 되는 것 같아서 안타까움은 배가되었다.

"대체 누구 때문에 이런 일이 벌어진 게야?"

화풀이할 대상을 찾던 나는 결국 김재철 MBC 사장과 MB를 종착지로 정했다. 무슨 일이 생기기만 하면 "이게 다 노무현 탓"이었던 5년 전의 기억 때문에 어지간하면 '이 일은 MB 탓이 아닐 수도 있다'

라는 역편향의 의심을 품으려고 노력했지만, 초유의 〈해품달〉 결방 건도 "이게 다 MB 탓"을 피해 갈 수는 없을 것 같다.

물론 결방의 일차적인 이유는 담당 PD가 파업에 참가했기 때문이다. 그러나 그는 얼마 지나지 않아 방송으로 복귀했다. 자신의 의견만 확실하게 전달하고 결방에 따른 피해를 최소화하기 위한 고육책이었던 것으로 보인다.

상당수의 드라마 PD까지 파업에 참가한 것은 전례가 없던 일이다. 게다가 MBC에서는 지금 다수의 간부급 인사들까지 보직을 내던지고 속속 파업에 참가했다. 역시 전례가 없던 일이다. 한 정권의 임기 동안 MBC에서 다섯 번이나 파업이 단행되었고 기자들이 두 차례나 제작 거부에 들어간 것도 전례가 없는 일이다. 이런 사정을 돌아보면 담당 PD의 행동이 딱히 돌출적이거나 못된 의도에서 비롯되었다고 보기 어렵다. 그 나름대로 절박한 이유가 있었을 것이다.

〈해를 품은 달〉 결방, 이게 다 MB 탓이다

그 절박한 이유, '큰집에서 쪼인트 까인' 김재철 사장 밑에서는 공정방송을 할 수 없다는 그들의 외침은 일리 있어 보인다. 한 예로, 법원에서 무죄 판결을 받은 자사 방송 〈PD수첩〉 담당자를 무려 다섯 명이나 중징계하고, 모든 수단을 동원해 사과문까지 냈으니 상식적이고 정상적인 사장님이라고 보기 어렵다. 말하자면 〈해품달〉 속 성수청 도무녀가 흑주술을 쓴 결과가 아니고서야 어떻게 이런 일이 가능하겠는가?

시야를 좀 더 넓혀보면 함께 파업을 벌이고 있는 KBS와 YTN이 눈에 들어온다. 온갖 권력기관을 동원해 없는 죄를 만들어 멀쩡한 사장 쫓아내고 MB의 방송전략실장을 사장으로 내리꽂은 KBS의 경우나, 또 다른 특보 출신의 사장 뒤를 이어 정권 입맛에 맞는 코드인사로 후임 사장을 배출한 YTN의 경우 모두 차라리 누군가 흑주술을 썼다고 생각하는 편이 훨씬 더 그럴듯해 보인다.

방송 3사가 또 이렇게 함께 공정방송과 낙하산 사장 퇴진을 내걸고 파업을 하는 경우도 전례가 없었다. 기자 이름을 가리고 한명숙 관련 불공정 보도를 쏟아냈다는 〈연합뉴스〉도 지금 파업 찬반투표를 하고 있다. MBC에서 벌어진 것과 비슷한 일들이 곳곳에서 벌어지고 있는 것이다.

이렇게 따져보면 MBC 파업은 단순히 한 방송사의 문제가 아니라, 낙하산 인사로 방송사 전체를 장악해 불공정 보도를 일삼는 정권 차원의 문제로 환원된다. 따라서 적어도 〈해품달〉 결방만큼은 궁극적으로 "이게 다 MB 탓"이라는 세간의 '법칙'이 잘 적용되는 것 같다.

판타지로맨스 사극 〈해품달〉에서는 외척 윤씨 일파가 자신의 권력을 유지하기 위해 성수청 도무녀 장 씨로 하여금 흑주술을 쓰게 해서 세자빈을 죽음으로 내몬다. 현대적인 관점에서 보자면 참으로 '판타스틱'한 설정이다. 그런데 도무녀의 흑주술을 '권력기관의 치밀한 꼼수'로 바꾸어 읽으면 MB의 방송장악은 정확히 윤씨 일파의 모략과 일치한다. 〈해품달〉을 빌려 간단하게 정리하자면, MB가 흑주술을 써서 방송을 장악했고 그 여파로 진짜 〈해품달〉이 결방된 것이다.

몸통 바로 직전에서 모두 멈춰버린 측근 비리 수사

불행히도 그렇게 권력에 장악된 방송은 더욱 무시무시한 흑주술로 국민들을 현혹해왔다. 이미 인터넷 포털은 '점령'했겠다, 전통적인 보수언론인 조중동은 여전히 건재하겠다, 게다가 엄청난 종편 특혜까지 안겨줬겠다, 말 안 듣는 방송인들은 줄줄이 퇴출시켰겠다, 이만하면 세상의 진실이 가려지고 거짓이 횡행해도 별로 이상할 것이 없다. 덕분에 세상을 뒤흔들 만한 전례 없는 권력형 비리도 세인들의 별 관심을 받지 못하고 지나가버렸다.

MB의 친인척 비리와 측근 비리는 이상득 의원이나 최시중 방통위원장의 경우처럼 몸통 바로 직전에서 모든 수사가 멈춰버렸다. 희한하게도 권력 핵심부에 대한 압수수색은 오랜 세월이 지나서야 '전격적으로' 이루어졌다.

외교부는 앞장서서 주가조작에 가담한 의혹을 받고 있고 여당은 선관위를 테러했다. 그뿐인가. 청와대 민정수석실에서는 검찰과 모의하여 민간인을 사찰한 증거를 인멸했다는 양심선언이 쏟아졌다. 현직 대통령이 실정법을 위반한 내곡동 사건은 대통령 본인이 "잘챙기지 못한" 사안으로 유야무야 넘어가고 있다. 제주도에서는 주민들의 의견과 합당한 절차를 무시하고 해군기지 공사를 강행하고 있다. 이 모든 사건은 한결같이 청와대와 MB를 가리키고 있다.

대통령이 투기 목적으로 법을 어기고 국가기관이 비리혐의에 연루되는가 하면 청와대가 증거인멸에 관여하고 또 헌법기관이 여당이 자행한 테러를 당하는, 21세기 민주공화국에서는 상상조차 할 수 없는 판타스틱한 일들이 어떻게 가능했을까? 5년 전 같았으면 대통령이 여러 번 탄핵당했을 사안들이다. 이런 일들에 비하면 어느 판사의 이른바 기소청탁은 사법 근간을 뒤흔드는 중대 사안임에도 매우 사소해 보인다.

더더욱 이해가 가지 않는 대목은 민주주의와 대한민국의 기본을 뒤흔드는 이런 일들이 벌어져도 세상은 너무나 조용하다는 점이다. 이것만큼은 조선 최고의 신력을 가진 성수청 도무녀 장 씨의 흑주술이 아니고서는 도저히 설명할 길이 없어 보인다. MB가 정권 초기부터 뿌려놓은 흑주술 덕분에 아무도 자세하게 보도하지 않는다. 취재도 하지 않고 알려고도 하지 않는다. 그 결과 부지불식 중에 우리 모두가 이미 그 흑주술에 익숙해져버렸다. 2009년 노무현의 서거는, MB의 흑주술이 정말로 정적을 죽여버린 대표적인 사례이다.

야권, MB 흑주술 막고 민주주의 살려낼까

공교롭게도 우리의 '근혜공주자가'께서는 이렇게 민주주의와 대한민국이 흑주술의 공격을 받고 있을 때 아무 일도 하지 않았다. 설마 우리의 공주자가께서 민주주의의 척살을 기원하지는 않았겠지만, 흑주술이 자행될 때 어린 나이에 아무것도 모른 채 아무것도 하지 않고 단지 그 자리에 있기만 했던 민화공주의 입장에서는 지금 그토록 위세가 당당한 '근혜공주자가'가 무척이나 못마땅할 것이다.

그렇다면 MB의 흑주술을 막아내고 그 때문에 질식하는 민주주의를 살려낼 사람은 누구일까? 현재의 야권이 그 일을 할 수 있을까? 세간에는 오래전부터 '연대를 품은 야권'만이 이 흑주술을 이겨낼 유일한 방책이라는 전설이 전해져왔다. 3월 8일 자정을 넘기면서 새벽까지 진행된 야권연대협상은 결국 타결되지 못했다. 이대로 야권은 분열된 채로 총선을 맞이할 것인가? 과연 야권연대의 전설은 실현될 것인가? 정말 일대일 구도를 만들면 총선에서 야권이 승리하고 그 여파로 대선까지 거머쥘까?

지금까지 야권의 행보를 돌아보면 그 전설이 현실화될 가능성이 그리 높아 보이지 않는다. 야권과 야권연대를 바라보는 유권자의 입장에서는 전혀 감동이 없다. 마음이 움직이지 않는다는 뜻이다. 왜 그럴까? 가장 큰 이유는 본말이 전도된 듯한 야권의 모습에서 찾을 수 있다.

야권이 연대를 하고 총선에서 승리하고 또 그 여파로 정권을 바꾸는 그 모든 일의 궁극적인 목표는 민주주의를 살리고 국민주권을 회복하고 4대강이나 구럼비 같은 죽어가는 생명을 구하기 위함이다. 그런데 어느 순간부터 이런 궁극적인 목표는 오히려 자기 세를 불리기 위한 수단으로 전락했다는 느낌을 지울 수가 없다. 그 모든 수사와 야권연대협상이 그저 정치공학적인 계산으로만 비치는 것은 나만의 느낌일까? 이번에 협상이 결렬된 것도 근본적으로는 그 때문이 아닐까?

야권연대협상 시한으로 정해진 3월 8일, 민주당의 한명숙 대표는 강정마을에 도착해서 야권연대의 필요성만 5분 동안 연설하다가 주민들이 폭발을 막기 위해 하루만 더 있다가 가라고 요청을 했음에도 자리를 떠났다고 한다. 야권연대 막판 협상을 강정마을에서 할 수는 없었을까?

민주당과 통합진보당, 무엇을 하려는지 알 수 없다

무엇보다 뼈를 깎는 자기 혁신의 모습을 전혀 보여주지 못해 선거 초반부터 국민들의 신뢰를 크게 잃었다. 이름만 바꾸는 보여주기 쇼였다는 의혹도 일었지만 이 점에서는 '근혜공주자가'의 새누리당이 큰 점수를 얻었다. 분칠로 얼굴에 묻은 얼룩을 감추는 꼼수였을지는 몰라도 국민들은 적어도 그런 노력에 박수를 보낸 것이다.

그에 비하면 민주통합당과 통합진보당은 무엇을 했는지, 무엇을 하고자 하는지 알 길이 없다. 야권이 분명히 알아야 할 점은 새누리당뿐만 아니라 민주통합당이나 통합진보당의 틀조차 이미 낡았다는 것이다. 민주통합당은 여전히 호남당의 구태를 벗어나지 못했고 통합진보당은 무슨 이유로 분열과 통합을 반복하는지 일반 국민들은 이해하지 못한다. 보통의 상식을 가진 국민들이 이해하지 못하는 이유로 정쟁을 일삼는 세력은 머지않아 도태되고 만다.

세간에 떠도는 이른바 '13년 체제'를 굳이 말하지 않더라도 지금까지 계속되고 있는 87년 체제의 잔상은 새로운 한국사회를 책임지기에는 너무나 낡았다. 안철수 바람이 분 것도 이 때문이다. 국민들은 이미 감각적으로 또 본능적으로 기존의 체제를 거부하고 있는 것이다.

따라서 야권이 진정으로 국민의 마음을 얻으려면 가장 철저하게 자신의 현재 모습을 깨뜨려야만 한다. 적어도 이 문제에 관한 한, 여야 주요 정당의 대표인 '달(공교롭게도 박근혜, 한명숙, 이정희 모두 여성이다)'들은 자신의 육신을 베어낼 칼을 품어야만 종국에는 해를 품을 수 있을 것이다.

설령 야권연대가 성공적으로 성사되고 또 총선에서 승리를 한다고 하더라도 지금처럼 눈앞의 자기 잇속만 챙기고 우유부단한 모습으로 정치공학적인 계산에만 열중한다면 총선 승리는 승자의 독배가 될지도 모른다. 의회권력을 바꾼 뒤 신속하게 개혁 조치들을 취하고 그 성과를 얻기가 그리 만만하지는 않을 것이기 때문이다. 여전히 행정권력은 권력 말기이기는 해도 MB의 손아귀에 있다. 모든 언론을 동원해 또 모든 국가기관을 동원해 조직적으로 반발할 것이 불을 보듯 뻔하다.

2004년 17대 총선에서 탄핵 후폭풍으로 열린우리당이 의회 다수를 점하고서도 개혁과제를 완수하지 못한 전례를 떠올려본다면 단지 국회다수파가 되어 청문회와 국정조사로 세상을 바꿀 수 있을 것이라고 생각하는 것은 순진한 발상이다("모른다"와 "기억나지 않는다"로 일관하는 증인들과 질문은 하지 않고 호통만 치는 야당의원들의 모습이 벌써 눈에 선하다).

이렇게 되면 머지않아 여기저기서 '개혁피로감'이라는 말이 나올 것이고 야권이 지금과 같은 허약한 리더십을 보인다면 야권에게 권력을 넘겨봤자 별 볼 일 없다는 인식이 확산될 것이며 결과적으로 오히려 대선에서 새누리당 후보가 유리한 고지를 점할지도 모른다. 의회권력 교체로 어느 정도 MB 심판이 이루어졌다고 생각한 유권자들에겐 더 이상 정권심판론이 크게 먹히지도 않을 것이다.

따라서 야권연대와 총선 승리는 기나긴 여정에서 단지 출발점에 불과하다는 점을 깊이 명심해야 한다. 지금부터 야권은 왜 야권연대를 해야 하고 왜 총선에서 승리해야 하는지, 그렇게 얻은 의회권력으

탐욕을 부추긴 대통령 이명박과 미실의 대한민국

로 무엇을 어떻게 할 것인지 구체적이고 명확한 대답과 개혁로드맵을 제시해야 한다. 그렇기 때문에 야당은 여의도가 아니라 민주주의가 위협받는 현장에서 가장 진실하고 가장 강력한 선거운동을 벌일 수가 있다.

흑주술은 5년으로 족하다

〈해품달〉 담당 PD는 비록 파업에 참가해 방송을 결방시켰지만 자신의 의사만 표시한 뒤 다시 방송 현장으로 돌아갔다. 자신의 양심과 신념, 그리고 책임 사이에서 절묘한 타협점을 찾은 것이다. 아무리 밤잠 설치는 애청자이지만 담당 PD의 그 마음을 알기 때문에 일주일 정도는 참고 기다릴 수 있다.

그에 비하면 대한민국의 민주주의는 지난 5년 동안 '사실상 결방'되었다. 정권 담당자들이 자신의 신념과 양심을 따랐기 때문이 아니라, 권력기관을 휘둘러 사욕을 챙기는 데 앞장섰기 때문이다. 그나마도 적당히 해먹고 그만두었다면 5년째 결방이라는 사태를 피할 수는 있었을 텐데, 이들에게는 드라마 PD가 갖고 있는 최소한의 양식이나 책임감도 없었음에 틀림없다. 지난 4년과 앞으로의 1년이 유난히 길게 느껴지는 것은 아마도 그 때문일 것이다.

여기서 앞으로 또다시 5년을 더 기다린다는 것은 마치 허연우 낭자더러 다시 무덤의 관 속으로 들어가라는 것과 다르지 않다. 흑주술은 5년으로 족하다.

이명박 대통령은 무슨 짓을 한 건가?
'범죄조직' 청와대… 국민은 바보가 아니다

2012.3.30.

총리실의 민간인 불법사찰 및 증거인멸 사건이 관계자의 연이은 폭로로 갈수록 파문을 확산시키고 있다.

이 사건은 국무총리실 산하 공직윤리지원관실이 민간인 사찰을 자행하면서 시작되었고, 2010년 6월 21일 한 국회의원이 국회에서 이 사실을 폭로하고 같은 달 29일 MBC 〈PD수첩〉이 그 피해자 사례를 보도하면서 세상에 널리 알려졌다. 총리실의 민간인 사찰은 한마디로 말해, 암행어사 박문수가 탐관오리는 제쳐두고 "임금님 귀는 당나귀 귀"라고 말하는 백성들을 색출해 인생을 망가뜨린 사건이다.

KBS의 새 노조가 만든 〈리셋 KBS 뉴스9〉이 30일 새벽 폭로한 바에 따르면 총리실이 자행한 민간인 사찰은 대단히 광범위하고 체계적으로 이루어졌다. 특히 사찰 대상자의 은밀한 사생활까지 세세하게 기록하고 있어 충격을 더하고 있다. 그뿐 아니라 KBS 등 방송사 내부동향과 노조의 성향, 주요 인물 평가까지 다루고 있어 정권 차원의 사찰을 통한 언론장악 실체가 서서히 드러나고 있다.

총리실의 민간인 사찰만 놓고 봐도 이것은 국가기관이 주권자인 국민의 기본권을 침해한 행위로서 대단히 심각한 위법사항이다. 그런데 이 사건의 파문이 갈수록 커지는 이유는 크게 두 가지이다. 하나는 이번 사건의 실체가 민간인 사찰 → 사건 은폐 및 증거인멸 → 수사축소 → 회유 및 재판조율로 이어지는 이른바 '4단 콤보'의 권력형 국가범죄행위라는 것이고 둘째는 청와대와 검찰이 개입했다는 정황이 드러나고 있다는 사실이다.

사건의 전모는 총리실의 가장 말단에서 상부의 지시로 하드디스크를 직접 파기(디가우징degaussing)한 장진수 전 주무관이 재판 과정에서 양심선언을 함으로써 세상에 드러났다. 장진수 씨의 증언과 밝혀진 사실을 바탕으로 각 단계별 핵심사항을 간단하게 정리하자면 다음과 같다(일부 내용에 대해서는 관계자 사이에 의견 다툼이 있다).

〔1단계〕 민간인 사찰

이 사건의 일차적인 핵심은 대체 누가 민간인 사찰을 기획하고 지시했나 하는 점이다. 이른바 윗선 또는 몸통이 누구인지 확인하는 한 가지 방법은 총리실에서 모은 사찰자료가 어떤 라인으로 보고되었는지 추적하는 것이다.

2012년 3월 20일 이영호 전 청와대 고용노사비서관은 기자회견을 열어 민간인 사찰 사건은 청와대나 민정수석실과는 무관하다는 입장을 밝혔다. 공직윤리지원관실의 공식적인 상부 지휘라인은 민정수석실이다. 따라서 지원관실이 민정수석실 몰래 단독으로 불법적인 민간인 사찰을 자행했는지, 아니면 그것을 민정수석실이 알고 있었는지가 관건이다.

이에 대해 《서울신문》은 지난해 1월 10일 보도(「'민간인 사찰' 민정수석실 보고 확인」)에서 "9일 서울신문이 단독 입수한 '정무위(국회) 제기 민간인 내사 의혹 해명' 문건에 따르면 지원관실은 김 전 대표(김종익) 사찰 결과를 동향보고 형식의 문서로 작성해 2008년 9월 민정수석실에 보고했다. A4 용지 13장 분량으로 된 이 문건은 ▲착수 배경 ▲사건 개요 ▲진행 경과 ▲쟁점사안 등 4개 항목으로 돼 있다"라고 밝혔다. 그러니까 적어도 민정수석실(당시 수석비서관은 정동기 현 법무법인 바른 고문)은 총리실의 민간인 사찰 사실을 (지휘 여부는 불분명하지만) 인지하고 있었다는 말이다. 물론 이 자체도 위법한 행위이다.

《서울신문》은 같은 기사에서 "또 권재진 민정수석(현 법무장관) 때는 검찰이 김 전 대표의 사법처리와 관련해 민정수석실을 통해 지원관실의 의견을 구했고, 지원관실은 민정수석실을 통해 검찰에 기소 의견을 제시한 것으로 드러났다"라고 보도했는데 이를 미루어볼 때 민정수석실이 능동적이고 적극적으로 민간인 사찰에 개입했다고 짐작할 수 있다.

[2단계] 사건의 은폐 및 증거인멸

장진수 전 주무관의 폭로와 이영호 비서관이 기자회견 때 한 자백 등을 종합하면, 적어도 이영호(혹은 그 윗선)가 고용노사비서관실 행정관인 최종석을 통해 장진수로 하여금 하드디스크를 영구 파기하도록 했으며 이 과정에서 이영호의 대포폰이 최종석을 통해 장진수에게 전달된 것은 사실이다.

이와 함께 장진수의 증거인멸은 "검찰에서 문제 안 삼기로 민정수석실에서 얘기된" 상태였다. 그리고 이때 즈음하여 진경락 전 공직윤리지원관실 기획총괄과장이 작성한 김종익 비리혐의 문건이 최종석을 통해 당시 한나라당 조전혁 의원에게 전달되었고, 조전혁 의원은 이를 국회에서 폭로하며 여론 반전을 꾀했다.

〔3단계〕 수사축소

민간인불법사찰 사건과 관련된 최종석 전 청와대 행정관이 3월 29일 오전 서울중앙지검에 출석했다. 최 전 행정관은 예정된 시간보다 30분 이른 9시 30분 청사에 도착해서 기자들의 질문에는 입을 꽉 다물고 한마디도 답변하지 않은 채 동행한 변호인이 "성실하게 조사에 임하겠다"라는 입장을 대신 밝혔다.

장진수 전 주무관에 따르면 최종석 행정관은 검찰의 총리실 압수수색 날짜를 미리 알고 있었고 검찰은 서류나, 특히 이영호 관련 자료도 챙기지 않았다. 텅 빈 압수물 박스는 신문지로 채우기도 했다고 한다. 《서울신문》이 입수해서 보도한 지원관실의 문건은 검찰이 이미 확보한 문건으로, 사찰의 윗선을 밝히지 못한 검찰의 수사는 의도적으로 축소된 것이라는 의혹을 갖게 한다.

그리고 '2단계'에서 이미 밝힌 대로 검찰은 처음부터 하드디스크 파기를 문제 삼지 않기로 민정수석과 얘기가 돼 있었다는 것이다. 그 때문인지 검찰은 대포폰의 존재는 물론 통화 내역과 최종석의 존재도 알고 있었으나, 장진수 전 주무관에 따르면 자신을 수사한 검사는 대포폰 관련 신문조서를 법원에 제출하지도 않았다(그러나 약속과 달리 장진수 전 주무관에게는 증거인멸의 책임이 지워졌다).

검찰의 수사는 총리실의 민간인 사찰 동기, 사찰 및 증거인멸의 윗선 등 이 사건의 핵심쟁점에 대해서는 아무런 결론을 내지 못한 채 총리실 직원 일곱 명을 구속·불구속 기소하는 것으로 마무리됐다.

〔4단계〕회유 및 재판조율

장진수 전 주무관에 따르면 민정수석실에서 이번 사건으로 재판 받고 있는 일곱 명을 특별관리 했다. 법무법인 바른(사찰 당시 민정수석이 이곳 고문이었다)의 변호사들은 이들을 조직적으로 관리했고 장진수에게 진실 은폐를 종용했다. 청와대는 재판 과정 전체를 모니터링(주심판사와 배석판사의 의견 차이까지 인지) 하고 있었으며 형량 조율(벌금형이 가능하다는 식으로)도 시도했다.

이 과정에서 청와대는 장진수 전 주무관의 소송비용까지 대주었다. 최종석 전 행정관은 "평생 먹여 살리겠다", "캐시로 당겨주겠다"라는 식으로 끊임없이 장진수 전 주무관을 회유하려 했다. 실제로 2011년 4월 청와대 장석명 공직기강비서관이 총리실 류충렬 국장을 통해 장진수 전 주무관에게 5,000만 원이, 8월에는 이영호 쪽에서 2,000만 원이 전달되었다.

이 밖에도 장진수 전 주무관의 아내 일자리 알선(총리실 류충렬 국장, 진경락 전 과장의 후임자), 장진수 전 주무관 본인의 일자리 알선(청와대 공직기강비서관 장석명 → 청와대 인사행정관 → 가스안전공사 사장 → 가스안전공사 안전관리이사 채충근 → 경동나비엔 사장 → 경동나비엔 인사팀장: 2012년 2월)도 있었다.

요컨대 형량조절, 소송비용 조달, 재판 모니터링, 금품제공, 직장 알선, 그 외 회유 등 생각할 수 있는 모든 방법을 동원해 청와대가 장진수를 '케어'했음을 알 수 있다.

민간인 사찰, 대한민국 자체를 공격한 반국가적 범죄

앞의 '4단 콤보' 범죄 과정을 들여다보면 적어도 청와대의 민정수석실과 사회정책수석실이 민간인 사찰과 증거인멸 과정에서 가장 핵심적인 역할을 했다. 여기에 구속자들에게 금일봉을 건넨 임태희 대통령실장까지 보태면 청와대의 핵심라인은 대통령을 보좌하는 기구가 아니라 조직적인 범죄행위를 저지른 '범죄조직'을 구성한 셈이다. 이제는 그다지 놀랍지도 않으나, 이 범죄조직의 '행동대장'은 바로 범죄를 소탕할 책임을 맡은 검찰이었다. 현 정권과 관련된 큰 소송을 도맡아온 법률법인 바른은 역시나 이번에도 법정에서 충실한 방패막이 역할을 수행했다.

청와대와 검찰을 아우르는 '권력형 국가범죄조직'이 구성되어 국민을 핍박하고 증거를 인멸했으며 이 과정에서 대한민국의 주요 국가기능이 무력화되었다는 점에서 이번 민간인 사찰 사건은 MB 정권하의 다른 어느 사안과도 구별되는, 대단히 중대하고 심각한 범죄행위가 아닐 수 없다.

예컨대 대통령 일가의 내곡동 사건이 권력을 이용해 개인의 이익을 탐했던 범죄에 '불과'하다면, 민간인 사찰 사건은 주요 국가기관을 졸지에 범죄조직으로 둔갑시켜 주권자를 공격하고 증거를 인멸한, 말하자면 대한민국 자체를 공격한 반국가적 범죄 사건이다(집권당이 선거관리위원회를 테러한 이른바 10·26 부정선거 의혹사건도 성격상 이와 비슷하나, 아직 그 사건의 전말은 베일에 싸여 있다. 공교롭게도 이 사건 역시 검찰은 윗선을 밝히지 못했다). 특히 그 범죄행위가 4단계에 걸쳐 대단히 치밀하고 조직적으로 이루어졌다는 사실에 경악을 금할 길이 없다.

무릇 모든 범죄조직에는 수괴가 있는 법이다. 민간인 사찰이라는 권력형 국가범죄조직 사건의 수괴는 누구일까? 일단 검찰의 재수사가 이루어지고 있으니 그 결과를 지켜봐야겠지만, 이미 살펴보았듯이 검찰은 이 범죄조직의 행동대장 역할을 충실히 수행했다. 실제로 사건의 핵심적인 위치에 있었던 권재진 전 민정수석이 지금 검찰을 지휘하는 법무장관의 자리에 있으니, 재수사에서 새로운 성과가 나오기를 기대하기는 어렵다.

이명박 대통령, 몰랐더라도 사과해야 한다

지금까지 밝혀진 사실만 놓고 보더라도 복수의 수석비서관을 움직일 수 있는 사람이 수괴의 역할을 했음을 알 수 있다. 그러니까 적어도 수석비서관 이상의 선에 진짜 몸통이 있을 수밖에 없다. 물론 본인들은 부정하고 있지만, 항간에는 박영준 '왕 차관'과 그 뒤의 이상득 의원의 이름도 오르내리고 있다.

그러나 청와대 핵심라인이 망라된 점을 생각해보면 이명박 대통령이 이번 사건을 전혀 몰랐다고 보기 어렵다. 실제로 장진수 전 주무관은 자신과 관련된 문제가 'VIP'에게 보고되었다고 들었다는 진술을 한 바 있다. 아직 확인되지는 않았지만 이는 지극히 상식에 부합한다. 대통령이 얼마나 적극적으로 개입했는지는 알 수 없으나, 적어도 사후에 소극적으로 추인하는 형식 정도는 거치지 않았겠느냐는 의혹을 떨칠 수가 없다. 그렇지 않고서 그 막강한 권력라인이 일사불란하게 움직였다고 상상하기란 쉽지 않다.

만약에 대통령이 몰랐다면 그 또한 큰 문제가 아닐 수 없다. 적어도 둘 이상의 수석비서실이 연루되어 검찰까지 끼고 그렇게 활개를 치고 다녔는데도 대통령이 몰랐다면, 이는 환관들이 황제의 눈과 귀를 막고 국정을 농락하다가 곧 멸망해버린 고대 중국 어느 나라의 꼴과 다르지 않기 때문이다. 나는 적어도 대한민국이 그 정도 수준은 아니라고 생각한다.

하루가 멀다 하고 의혹은 눈덩이처럼 커지는데 청와대는 여전히 침묵으로, 또는 단답형 오리발로 일관하고 있으니 국민의 한 사람으로서 답답하기 그지없다. 다른 모든 것을 떠나, 국가의 핵심 권력기관 때문에 인생을 망친 한 국민에게 대통령이 직접 나서서 진심으로 사과하고 재발방지 약속 정도는 해야 하는 것 아닌가?

명백하게 사실로 밝혀진 총리실의 민간인 사찰과 그에 따른 피해 사례가 나왔음에도 대통령이 사과 한마디 하지 않는 것은 도대체 무슨 이유에서일까? 이명박 대통령이 떳떳하고 청와대가 한 점 부끄럼이 없다면 대통령이 직접 나서서 대국민 사과와 재발방지 약속을 하는 것은 물론, 자신이 알고 있는 모든 사항을 명명백백하게 밝히고 국민들에게 적극적으로 해명을 해야 한다. 대통령이 정말로 '국민의 머슴'이라면 이것은 상식에 속하는 문제이다. 청와대의 침묵이 길어질수록 국민들 사이에서는 '혹시 대통령이 정말로 이 범죄조직의 수괴인 것은 아닐까?' 하는 불순한 의혹만 커질 것이다.

이명박 대통령에게 진심으로 바란다. 검찰의 공정한 재수사를 위해 최소한 권재진 현 법무장관은 해임해야 한다. 그것이 사건 해결을 위한 최소한의 성의이다. 그와 함께 대통령이 직접 나서서 피해자에게 사과하고 국민들에게 재발방지를 약속하라. 그리고 자신이 이번 사건과 관련해서 알고 있는 모든 사실을 솔직하게 공개하라.

박근혜는 왜 이번 사건에 대응하지 않는가

사찰 대상에는 박근혜 새누리당 비상대책위원장도 포함돼 있었다는데, 박 위원장이 별다른 대응을 하지 않는 것은 어떤 의미인지 평소 법과 원칙을 강조해온 그를 생각해보면 이해가 되지 않는다. 박근혜 위원장과 집권여당인 새누리당은 이번 사건에 소극적인 대응으로 일관해왔다. 행여 이번 사건이 'MB 심판론'과 연결돼서 총선에 불리하게 작용하지나 않을까 하는 선거공학적인 계산을 하고 있기 때문은 아닐까 하는 불안한 마음을 감추기 어렵다.

민간인 사찰과 증거인멸은 그가 그토록 사랑하는 대한민국의 국기를 뒤흔든 사건이다. 박근혜 위원장이 이 문제의 해결에 적극적으로 나서지 않는다면, 대한민국의 법과 정의보다 박근혜 위원장 자신의 개인적인 권력을 위한 치밀한 이해타산이 앞섰기 때문이라는 비판을 과연 피할 수 있을까?

장진수 전 주무관은 지금 어려운 싸움을 혼자 벌이고 있다. 추한 권력의 거악에 맞선 그가 가진 것이라고는 녹음파일과 기억의 조각들, 그리고 정의와 진실을 갈망하는 국민에 대한 믿음뿐이다. 지금 이 사회 곳곳에 잠재해 있을 공익제보자들은 이번 사건이 어떻게 처리되는지, 장진수 전 주무관은 결국 어떻게 될 것인지 주의 깊게 지켜보고 있을 것이다. 우리가 이 사건을 끝까지 추적해서 범죄자들을 발본색원하고 합당한 처벌을 가해야 하는 또 다른 이유가 여기에 있다.

정의와 진실이 결국은 이기는 사례를 만들지 못한다면 다시는 장진수 전 주무관 같은 공익제보자가 나오지 않을지도 모른다. 적어도 이번만큼은 그렇게 넘겨서는 안 된다. 항상은 아니지만 어쩌다 가끔 한 번은 정의가 이길 때가 있다면, 지금이 그 '어쩌다 한 번', 가끔은 정의가 승리하는 그 '어쩌다 한 번'이 되어야만 한다.

+ 총리실의 민간인 사찰은 MB정부가 저지른 대표적인 권력형 범죄사건이었다. 사안의 심각성만 놓고 보자면 가히 한국판 워터게이트 사건이라 할 만하지만 이 때문에 권력의 핵심부가 처벌받는 일은 벌어지지 않았다. 이때부터 쌓인 적폐가 박근혜 정부의 블랙리스트로 이어졌다면 지나친 억측일까? 2012년 대선에서 정권교체에 실패한 결과 MB정부의 온갖 부정과 비리가 그대로 묻혀 버린 것은 무척 아쉬운 일이었다. 박근혜 대통령의 탄핵이 단지 박근혜 개인 한 명에 대한 심판에 그칠 것이 아니라 낡은 세력과 낡은 시대 전체에 대한 심판이 되려면 적어도 '이명박근혜' 10년을 함께 봐야 한다.

4할 타자와
5할 대통령

2012.4.9.

기다리고 기다리던 2012년도 프로야구가 4월 7일 개막했다. 승부조작 파문으로 얼룩지긴 했지만 시범경기에 역대 최다 관중이 몰린 것을 보면 올 시즌에도 프로야구에 대한 국민들의 사랑은 변함이 없을 것 같다.

야구는 대표적인 기록경기라서 통계나 숫자에 관심을 가지고 보면 그 재미가 배가된다. 타자의 능력을 측정하는 숫자 중에 대표적인 것이 타율이다. 타율은 타격에 나선 횟수(타수) 가운데 안타 수의 비율이다(타율=안타 수/타수). 한 시즌 타율이 가장 높은 타자는 타격왕의 영예를 얻는다. 2011년의 타격왕은 롯데 자이언츠의 이대호 선수로 타율이 3할 5푼 7리(=0.357)였다. 열 번 타격에 나서면 약 3.6번은 안타를 쳤다는 얘기이다.

보통 3할 대 타율을 유지하면 대단히 우수한 타자로 평가받는다. 한편 4할은 타자들에게 꿈의 타율로 여겨진다. 30년 한국 프로야구

탐욕을 부추긴 대통령 이명박과 미실의 대한민국

역사에서 4할 타자는 프로야구 원년(1982년) MBC 청룡의 감독 겸 선수였던 백인천이 유일하다. 그의 타율은 4할 1푼 2리였다. 얼마 전 은퇴한 이종범은 1994년 3할 9푼 3리라는 타율을 기록한 바 있다. 당시 설사 때문에 고생하지만 않았다면 4할 달성은 무난했을 거라는 후일담이 우리를 더욱 아쉽게 만든다.

140년이 다 되어가는 미국 메이저리그에서는 총 28회에 걸쳐 4할 대의 타자가 타격왕을 차지했다. 1920년대까지는 4할 타자가 드물지 않게 등장했다. 그러다가 1941년 테드 윌리엄스Ted Williams가 4할 6리의 타율을 기록한 뒤, 아직까지도 윌리엄스는 마지막 4할 타자로 남아 있다.

꿈의 타율 4할… 왜 4할 타자는 사라졌을까

왜 4할 타자가 사라졌을까? 이 질문은 대부분의 야구 전문가들이나 관계자들, 그리고 팬들이 지닌 중요한 의문사항 가운데 하나였고 지금도 그러하다. 그런 만큼 숱한 설명들이 난무했다. 투수의 투구나 수비역량의 발전, 타격기량의 상대적 퇴보, 구단의 관리능력 향상 등이 주된 이유로 꼽혔다.

4할 타자의 미스터리를 가장 창의적으로 설명한 인물은 뜻밖에도 미국의 고생물학자이자 진화생물학자인 스티븐 제이 굴드Stephen Jay Gould였다. 그는 자신의 역작 『풀 하우스』(1996)에서 4할 타자가 사라진 것은 타자들의 기량이 퇴보한 탓이 아니라 오히려 전반적인 타격 능력이 향상했기 때문이라고 주장했다. 굴드의 설명은 다음 그림으로 요약할 수 있다.

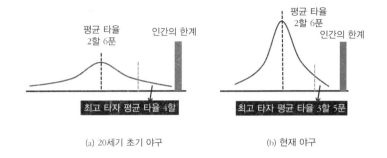

(a) 20세기 초기 야구   (b) 현재 야구

굴드는 4할 타자가 사라진 이유를 이 그림과 같이 표현했다.
타자들의 실력이 전체적으로 향상되었고 평균을 중심으로 한 변이가
줄어듦에 따라 4할 타자가 존재할 확률이 낮아졌다.

나는 이 그림과 굴드의 설명을 다음과 같이 이해하고 있다. 첫째,
타자들의 타격 능력은 나날이 향상되어 평균적으로 인간의 한계에
더 가까이 다가갔다. 둘째, 투타의 균형을 맞추기 위한 노력들(투수
마운드의 위치 조정, 스트라이크 존의 변경, 혹은 여타의 규칙 변경 등) 덕
분에 평균 타율은 2할 6푼 수준을 항상 유지하게 되었다. 셋째, 상향
평준화된 타자들의 타율은 평균 타율 중심으로 좁게 분포하게 되었
다(인간의 물리적 한계 때문에 타자들의 능력이 향상되는 데에는 근본적인
한계가 있다). 넷째, 그 결과 4할 타자가 존재할 수 있는 확률이 현저
히 줄어들었다.

굴드는 역대 메이저리그의 통계자료를 다양하게 분석해 위 주장
들을 설득력 있게 뒷받침했다. 상향평준화에 의한 변이의 감소. 한마
디로 말하면 그렇다. 간단한 예를 들자면 초등학교 저학년들의 구구
단 실력은 천차만별이라서 구구단에 뛰어난 학생을 선발하는 것이

탐욕을 부추긴 대통령 이명박과 미실의 대한민국

의미가 있지만, 고등학생들의 구구단 실력은 대단히 상향평준화되어 있어서 구구단 천재를 뽑는 것이 별 의미가 없는 것과 같다.

4년 동안 엄청난 일들을 해치운 5할 대통령 이명박

2012 프로야구 개막전을 보면서 올해는 누가 타격왕을 할까 예측하다가 나는 생뚱맞게도 '5할 대통령'이 떠올랐다. "MB는 입만 열면 절반은 남 탓이고 절반은 거짓말"이라고 하던 어느 지인은 MB를 '5할 대통령'이라고 불렀다. 4할 타자와 5할 대통령은 그 어원이 전혀 다르지만, 확률적으로 대단히 있을 것 같지 않은 사람이라는 점에서는 똑같다.

도올 김용옥은 최근 인기 팟캐스트 〈나는 꼼수다〉에서 MB를 일러 "단군 이래 이런 지도자는 없었다", "비교될 수 있는 사람을 찾기 어려울 것 같다"라고 했는데, 어쩌면 5할 대통령은 확률적으로 4할 타자가 아니라 5할 타자에 견주어야 할지도 모르겠다.

MB에게는 참 미안한 말이지만, 요즘 "이런 대통령은 처음 봤다"라는 말을 심심찮게 들을 수 있다. 이른바 '고소영 내각'과 공기업 낙하산 인사에서부터 미국산 쇠고기 수입 파동, 언론장악, 여론통제, 노무현 서거, 4대강 사업, 파탄 난 남북관계와 대중외교, 도탄에 빠진 민생경제, 내곡동 사건, 여전히 의혹투성이인 BBK, 인천공항 및 KTX 민영화 시도, 외교부의 주가조작, FTA 날치기, 그리고 이 모든 것보다도 더 심각한 민간인 불법사찰 및 증거인멸(최소한 하야나 탄핵 사유에 해당하는)에 이르기까지.

4년 안에 이런 엄청난 일들을 용감하게 모두 해치운 지도자의 사례를 찾기는 정말 어려울 듯하다. 확률적으로 따져보면 정말로 '5할 대통령'의 자격이 있는 것 같다. 불행하게도 그만큼 우리 국민들의 시름과 걱정은 늘어만 갔다. 4할 타자는 국민들에게 행복과 기쁨과 즐거움을 주지만 5할 대통령은 불행과 슬픔과 고통만 안겨주었다.

퇴출과 응징이 없으면 또다시 5할 대통령 탄생한다

4할 타자가 사라진 이유를 추적해보면 5할 대통령이 출현한 원인이나 재림할 확률을 낮출 방법을 알 수 있지 않을까? 굴드에 따르면 4할 타자가 없어진 주된 이유는 상향평준화에 의한 변이의 감소이다. 민주공화국을 세운 지 벌써 60년도 훨씬 넘게 지났지만 한국의 정치 생태계를 돌아보면 굴드가 제시한 그림 (b)보다는 아쉽게도 (a)에 훨씬 가까워 보인다. 물론 그동안 한국정치나 민주주의가 발전하지 않은 것은 아니다. 역사의 물줄기가 거꾸로 흐를 때마다 우리 국민들은 4·19혁명이나 6월항쟁으로 역사를 본래 가던 길로 되돌려놓았고 그 결과 정치인들이 주권자인 국민을 주인으로 섬기기 시작한 것도 사실이다.

그러나 MB정권이 들어선 뒤의 한국사회의 변화를 돌아보면 여전히 정치생태계의 '변이의 폭'이 대단히 넓다는 점을 부인하기 어렵다. 일례로 지난 정부에서는 부동산 투기나 위장전입, 논문표절 의혹만으로도 고위 공직자 후보들이 줄줄이 낙마했지만 MB정부에서는 이것이 오히려 출세의 필요조건이었다.

지금 선거판을 보더라도 집권여당인 새누리당이나 제1야당에서 혁신적인 인적 청산과 개혁공천이 이루어졌다고 말하기 어렵다. 상향평준화가 안착되지 않으면 이처럼 한두 번의 부침으로도 갈지자로 크게 퇴행하는 경우가 생기기 마련이다. 이런 생태계라면 또다시 5할 대통령이 나타날 가능성이 높다.

프로야구에서는 공정하고 치열한 경쟁을 통해 수준 이하의 선수들이 자연스럽게 걸러진다. 야구와 정치가 가장 다른 점은 바로 이게 아닐까 싶다. 일단 '공정한 경쟁'부터가 불가능하다. 편파성으로 말하자면 역사와 전통의 조중동이 아직 건재하고 지금은 '점령당한' 인터넷 포털과 '낙하산'들이 장악한 방송사들도 이 대열에 합류했다. 수사권과 기소권을 독점한 검찰이 중립적이라고 믿는 국민은 거의 없다.

이번 총선 관련 보도를 보면 공정한 경쟁을 통한 공정한 퇴출은 요원해 보인다. 일례로 명백하게 선거법을 위반(일명 '카퍼레이드 사건')한 박근혜나 손수조의 경우 선관위가 나서서 억지 논리로 변호하는가 하면 그에 대해 최소한의 사과를 요구하는 언론도 없다. 야구로 치자면 심판이 편파판정을 일삼고 중계방송은 그 화면을 내보내지도 않는 상황이다. 진보에게는 지나치게 엄격하고 가혹하면서도 보수에게는 상대적으로 너그러운 것이 우리의 현실 아니던가.

'퇴출과 응징'이 생태계의 상향평준화를 위한 유일한 방법은 아니겠지만 한 가지 유력한 수단임은 분명해 보인다. 결국 민주주의의 장점은 위대한 지도자를 선택할 확률이 높은 것이 아니라 5할 대통령을 선택할 가능성이 낮다는 점이 아닐까?

국민들의 비장의 무기 '투표', 잘 쓰면 바꿀 수 있다

지금 카이스트의 정재승 교수는 '백인천 프로젝트'라는 이름으로 한국에서 4할 타자가 사라진 이유를 열심히 추적하고 있다. 트위터로 모집한 자발적 연구자들과 함께 집단작업을 진행 중이며, 백인천의 타율 0.412를 기념해 오는 4월 12일 그 결과가 나온다고 하니 무척 기다려진다. 한국 프로야구에도 굴드의 논리가 그대로 적용이 될지 아니면 다른 원인이 드러날지 사뭇 궁금해진다.

언젠가는 정치학자나 사회학자들이 굴드의 방법론을 빌려 한국의 5할 대통령을 연구할 때가 있을까? 우리 사회에서는 언제쯤이면 이제 5할 대통령이 사라졌다는 말을 할 수 있게 될까?

한국 프로야구는 출범한 지 30년도 채 안 돼서 올림픽 금메달을 획득하고 월드 베이스볼 클래식WBC에서 준우승을 거두는 등 열악한 환경 속에서도 세계를 재패하며 국민들에게 즐거움과 기쁨을 안겨주었다. 정치에 관한 한, 우리 정치가 야구처럼 세계 1, 2등에 오르면 좋겠다고 욕심 부리는 국민은 아마 없을 것이다. 그저 상식과 원칙이 통하고 다른 사회 분야가 발전하고 성숙한 만큼만 되었으면, 또는 정상적이고 평범한 다른 나라들 수준만큼만 되었으면 하는 소박한 바람이 있을 뿐이다.

천만다행으로 우리에게는 투표라는 강력한 수단이 있다. 이 비장의 무기를 잘 쓰면 함량 미달의 정치인은 곧바로 퇴출된다. 매우 드물게 사용할 수밖에 없어 좀 더디게 느껴질 수도 있지만, '퇴출과 응징'에 대한 확실하고도 압도적인 주권자의 의사가 표시된다면 건전한 생태계를 만드는 데에 결정적인 영향을 미칠 수 있다. 그리고 그

탐욕을 부추긴 대통령 이명박과 미실의 대한민국

결과가 쌓이면 앞으로는 5할 대통령이 등장할 가능성이 눈에 띄게 줄어들 것이다. 5할 대통령에 관한 한, 적어도 나는 굴드의 이론을 믿는다.

때마침 그 심판의 날이 머지않았다.

+ 진화생물학자인 스티븐 제이 굴드는 메이저리그에서 4할 타자가 사라진 이유를 생물종의 진화와 연관시켜 환상적으로 설명했다. 나는 굴드의 논리를 끌어들여 "단군 이래 이런 지도자는 없었다"라는 MB의 출현을 설명해보려고 했다. 마침 프로야구가 막 개막한 때라 시의성도 있었다. 나는 본문에서 중의적인 의미로 MB를 '5할 대통령'이라 불렀는데, 이 기준에 따르면 박근혜 대통령은 몇 할 대통령에 해당할지 솔직히 가늠하기 어렵다. 우리 정치도 하루빨리 상향평준화되어 더 이상 5할 대통령 같은 엄청난 변이가 출몰하는 일이 없길 바란다.

드라마 〈추적자〉에 투영된 엽기 대한민국

2012.7.3.

인터넷신문에 가끔 글 한번 올리는 것이 그리 대단한 일은 아니지만 억울한 마음에 지푸라기라도 잡고 싶은 사람들에게는 이것도 상당히 큰 권력으로 보이는 모양인지, 나에게 개인 송사를 기사화해 달라는 '청탁'이 가끔 들어오곤 한다(물론 나는 그런 청탁을 기사화한 적이 한 번도 없다). 몇 년 전 지인을 통해 들어온 청탁 중에는 영남 출신의 당시 현직 국회의원이 자신의 부동산을 가로챘다는 사연이 있었다. 법조인 출신의 그 국회의원이 법을 잘 모르는 청탁인을 속여 서류를 조작했고, 그 과정에서 인감을 위조했으며 국립과학수사연구소에도 압력을 넣었다는 것이 청탁인의 주장이었다.

이런 부류의 일은 별로 경험도 없는 데다 법률도 전혀 모르는 터라 나는 그저 좋은 변호사를 선택해 자문을 해보라고 할 수밖에 없었다. 그러면서도 내심 속으로는 어떻게 대명천지에 법치국가인 대한민국에서 그런 일이 가능할까 하는 의구심을 떨칠 수가 없었다. 그

탐욕을 부추긴 대통령 이명박과 미실의 대한민국

때는 새파란 검사들이 대통령에게도 막 대들던 2003년이었다.

한동안 잊고 지냈던 사건이 떠오른 이유

한동안 잊고 지냈던 그 사건이 다시 떠오른 것은 최근 화제의 SBS 월화드라마 〈추적자〉를 보기 시작했을 때였다. 〈추적자〉는 유력한 대권후보가 연루된 살인사건의 피해자 아버지 백홍석(손현주 분) 형사가, 그 사건을 덮기 위한 사회 권력층에 맞서 진실을 파헤치기 위해 고군분투하는 내용을 담고 있다. 드라마 〈추적자〉가 방송을 시작한 뒤 연일 화제가 되는 이유는 드라마에 한국사회의 드러내고 싶지 않은 현실이 고스란히 담겨 있기 때문이다.

유력한 대선후보 강동윤(김상중 분)은 자신이 대권을 잡기 위해 살인교사도 서슴지 않는다. 사실 강동윤 후보에는 현실 정치인의 여러 모습이 상당히 중첩돼 있다. 어려운 성장환경 속에 자라 정의를 내세우는 모습은 노무현을 닮았고, 압도적인 지지율의 대세론은 박근혜를 닮았고, 재벌집 사위라는 '마름'으로서 그 주인 자리를 넘보는 모습은 현대가 CEO 출신으로 스스로 재벌이 되려는 듯 보이는 이명박 대통령을 닮았다. 그리고 그 모든 언행이 거짓과 위선으로 가득 차 있는 모습은 대다수의 보편적인 한국정치인을 닮았다.

그에 맞서 자신의 재벌그룹을 지키려는 한오그룹의 서 회장(박근형 분)은 아들에게 그룹을 물려주기 위해 온갖 편법을 동원한다. 그뿐 아니라 그룹을 위해서는 사위는 물론 딸까지 내치는 모습은, 편법적인 3대 세습과 형제간 상속다툼으로 얼룩진 삼성그룹을 연상시키기에 충분하다. 서 회장은 정계와 검찰은 물론 한국사회를 움직이는 요인들을 장기판의 말 다루듯이 다룬다. "권력은 이미 시장으로 넘어갔다"라는 말을 드라마로 옮기면 딱 서 회장의 모습이 나올 것이다.

특히 드라마 앞부분에 나온 백홍석의 딸 백수정 사망사건과 관련된 재판 과정은 영화 〈도가니〉나 〈부러진 화살〉을 연상시키며 "법 앞에 만 명만 평등"한 한국사회의 현실을 적나라하게 고발했다. 대법관이 유력 대선후보와 코드를 맞추더니 그 자리를 버리고 가해자의 변호인으로 나서 재판을 뒤집는다. 증거조작이나 증인매수는 다반사이고 언론을 동원해 상대방을 인신공격하는 등 전방위적인 노력을 기울인 덕에 가해자에게는 벌금형만 선고된다. 피해자 백수정의 아버지 백홍석이 총기를 들고 법정에 뛰어든 것은 그 때문이었다.

물론 드라마는 현실이 아니다. 대개 이 말은 드라마적 상상력이 현실을 초월한다는 뜻이지만, '다이내믹 코리아'의 현실은 그와 반대로 작가들의 상상력을 훨씬 초월하는 듯하다. 지난 2005년 황우석 사태가 발생했을 때 이 사건을 나중에 영화로 만들자는 누리꾼들의 의견이 있었는데, 너무나 '비현실적인' 이야기라 흥행 참패가 예상된다는 의견이 나돌았던 적이 있었다.

지난 MB 치하의 세월을 돌아보면 인간의 상상력으로는 도저히 써내기 어려운 '비현실적인' 현실들이 우리 눈앞에 펼쳐졌다. 최근의 예만 몇 가지 들자면 멀쩡한 인천공항이나 KTX의 매각을 추진하는 것도 그렇고, 4대강이 가뭄을 막았다는 말도 그렇고 수질을 감시하는 로봇물고기도 그렇다. 청와대의 민간인 불법사찰과 증거인멸 과정을 들여다보면 그 자체로 〈추적자〉보다 더한 막장드라마가 한 편 나올 법하다. 마크 트웨인Mark Twain의 말마따나 "현실이 소설보다 더 기이하다Truth is stranger than fiction."

〈추적자〉를 보면서 뭔가 비현실적이라는 느낌이 들었다면 그것은 실로 엽기적인 한국의 현실을 겨우 16부작 미니시리즈에 다 담기 어려운 물리적 한계 때문인지도 모르겠다. 예컨대 〈추적자〉에는 피의 사실을 공표하며 여론 재판으로 몰고 가는 검찰도 없고 그것을 받아쓰며 사실을 왜곡하는 황색언론도 없다. 겨우 이 정도 현실 고발만으로도 시청자들의 반응이 폭발적인 것은 그만큼 답답한 현실의 '비현실성'을 반영한 결과가 아닐까? 권력의 나팔수로 변해버린 방송사 뉴스들은 오히려 드라마를 방영하고 있고, 온 가족의 오락거리인 드라마가 되레 현실을 고발하는 이 기막힌 2012년 한국의 '비현실적인 현실'이 바로 〈추적자〉의 힘이다. 그리고 한국사회의 그런 비현실적 현실성을 생각해본다면, 9년 전 내게 기사를 부탁했던 소설같은 그 사건도 실제 일어났을지 모른다는 생각이 들었다.

모든 사건의 블랙박스, 전화 한 통

한편 〈추적자〉는 많은 사람이 궁금해했던 '어떻게'의 문제를 해결해주었다. BBK 사건이나 천안함 사건, 또는 10·26 선거 디도스 공격 사건처럼 굵직한 사건들이 터질 때마다 사람들은 갖가지 의혹을 제기하며 자기들만의 그럴싸한 '소설'을 써서 사건의 실체적 진실을 재구성해보려고 한다(〈나는 꼼수다〉가 인기를 얻은 중요한 이유도 그 때문이라고 생각한다). 하지만 다른 한편에서는 그 모두를 음모론이라고 일축한다. 음모론이 실체적 진실이 아닌 하나의 가설로만 남게 되는 가장 큰 이유는, 많은 경우 그것이 '어떻게'에 대한 답을 제시하지 못하기 때문이다.

예컨대 이건희가 법조계를 움직여 법정에 서지 않았다는 '음모론'에는 항상 "어떻게 그런 일이 가능한가?"라는 의문이 따라다닌다. MB정부가 들어선 뒤에 국세청과 검찰과 국정원 등 온갖 권력기관을 다 동원해 반대파를 부당하게 제거했다는 '음모론'에도 "어떻게 법치국가에서 그런 일이 가능한가?"라는 의문이 생긴다(두 경우 모두 '왜?'라는 질문에 대한 답은 오히려 쉽다. 이건희와 MB가 직접적인 이익을 보기 때문이다).

드라마 〈추적자〉는 여기에 놀랄 만한 대답을 제공한다. 바로 '전화 한 통'이다. 서 회장은 전화 한 통으로 검찰 총수와 정계 거물과 언론을 움직인다. 강동윤도 비서관을 통해 전화 한 통이면 못 하는 일이 없다. 경찰과 국세청이 움직이고 대법관도 머리를 조아린다. 보통 사람들은 도저히 알 길이 없는 모든 사건의 그 블랙박스는 수사기관이 철저하게 실체적 진실을 밝혀 공개하지 않는 이상 그들만의 블랙박스로 남을 뿐이다. 그래서 우리는 눈에 보이지 않는 그 블랙박스의 내용물을 상상할 수밖에 없다. 〈추적자〉는 그 블랙박스를 매우 단순한 과정으로 처리해버렸다. 어쩌면 그것이 가장 현실적인, 아니 가장 비현실적인 현실성을 반영하는 방법일지도 모르겠다.

가장 최근에 공개된 그런 부류의 '블랙박스'에 따르면 한일군사정보협정이 체결되기 불과 한 시간 전쯤에, 새누리당의 이한구 원내대표가 김성환 외교부장관에게 '전화 한 통'을 넣은 뒤에 협정 체결이 무기한 연기되었다. 국가의 중대지사가 이런 식으로 처리되는 과정도 놀랍지만, 나는 〈추적자〉의 선견지명이 더욱 놀라울 따름이다.

상황이 이렇게 되고 보니 그 협정을 의결하기 위해 비밀리에 국무회의가 열린 것도 누군가의 '전화 한 통' 때문이었을 것이라고 짐작해도 무리는 아닐 것이다.

"구두, 영상, 전자, 자기 또는 문서의 형태거나 장비 또는 기술의 형태"인 군사기밀을 나눠주고 그 사후통제까지 상대국에게 일임하는, 상당히 높은 수준의 정보협정임에도(《노컷뉴스》,「한일 군사협정 전문 입수…"국가안보 통째로 넘겨줄 판"」, 2012.7.2.) 대통령 몰래 처리되었다는 거짓말을 모르는 척 믿어주는 모양새도 어이가 없지만, 이명박 대통령이 나중에 절차상에 문제가 있었다고 '격노'했다는 뉴스는 드라마 작가의 상상력이 현실에 비하면 얼마나 우스운 수준인가를 새삼 깨닫게 해준다. 그런 국무회의가 '전화 한 통' 이상의 복잡한 과정을 통해 군사정보협정을 의결했을까? 나중에 대통령의 '격노'가 뻔히 예상되는데도?

법이 있어야 하는 이유는 강자를 위해서가 아니라 약자를 위해서이다. 강자는 법이 없어도 스스로를 보호할 수단이 많다(아니, 그런 수단이 많은 사람을 강자라고 부른다). 반면에 사회적 약자는 법의 보호가 없으면 스스로를 지키기 어렵다. 하지만 언제부터인가 우리 사회는 오히려 '법 자체'를 위해 약자가 억압되는 세상이 돼버렸다. 제 보금자리를 지켜달라는 용산의 철거민들은 '법질서 수호'라는 미명 아래 특공대의 진압 때문에 목숨을 잃고도 테러리스트라는 멍에를 뒤집어썼다. 안전한 먹거리를 제공해달라고 촛불을 든 국민들의 요구에는 집시법을 지키라는 강변만이 돌아왔다.

이렇게 따지고 보면 시민들의 생명과 재산을 지키기 위해 법질서를 수호하는 것이 아니라, 법질서 자체를 수호하기 위해 시민들의 생명과 재산이 희생되는 것이다. 그런 법질서는 대개 최상위 권력층의 이익을 위해서만, '전화 한 통'으로 작동할 뿐이다.

우리 모두는 MB의 추적자였다

"나요, 이제 법 같은 거 안 믿습니다. 나만 믿습니다."(백홍석)

그런 모순 속에서 억울하게 딸아이를 잃은 백홍석이 달리 무슨 말을 할 수 있었겠는가. 총이냐 촛불이냐의 차이만 있을 뿐, 지난 2008년 미국산 쇠고기 수입 파동의 경우를 보자면 우리 모두는 사실상 MB의 추적자였다(MB는 당시 겉으로는 대국민 사과를 했지만 속으로는 자신에 반대하는 인사들을 색출하기 위해 청와대 주도하에 본격적으로 민간인 사찰팀을 만들었다). 아니, 그 이듬해에 노무현 전 대통령을 그렇게 떠나보낼 때는 우리 모두가 백홍석이었는지도 모른다. 법과 정의의 수호자라는 검찰이 오히려 앞장서서 전직 대통령을 죽음으로 내몰았으니, '이제 법 같은 거' 믿고 싶은 사람이 얼마나 있었으랴.

"폭탄이라도 짊어지고 청와대에 뛰어들고 싶은 심정이었습니다."

어느 명문대학의 교수가 했다는 이 말을 떠올려보면 겨우 총 한 자루 들고 법정에 뛰어든 드라마 속의 백홍석은 얼마나 얌전했나 싶다. 역시나 드라마fiction는 아직 현실truth을 따라가기에 역부족인가

탐욕을 부추기 대통령 이명박과 미실의 대한민국

보다.

　세상이 아직 우리가 원하는 대로 변하지 않더라도, 한때 우리 모두가 그렇게 백홍석 같은 추적자였던 기억을 잊지 않는다면, 적어도 그 아름다운 추억을 간직하는 동안만큼은 추적자에게도 희망이 있다.

　"저 사람들이 강동윤한테 속고 있는 거잖아요. 나처럼요."(백홍석)

　백홍석은 자신의 딸을 죽게 한 강동윤에게 딸아이의 저금통을 모두 후원금으로 보낼 만큼 강동윤을 믿었다. 지금 우리는 누군가에게 속고 있지 않다고 확신할 수 있을까? 왜 우리는 시간이 지날수록 "MB에게 속았다"라는 말을 많이 듣게 되는 것일까? 이번 대선에서는 누군가에게 다시 속지 않을 자신이 있는 것일까? 또다시 몇 년 뒤에 누구에게 속았다고 뒤늦게 한탄하지 않으려면, 적어도 〈추적자〉의 강동윤과 백홍석을 잘 지켜보는 것도 약간은 도움이 될 것이다.

　아 참, 강동윤이 자기 부인과 함께 사고를 낸 내연남인 슈퍼스타 연예인과 거래를 하는 동영상은 강동윤의 아킬레스건이긴 하지만, 그것이 공개되더라도 강동윤 후보에게 큰 해를 끼치지는 못할 듯싶다. 누구의 BBK 동영상처럼 말이다.

　"그날 밤 교통사고, 집사람하고 있었던 일, 영원히 입 닫는 대가야."(강동윤)

설마 드라마에서까지 "주어가 없다"라는 논리가 나오지는 않겠지만, 그렇게까지 드라마를 막장으로 만들지 않으려면 아마도 작가나 연출가는 어마어마한 상상력을 발휘해야만 할 것 같다. 현실의 상상력은 언제나 훨씬 더 위대했으니까.

+ 드라마 <추적자>는 당시 한국의 현실과 맞물려 큰 화제를 뿌렸다. 이 드라마의 논법을 지금 적용해 보더라도 아주 잘 들어맞는다. 이후에는 영화 <내부자들>과 <베테랑>이 큰 인기를 끌었다. <내부자들>에 등장했던 "민중은 개·돼지"라는 대사는 고위 관료가 현실에서 인용하며 큰 파장을 낳기도 했다. 많은 이에게 <내부자들>은 영화가 아니라 다큐멘터리로 받아들여졌다. 사실 오래전부터 '다이내믹 코리아'의 현실은 그 어떤 소설이나 영화보다 더 극적이라고들 하지 않던가? 그럼에도 박근혜-최순실 게이트가 보여준 허구 같은 현실은 그 어떤 드라마나 영화보다 낯설다. 박근혜 대통령 탄핵 정국 때는 드라마보다 뉴스가 훨씬 더 드라마틱했음을 누구도 부인하기 어려울 것이다. 머지않은 미래에 누군가는 아마도 이 현실을 소재로 한 드라마나 영화를 만들겠지만, 너무나 믿기 힘든 스토리구조 때문에 오히려 작품의 현실성이 떨어진다는 평을 듣지나 않을까 걱정이다.

3장

국가와 결혼한 '근혜공주자가',
침몰하는 공화국

새누리당도 놀란 반전,
이유 있었다

2012.4.12.

19대 총선이 집권여당인 새누리당의 압승으로 끝났다. 새누리당은 152석(지역 127+비례 25)을 얻어 단독 과반 의석 확보에 성공했다. 반면 민주통합당은 127석(지역 106+비례 21)을 얻는 데 그쳤다. 원내 교섭단체를 희망했던 통합진보당은 13석(지역 7+비례 6)에 만족해야 했다. 자유선진당은 5석(지역 3+비례 2)을 얻어 군소정당으로 추락했다. 야권연대가 내걸었던 정권심판은 결과적으로 실패했다.

100석도 어렵다던 새누리당, 충격적 반전의 요인

제1당과 제2당의 의석차가 25석에 달하는 데다 무엇보다 새누리당이 단독 과반 의석을 확보한 것은 모두의 예상을 뒤엎는 충격적인 결과라고 할 수 있다. 애초 많은 선거전문가는 통합진보당과 선진당과 무소속 등이 30석 안팎의 의석을 가져가고 제1당과 제2당이 140 대 130 정도에서 접전을 벌일 것으로 예상했다. 게다가 민주당이 제

1당이 되어 통합진보당과의 야권연대가 과반을 무난히 확보할 것으로 내다보았다. 그러나 결과는 완전히 정반대로 나왔다. 왜 그럴까?

수치적인 결과만 놓고 보면 전문가들의 예상과 달리, 소수정당들이 가져가야 할 30석 중에서 10석 정도를 새누리당이 가져가고 민주당이 130석에 못 미치면서 이런 결과가 나온 것으로 볼 수 있다. 따라서 일차적으로는 새누리당이 충청권의 25석 중 절반에 해당하는 12석을 확보한 것, 그리고 강원도 9석을 싹쓸이한 것이 결정적인 승부처가 되었던 것으로 보인다.

이번 총선은 애초에 새누리당 입장에서는 130석을 넘기면 대단히 선방하는 선거였다. 새누리당이 130석을 넘기려면 (비례에서 최소 20석 이상은 안정적으로 확보한다고 봐야 한다) 지역구에서 110석을 넘기면 된다. 영남 전체의 지역구가 67석이니까 충청과 강원에서 20석을 건진다면, 부산 경남에서 7석을 잃더라도 수도권 112석 가운데 30석만 확보하면 130석이 가능하다. 실제로는 새누리당이 수도권에서 43석(서울16, 인천6, 경기21)으로 선방하면서 과반 확보에 성공했다.

그렇다면 새누리당이 대다수의 예상을 깨고 과반 의석을 확보한 근본적인 이유는 무엇일까? 이에 답하기 위해서는 최종적인 결과와 여론의 추이를 차후 꼼꼼히 분석해봐야겠지만, 몇 가지 가능성을 생각해볼 수 있다.

'화장발' 박근혜와 '생얼' 한명숙

무엇보다 새누리당의 선거전략이 야권연대의 선거전략보다 훨씬 더 유효했다고 볼 수밖에 없다. 새누리당은 10·26 부정선거사건

(이른바 선관위 디도스 공격사건)이 터지자 정권 차원의 심각성을 느끼고 박근혜를 전면에 내세워 조기에 총선체제로 돌입했다. 이후 당명과 로고, 색깔까지 바꾸면서 변신을 꾀하더니 친이계를 대학살하는 공천으로 여론반전에 성공한다. 박근혜와 비상대책위원회가 내세운 반성과 쇄신과 변화는 그 알맹이가 얼마나 내실 있는가와 관계없이 국민들에게 어필한 면이 있다.

그에 반해 한명숙이 이끄는 민주당은 오히려 공천 과정에서부터 답답하고 구태의연한 모습만 보여줬다. 비유적으로 말하자면 박근혜는 화장발로 얼굴에 묻은 얼룩을 감추었는데 한명숙은 '생얼'을 들이민 격이다. 박근혜와 새누리당은 "그래도 우리가 화장이라도 좀 해서 얼룩이 보이지 않으니 그 정성을 봐달라"라는 얘기였고 한명숙과 민주당은 "원래 우리 얼굴이 깨끗하니 화장 같은 거 필요 없고 그냥 생얼로 나가겠다"라는 얘기였다. 남자의 입장에서는 당연히 '화장하는 성의라도 보인' 박근혜를 선택할 가능성이 높다(물론 여자 입장에서도 당연히 외모에 최소한의 성의를 보이는 남자를 선택할 것이다).

이렇게 '화장발 변신'에 성공한 박근혜와 새누리당은 야권의 정권심판이라는 파상공세를 슬쩍 피해 갈 수 있었다. 정권심판론을 피해 가는 새누리당의 전략은 크게 세 가지 축이었던 것으로 보인다. 첫째는 변신, 둘째는 안보, 셋째는 물타기였다. 변신 전략은 이미 언급한 '화장발'로 성공을 거두었지만 안보 이슈는 사실 잘 먹히지 않았다. 3월 말 천안함 2주기와 핵안보 정상회의, 그리고 북한의 미사일 발사가 선거판에 큰 영향을 미치지는 못했다. 특히 정부 일각에서 북한의 3차 핵실험 의혹을 언론에 흘렸으나, 보수적인 조중동마저도

국가와 결혼한 '근혜공주가', 침몰하는 공화국

크게 보도하지 않았을 정도였다. 이와 함께 전형적인 좌우대립이나 색깔론도 예전에 비해 그 효과가 현저하게 줄어들었다.

물타기 전략은 이번 총선 최대의 쟁점이었던 청와대의 불법사찰 및 증거인멸 사건에서 큰 힘을 발휘한 것으로 보인다. 무엇보다 청와대가 노무현 때도 사찰이 있었다면서 버티기에 들어간 것이 시간을 버는 데에 큰 도움을 주었다. 결과적으로 청와대의 물타기는 거짓이었음이 드러났으나 그러기까지는 시간과 노력과 설명이 필요했다. 박근혜는 이 과정에서 오히려 스스로를 사찰의 피해자로 포지셔닝 했는데, 이것이 그의 '화장발 변신'과 맞물리면서 정권심판론을 흡수한 면이 있다.

이에 비하면 한명숙이나 이정희 같은 야권 지도자들의 대응은 무척 안일했다. 1990년 윤석양 이병이 보안사의 민간인 불법사찰을 폭로했을 때 당시 김대중 평민당 총재는 4개 항을 요구하며 무기한 단식에 들어갔다. 한명숙이나 이정희는 선거운동이 아니라 오히려 진상규명 요구와 함께 정권퇴진 운동을 벌였어야 하지 않나 하는 아쉬움이 남는다. 정권심판을 내세운 선거라면 이보다 더 강력한 선거운동이 없기 때문이다.

김용민 막말 논란과 〈나꼼수〉의 전략적 실수

막판에 터진 김용민의 막말 논란도 선거에 적지 않은 영향을 미친 것으로 보인다. 적극 지지층에는 큰 영향이 없었겠지만 중도성향의 유권자들에게는 투표장으로 향할 발걸음을 돌릴 이유는 될 수 있었을 것이다. 즉, 보수언론과 새누리당에서 막판 융단폭격을 퍼부어

선거판을 진흙탕으로 만들어버린 것이 일단 투표율을 낮춘 데에 일조한 것으로 보인다. 막말 논란으로 불법사찰을 완전히 덮지는 못했지만 막판에 선거판 전체를 혼탁하게 만드는 데는 성공했다.

이와 관련해 〈나는 꼼수다〉에서도 전략적 실수를 저질렀다. 우선 진행자인 김용민이 직접 선거판의 후보자로 뛰어든 것은 결과적으로 좋은 선택이 아니었다. 〈나꼼수〉 입장에서는 선거에 나서는 후보가 없더라도 지난 10·26 재보선에서처럼 자기만의 무기로 선거에 큰 영향을 미칠 수 있었다. 하지만 본인이 직접 플레이어로 나서면 여러 가지로 활동에 제약이 따를 수밖에 없다.

또한 불법사찰 및 증거인멸은 선거를 떠나 MB의 진퇴를 논해야 할 대단히 위중한 사안이었음에도 〈나꼼수〉가 이 사건을 본격적으로 다루기 시작한 것은 4월 8일에 업로드 한 '봉주 11회'가 처음이었다. 4월 2일에 올린 '봉주 10회'에서 다룬 천안함 사건은 물론 놀라운 내용을 담고 있긴 했으나 완전히 새로운 내용이나 결정적인 폭로가 없었다는 점과 선거 판세 전체의 흐름과 잘 맞지 않았다는 점에서, 차라리 그때 불법사찰 및 증거인멸에 집중하는 것이 야권의 정권 심판 기조에 더 맞지 않았을까 싶다.

이런 모든 요소가 작용한 탓에 야권이 중간층을 자기편으로 결집시키는 데에 뒷심이 달렸던 것으로 보인다. 투표율이 55퍼센트를 넘지 못한 것이 그 단적인 예이다. 수도권에서 3퍼센트 이내의 초박빙 접전이 벌어진 곳이 대략 20곳이 넘는 점을 감안하면, 이 뒷심 부족으로 수도권에서 새누리당을 궤멸시키지 못한 것이 충청·강원의 열세를 극복하지 못하고 제1당을 내어준 결정적인 원인으로 보인다.

국가와 결혼한 '근혜공주자가', 침몰하는 공화국

정당투표율에서도 새누리당과 선진당이 합해서 46퍼센트나 얻어 야권연대의 47퍼센트와 거의 똑같다는 점은 정권심판론의 위세가 그다지 강력하지 못했음을 방증한다.

8개월 남은 대선, 숙제가 많다

야권의 입장에서는 국민들의 선택이 야속한 면도 있을 것이다. 임종석이나 이정희는 보좌관의 잘못 때문에 후보직을 사퇴했고 막말 논란의 김용민은 결국 유권자의 심판을 받아 국회 입성이 좌절되었다. 반면 새누리당에서는 박근혜 위원장이 손수조 후보(부산 사상)와 함께 명백하게 선거법을 어겼음에도 사과 한마디 없이 무사히 선거를 치렀다. 또한 누가 봐도 논문을 표절한 문대성(부산 사하갑)과 독도가 분쟁지역이라고 했던 하태경(해운대 기장을), 제수 '강간미수범' 논란 김형태(포항 남구 울릉군), 성추문 논란 유재중(부산 수영) 등이 아무런 상처 없이 국회에 입성했다. 진보에겐 유난히 가혹하고 보수에겐 상대적으로 너무나 너그러운 잣대가 적용되었음을 부인하기 어렵다. 특히 박근혜-손수조의 이른바 '카퍼레이드'에 선관위가 면죄부를 줌으로써 자동차를 이용한 선거운동을 금지한 선거법 91조 3항은 사실상 사문화돼버렸다.

이번 총선 결과 한명숙과 함께 야권 전체의 리더십은 큰 상처를 받았다. 여덟 달 앞으로 다가온 대선에서도 박근혜는 대세론에 큰 탄력을 받은 반면 야권은 대단히 힘든 싸움을 치를 것으로 보인다. 상대적으로 안철수는 운신의 폭이 훨씬 넓어졌다.

대선은 수도권의 이슈가 전국으로 확산되는 양상이라는 점에서 총선과는 좀 다른 면이 있지만, 이번 총선에서 보았듯 수도권에서의 정권심판과 야권연대를 지지하는 기세가 수도권의 한계를 넘지 못한 것은 쉽지 않은 숙제이다. 새로운 매체라는 SNS에서도 KBS 보도를 보면 통합진보당 20퍼센트, 민주당 45퍼센트, 새누리당 35퍼센트라는 점유율을 보였으나 이것이 결국 오프라인에서는 수도권을 넘지 못한 것이 한계로 작용한 듯하다. 실제로 경기와 인천의 경우 서울과 인접한 지역에서는 야권이 이긴 반면 서울에서 먼 지역들은 새누리당이 가져갔다. 이 흐름이 충청과 강원으로 이어지고 영남으로 연결되었다.

8개월 남은 대선에서 야권이 이 한계를 어떻게 넘어서느냐, 박근혜의 새누리당은 이 판세를 어떻게 수성하느냐, 여기서 대권의 판세가 갈릴 것으로 전망된다.

✛ 무난히 여소야대가 되리라던 예상이 여지없이 무너졌던 2012년 4·11 총선 결과를 분석한 글이다. 이 기사 역시 선거 당일 밤 개표결과를 보면서 이튿날 새벽까지 작성했다. 당시 야권 지지자들의 상태를 표현하는 단어는 '멘붕('멘털 붕괴'의 줄임말로 정신적으로 큰 타격을 받았다는 뜻)'이었다. 총선 결과가 예상과 크게 어긋나기는 2012년 4·11 총선뿐 아니라 2016년 4·13 총선도 마찬가지였다. 영국의 브렉시트 투표나 미국의 트럼프 대통령 당선과 같은 예기치 못한 결과를 우리는 이미 2012년에 경험했던 셈이다. 야권으로서는 4·11 총선 패배의 교훈을 제대로 배우지 못한 대가를 연말에 다시 치렀다.

'그네스타일', 깜빡 속을 줄 알았나?

2012.9.10.

2012년 대선 D-100, 박근혜 후보의 행보가 화제이다. 박근혜는 새누리당 대선 후보로 선출된 직후 김대중-노무현 묘소를 거쳐 전태일 동상까지, 그리고 홍대 거리와 수해지역을 휘저으며 거침없는 '통합행보'를 내딛었다.

'뉴 DJ 플랜' 연상시키는 박근혜의 광폭행보

다소 파격적으로 보이는 박근혜 후보의 행보는 1997년 대선에 나선 당시 김대중 후보의 이른바 '뉴 DJ 플랜'을 연상시킨다. 실제 박근혜 캠프에서는 DJ의 선거운동을 참고했다고 한다. 당시 네 번째로 대권에 도전하던 김대중 후보에게는 '대통령병 환자'라는 꼬리표가 따라다녔다. 중산층을 끌어안으려는 '뉴 DJ 플랜'은 '대통령병 환자'와 결합되면서 오히려 안 좋은 이미지를 만들기도 했다.

1971년, 그런 '미래의 대통령병 환자' 김대중을 이기고 대통령에 당선된 박정희는 이듬해 10월 유신을 단행해 철권통치의 길을 열었다. 1971년 대선에 박정희 대통령이 다시 출마할 수 있었던 것은 1969년 이른바 3선 개헌으로 대통령이 세 번 연임할 수 있게끔 헌법을 바꿔놓은 덕분이었다. 대통령이 되려고 군사 쿠데타에 3선 개헌과 유신개헌까지 저지른 박정희에게는 '대통령병 환자'라는 꼬리표가 붙지 않았다. 그랬던 부친의 못다 이룬 꿈을 이루겠다고 대통령이 되려는 박근혜 후보가 1997년의 김대중 후보를 벤치마킹하는 현실은 역사의 아이러니인지도 모르겠다.

박근혜의 변신은 당내 경선에 출마할 때부터 본격적으로 예고되었다. '국가'보다 '국민'을 앞세운 그의 출마선언문부터 화제였다. 보수언론이 친절하게 세어본 바에 따르면 '국민'이라는 단어는 5년 전 17차례 나왔으나 이번에는 80회나 등장했다. 실제 내용도 "국정운영의 패러다임을 국가에서 국민으로, 개인의 삶과 행복 중심으로 확 바꿔야 한다"라며 뉴 DJ 플랜 못지않은 이미지 변화를 꾀했다. 적어도 겉으로 보기에는 지금까지 국가와 자신을 동일시해왔던 박근혜로서는 상전벽해가 따로 없는 변신이다.

"우리는 민족중흥의 역사적 사명을 띠고 이 땅에 태어났다"로 시작하는 국민교육헌장을 외우며 박정희 시대에 초등학교를 다녔던 나는 여전히 암암리에 나의 세대가 그런 역사적 사명을 짊어지고 있다는 착각에 빠지곤 한다. "나라의 융성이 나의 발전의 근본임을 깨달아…"라는 대목을 외울 때면 어린 마음에도 '왜 나는 나의 발전보다 나라의 융성을 먼저 생각하지 못하는 나쁜 어린이일까' 하는 자괴감에 빠지기도 했다.

그 시대를 살았던 많은 사람은 "나라의 융성이 나의 발전의 근본"이라는 명제를 여전히 가슴 깊이 간직하고 있을 것이다. 여기에는 1,000년이 넘는 세월 동안 강력한 중앙집권제를 유지해온 우리의 역사도 아마 한몫을 했을 것이다. 가난하고 저학력인 사람일수록 상대적으로 박근혜를 지지하는 비율이 높은 것도 이런 사정과 무관하지 않을 것이다. 내가 지금 먹고살기가 좀 힘들어도 나라가 잘되고 나랏님이 잘사는 것이 결국 나도 잘사는 것이고 그렇기 때문에 당장의 고통은 버틸 수 있다는 민초들의 갸륵한 마음씨가, 악한 마음을 먹은 독재자에게는 더없이 강력한 정치적 밑바탕이 된 셈이다.

박근혜의 대변신?

국민교육헌장의 가르침은 대기업이 잘돼야 서민경제가 살아난다는 논리로 끈질기게 살아남았다. 하지만 이제는 여야를 막론하고 경제민주화를 주장하는 마당이라, 근거 없는 낙수효과론도 생명을 다한 것 같다. 박근혜는 새누리당 대선후보로 선출된 뒤 후보수락 연설에서 "국가의 성장이 국민 개개인의 행복으로 연결되지 않기 때문입니다. 저는 국정운영의 패러다임을 국가에서 국민 중심으로 바꾸겠습니다"라고까지 했다.

나라의 융성을 위해서는 나의 발전이나 행복도 잠시 포기할 수 있는 보수 지지층은 박근혜의 이런 대변신을 어떻게 받아들일까? 박근혜는 진심으로 대변신을 감행한 것일까?

국가에서 국민으로 패러다임이 바뀌려면 무엇보다 우선 '국민'이라는 단어가 목적어에서 주어로 바뀌어야만 한다. 민주주의는 누군가가 '국민을' 위해서 무언가를 해주는 제도가 아니라 '국민이' 나라의 주인으로 나서는 제도이다. 그런데 박근혜의 출마선언문이나 후보수락 연설문을 보면, 분명 '국가'보다 '국민'이 더 많이 언급되었지만, 이것은 예전에 '국가가 무엇을 해주겠다'라는 것이 '국민을 위해서' 박근혜가 무엇을 해주겠다는 시혜적 어법으로 바뀐 것에 불과하다.

보통의 정치인이 '국민을 위해서' 일을 하겠다고 하면 그저 흔해 빠진 정치적 수사로 치부해버릴 수 있다. 하지만 평생 스스로를 국가와 동일시하며 유신의 퍼스트레이디를 지낸 박근혜가 이제 와서 패러다임까지 바꾼다면서 전면에 내세운 '국민'이 겨우 통치의 대상으로 타자화되어버릴 뿐이라면, '국민을 위해서' 쿠데타를 일으키고 '국민을 위해서' 3선 개헌과 유신개헌을 했던 박정희의 그림자를 떠올리지 않을 수가 없다.

진정성 의심받는 역사관

나의 걱정이 기우에 그치려면 적어도 박근혜가 박정희의 5·16 군사반란이나 유신체제를 반성과 사죄의 관점에서 바라보는 역사관을 가져야만 한다. 안타깝게도 박근혜 후보는 여전히 그 반대의 길을 고집하고 있다. 박근혜의 이런 역사관은 그가 내세운 국민대통합의 진의마저 의심스럽게 만든다. 지금 일본이 독도나 위안부 문제에 대해 진전된 입장도 없이 한국과 새로운 우호의 길을 걷자고 하면 그 말의 진정성을 누가 믿겠는가. 똑같은 이유에서 만약 박근혜가 대통령이 된다면 5·16을 불가피한 선택으로 바라보는 자신의 역사관으로 어떻게 대일외교를 펼쳐나갈지도 무척 의심스럽다. 틈만 나면 동아시아 고대사를 왜곡하는 중국도 마찬가지이다. 불과 50년 전의 역사 문제를 놓고 과거에 얽매여서는 안 된다고 얼버무린다면, 100년 전, 1,000년 전의 역사는 모두 다 덮고 대일외교와 대중외교를 하자는 것인가?

누구나 다 아는 교과서적인 말을 하자면, 역사는 죽어버린 과거가 아니라 현재를 규정하는 가장 강력한 원인이며 미래를 예측하는 가장 유력한 열쇠이다. "내가 네 아버지다"라는 다스베이더의 한마디가 영화 〈스타워즈〉 전체의 스토리를 뒤흔든 것도 그 때문이다.

역사관도 없으면서 '국민'을 통치대상으로 타자화시켜버린 탓에 박근혜의 변신은 그저 산토끼 표를 얻기 위한 포퓰리즘에 불과하다는 강한 의혹을 불러일으킨다. 그날 전태일 동상 앞에서 행한 헌화 퍼포먼스, 그러니까 죽은 전태일에 헌화하려고 산 전태일을 끌어냈던 그 사건은 박근혜 변신의 본질을 보여주는 아주 극적인 사례였다. 아무리 강남대로에서 요즘 대유행하는 말춤을 춘다고 한들, '그네스타일'은 여전히 '70 스타일' 혹은 '유신스타일'일 뿐이다.

5년 전 국민성공시대를 내걸고 대통령에 당선된 이명박 대통령은 5년 임기 동안 권력을 사유화하고 국부를 유출해 자신과 일가의 배를 불리는 일에만 열심이었다. 이명박 대통령 본인이 '국민성공시대'에 가장 성공한 국민인 셈이다. 그렇게 된 데에는 여러 가지 이유가 있겠지만 자신의 위법행위가 범죄라는 인식을 결여한 탓도 클 것이다. 5년 전 '전과 14범'에게 나라를 맡길 수 없다고 주장했던 박근혜는 이런 맥락에서 정확하게 옳았다. 이번 정권의 장관이나 고위 공무원들이 하나같이 위장전입을 밥 먹듯이 하고 부동산 투기에 열심이었던 전력을 훈장처럼 자랑하고 다닌 것도 그 때문이다. 아마 이명박 대통령은 내곡동 사저 문제나 민간인 사찰 문제를 대단한 범죄행위라고 여기지 않을 것이다. 권력자라면 누구나 하는 일인데 자기만 재수 없게 걸렸다고 생각했을 가능성이 높다.

5년이 지난 지금 국민행복시대를 들고 나온 박근혜는 어떨까? 만약 박근혜가 대통령직을 수행한다면, MB와 마찬가지로 5년이 지난 뒤에 박근혜만 가장 행복한 국민이 되어 있는 건 아닐까? 그의 아버지가 그랬던 것처럼 (비극적인 죽음은 제외하고) 말이다. MB에게 위법행위에 대한 범죄의식이 없었다면 박근혜는 여전히 스스로를 국가와 동일시하며 초월적인 위치에서 국민과 국가를 바라보고 있을 것이다. 후보수락 연설문에서 "저의 삶은 대한민국이었습니다"라고 말한 것은 진심이었을 게다. 하지만 그가 국가와 동일시한 자신의 모습은 절대적 혹은 전지적 지위의 존재이기 때문에 속세의 율법 기준이 그대로 자신에게 적용되는 일은 상상하기 어려울 것이다. 박근혜의 입장에서는 그의 아버지에게 5·16이 불가피한 선택이었듯이 자신의 어떤 결단도 속세의 율법으로 판단할 수 없는 불가피한 선택으로 여길 것이다. 그런 면에서 박근혜에게는 MB와는 다른 차원에서 범죄의식이 존재하지 않는다.

박근혜, MB와는 다르겠지만…

단적인 예로는 지난 4·11 총선 과정에서 있었던 부산 사상을에서의 이른바 카퍼레이드 선거운동 사건이 있다. 당시 이 지역구의 손수조 후보와 함께 차량의 선루프 밖으로 몸을 내밀고 퍼레이드를 벌인 행위는 명백한 선거법 위반사항이었다. 보기에 따라서는 비교적 '사소한' 위법사항일 수도 있었기 때문에 평소 법과 원칙을 강조했던 박근혜가 사과나 유감표명 정도로 넘어갈 수도 있는 문제였지만 박근혜는 이렇다 할 해명 하나 하지 않았다. 아마도 박근혜는 차량 밖으로 몸을 내밀고 지지자들에게 손을 흔든 것이 무슨 잘못인가, 부산 선관위가 알아서 위법이 아니라고 했으니 그걸로 끝난 게 아닌가라고 생각했던 것 같다. 적어도 국가와 동일한 자신 같은 존재에게 그런 '사소한' 시비 따위가 생긴다는 것 자체가 말도 안 된다고 여겼을 것이다.

이런 박근혜는 대통령이 되더라도 MB처럼 개인이나 일가의 착복을 위해 권력을 사유화하지는 않을 수도 있다. 국가가 곧 나 자신이고 나의 것인데 굳이 그럴 필요가 없기 때문이다. 다만 유신체제처럼은 아니겠지만, 민주공화국인 대한민국을 자신만의 왕국으로 둔갑시켜버릴 가능성은 대단히 높다. MB 5년은 한국사회의 그런 취약성을 충분히 보여줬다. 그 자체도 문제일뿐더러, 불행히도 박근혜가 그리는 국가상은 아직도 자신이 퍼스트레이디를 했던 70년대에 머물러 있는 것 같다. 최근 성폭력 등 강력범죄가 큰 이슈가 되자 100일 동안 '범국민특별안전기간'을 정하자고 한 것이나(100일 뒤에는 어쩌자는 것인지 무척 궁금하다. 이 100일은 대략 대선기간과 겹친다), 국민행복시대를 열기 위해 '국민행복추진위원회'를 만들겠다(후보수락 연설문)고 한 것은 박근혜의 '70 스타일'을 여실히 보여준다. 전반적인 인식의 수준이 5년 전 MB의 한반도 대운하에 맞서, 이른바 '열차

페리'를 공약으로 들고 나왔던 수준에서 아직 크게 벗어나지 못한 것 같다.

하지만 국민들은 박근혜의 이런 모습에 대체로 호의적인 것으로 보인다. 국민들은 박근혜의 위장과 변신을 전혀 모르는 것일까? 그렇지는 않을 것이다. 국민들은 지난 총선 과정에서와 마찬가지로 분칠이라도 하는 그 모습 자체에 나름 점수를 주고 있다. 그것이 일종의 정치적인 '쇼'인 것을 알면서도, 그런 '쇼'라도 하는 정성을 평가한다는 말이다.

야권후보들 그 뻔한 '쇼'라도 좀 보여줘야

그렇기 때문에 지금 야당이 박근혜의 이른바 '대통합 행보'에 대해 일일이 왈가왈부하는 것은 오히려 '박근혜 쇼'의 노이즈 마케팅을 도와줄 뿐이다. 특히 민주당의 대선후보로 가장 유력한 문재인 후보가 경선 TV 토론회에서 박근혜를 공격하는 데에 많은 시간을 할애하는 것은 지극히 아마추어적인 선거전략으로 보인다. 문재인이 하는 말의 주어에 '나(문재인)'보다 '박근혜'가 더 많은 것은 박근혜에게 이로울 뿐이다. 유권자의 눈에는 자신의 이야기는 없고 남의 말꼬리만 잡는다고 비치기 때문이다. 우리는 문재인에게서 문재인의 이야기를 많이 듣고 싶어 하지 굳이 그에게서 박근혜의 이야기를 많이 들을 이유는 없다.

국민들은 야권후보들도 그 뻔한 '쇼'라도 해주는 정성을 보고 싶어 한다. 그것이 옳은 현상이냐 아니냐는 따져볼 여지가 있을 수도 있지만, 적어도 지금 국민들이 기대하는 소통의 프로토콜이 그런 성의와 정성이라는 점을 이해할 필요는 있다.

앞으로 대선까지 꼭 100일 남았다. 이번 대선의 가장 큰 변수라는 안철수도 조만간 입장을 정리할 것으로 보인다. 하지만 여전히 박근혜는 가장 유력하고도 강력한 대선후보이다. 국민의 한 사람으로서 박근혜라는 후보에 대한 지지 여부를 떠나, 가장 유력한 대선후보가 여전히 '70 스타일'에 머물러 있는 현실은 무척 안타깝다. 100퍼센트 본심은 아니더라도, 어느 정도 '쇼'가 가미되더라도 한국의 보수가 새 시대에 맞게 진화하는 것은 우리 국민 모두를 위해서도 바람직한 일이다. 지금 우리는 이미 21세기를 '강남스타일'로 살고 있지 않은가. 박근혜에게서 "그런 반전 있는 여자"의 모습을 볼 수는 없을까? 물론 난 아직도 커피가 식기도 전에 원샷 때리지는 못하지만, 적어도 "근육보다 사상이 울퉁불퉁한 사나이"의 범주에는 확실히 속하는 것 같다.

제자리 맴도는 '박근혜, 문재인, 안철수' 실망스럽다

2012.10.17.

대통령 선거가 두 달여 앞으로 성큼 다가왔다. 이번 대선은 제3후보가 가장 유력한 후보로 부상했다는 점에서 그 유래를 찾기 어렵다. 문재인과 안철수의 야권 후보단일화는 1987년 양김의 단일화 실패 이래 가장 중요한 대선 변수로 떠올랐다. 일각에서는 후보단일화가 후진적인 정치 행태이기 때문에 배격되어야 한다는 주장도 있지만, 결선투표가 없는 한국의 상황에서는 항상 제3후보의 출현과 후보단일화의 개연성이 상존할 수밖에 없다.

제도의 미비로 민의가 선거에 충분히 반영되기 어렵다면 우선은 그 제도부터 고치고 볼 일이다. 선거시간 연장 논란도 마찬가지이다. 돈이 좀 더 들고 행정력이 더 소모된다는 이유로 공민권 확대를 안 할 거라면, 아예 옛날처럼 저렴한 체육관 선거로 돌아가는 게 낫다.

국가와 결혼한 '근혜공주가', 침몰하는 공화국

답답한 빅3 후보

그런 한계가 있긴 하지만, 추석 연휴가 지나고 본격적인 선거전이 펼쳐지고 있는 지금의 상황을 돌아보면 온갖 선거공학적인 논의만 난무할 뿐 우리의 미래에 대한 진지한 고민은 별로 찾아볼 수가 없다. 그나마 후보단일화 논란에서 비껴나 있는 박근혜나 새누리당은 최근 노무현-김정일 대화록 논란에서 보듯이 아직도 '노무현 탓'을 가장 중요한 선거전략으로 삼은 듯하다.

문재인은 남북문제나 군사안보 관련 정책공약을 발표했지만 지난 참여정부에서 한 발짝도 못 벗어난 느낌이고 안철수는 여전히 현안에 대한 교과서적인 답변 수준에서 맴돌고 있다. 대통령 선거는 단순히 지도자 한 명을 뽑는 이벤트가 아니라 우리의 과거와 현재를 돌아보고 미래를 설계하는 자리이다. 지금 당장 우리 삶을 옥죄는 현안들을 해결하는 것도 중요하지만, 그런 문제들이 생길 수밖에 없는 근본적인 원인들을 살펴보는 것, 지금 우리가 어디에 서 있는지를 가늠해보는 것, 그리고 앞으로 우리는 어디로 가야 하는지를 제시하는 것도 지도자가 해야 할 일이다. 이런 기준에서 본다면 박근혜, 문재인, 안철수 등 이른바 지금의 빅3 후보는 모두 낙제점이다.

누구나 한 번쯤 들어봤을 법한 질문, 산업화와 민주화 그다음은 무엇일까? 아니, 무엇이어야 할까? (개인적으로는 산업화라는 말은 군사독재의 치부를 덮는 역할을 하기 때문에 그다지 적절한 단어라고는 생각하시 않는다.) 가장 흔한 대답은 선진화이고 요즘 유행하는 대답은 복지화이다. 빅3 후보들의 답변도 크게 다르지 않다. 경제민주화와 복지 확대, 정치 쇄신 모두 이 틀을 벗어나지 않는다.

산업화와 민주화, 다음은 무엇?

그런데 좀 더 근본적으로 국가란 과연 무엇인가, 우리는 우리의 나라 대한민국을 어떤 국가로 만들어야 하는가라는 수준에서 생각해보면 빅3의 이런 답변은 대단히 피상적이고 즉자적이다. 한국의 근현대사를 조망하며 역사를 인식하는 깊이와 통찰이 거의 느껴지지 않는다. 5년짜리 대통령에게 너무 큰 요구를 하는 게 아니냐고 할지 모르겠지만, 한국은 이미 세계 10대 경제대국이다. 대통령이 5년 동안 어떤 관점에서 어떤 결정을 내리느냐에 따라 우리의 현재와 미래가 현격하게 바뀔 수 있다.

한 국가를 하나의 온전한 국가로서 제대로 운영하려면 무엇보다 '자기완결성'에 대한 개념이 있어야 한다. 달리 말하자면 국민의 생명과 재산을 지키고 각 개인이 자아를 실현할 수 있도록 하기 위해 인위적으로 만든 하나의 완결적인 구조가 국가이다. 그런데 우리의 생명과 재산을 지키고 우리의 자아를 실현하려면 기본적으로 그에 필요한 영토와 자원(특히 식량 자원과 에너지 자원)을 확보해야만 한다. 이를 외부의 위협에 맞서 수호하는 물리력은 군대의 형태로 실물화되고, 자원의 확보와 배분은 경제활동으로 드러난다. 또한 현실의 모든 국가는 혼자서 이 모든 문제를 해결하기가 불가능하므로 외교를 통해 서로의 부족함을 채워 완결성을 높인다. 자기완결성이 높은 국가에 별도의 이름이 필요하다면, 나는 '문명국가'라는 표현이 가장 적절하다고 생각한다.

현대적인 국가를 제국주의 식민지하에서 타국 땅의 임시정부로 시작해야 했던 한국은 자기완결성을 거의 갖추지 못했다. 산업화와 민주화를 거치면서 이제는 어엿한 중견국가가 되었지만, 그 태생적 한계에 따른 취약함은 여전히 많이 남아 있다.

가장 대표적인 것이 군사권이다. 군사권에 관한 한 한국은 자기 완결적이지 못하다. 전쟁을 개시하거나 종료할 권한(한국은 불행히도 한국전쟁의 정전협정 당사자가 아니다)이 아직 우리에게는 없다. 한국 군의 가장 큰 문제는 낙후된 무기나 짧은 미사일 사거리가 아니라, 독자적인 군사작전을 수행할 능력이 없다는 점이다.

자원 확보는 어떨까? 한국의 곡물자급률은 22.6퍼센트에 불과하다. 유엔은 이상기후 등의 이유로 2013년 식량 위기를 경고했다. 국내 농산물 가격이 폭등하면서 지금 우리는 외국산 삼겹살을 상추를 싸 먹어야 할 지경이다. 에너지 자원은 원래부터 취약했다. 중동이 불안하면 유가에 따라 나라 경제가 들썩거린다. 이 둘은 모두 한국에서 사양길에 접어든 1차 산업과 관련이 깊다. 선진 문명국가일수록 1차 산업이 강한 것은 자원 확보에서의 자기완결성이 높기 때문이다.

또 다른 중요한 (아마도 가장 중요한) 자원인 인적자원도 우리 자체의 완결적인 구조 속에서 키워내지 못한다. 보육비나 교육비 때문에 아이 낳기가 겁나는 게 지금 우리의 현실이다. 좀 사는 집치고 자기 자식들을 외국에 안 보내는 경우가 거의 없다. 자기가 길러낸 국내박사는 외국박사에 비하면 인간 취급을 못 받는다. 전문적인 학과 내용은 한국말이 아니라 영어로 배워야만 제대로 배웠다고 생각한다. 한국에서 노벨 과학상이 아직 못 나오는 이유도 비슷하다. 노벨상을 수상하려면 과학적 성과에 대한 오리지널리티originality가 있어야 하는데, 학문적 자기완결성이 취약한 한국에서는 그 오리지널리티를 확보하기가 지극히 어렵다.

이런 면에서 한국은 아직 번듯한 문명국가라고 말하기가 무척 부끄럽다. 해방된 뒤 내전을 치르고 절대빈곤을 벗어나 민주화를 하느라 우리는 우리의 문명에 대한 고민을 하지 못했다. 누가 산업화와 민주화를 거쳐 한국이 지금 어디로 가야 하는지 묻는다면, 나는 지체 없이 문명국가 또는 문명사회의 건설이라고 대답할 것이다. 그리고 문명국가의 요체는 높은 수준의 자기완결성이다.

문명화 척도로서의 자기완결성이라는 시각으로 사회 현안을 들여다보면 한국사회의 야만적인 속성이 속속 드러난다. 2012년 현재 한국의 최저임금은 시간당 4,580원, 월 96만 원이 채 안 되는 수준이다. 이 돈으로 한국사회에서 문명인으로서의 자아를 실현하며 살아갈 수 있을까? 이런 질문 자체가 쓴웃음을 짓게 한다. 많은 대학생에게는 이제 그 본분이 학업이 아니라 알바가 되어버렸다. 졸업해도 취직은 어렵고, 집값이 많이 내렸다고는 하지만 내 집 마련은 여전히 쉽지 않은 꿈이다. 행여 큰 병에 걸리거나 갑자기 실직이라도 하면 가정이 파괴되는 것은 순식간이다. (쌍용차 사태를 보라.)

'착취사회' 해결할 철학과 비전 보여야

빅3 후보들은 너나없이 일자리를 많이 만들겠다고 하지만(물론 일자리를 많이 만드는 것은 중요한 일이다), 한국사회의 이런 총체적인 모순을 조망하지 않는다면 이들의 정책은 땜빵식 대안이 될 수밖에 없다. 당장에 모든 문제를 해결할 수는 없겠지만, 지도자가 어떤 철학과 비전을 갖고 있느냐, 국민 개개인이 문명인으로서 자아실현을 할 수 있는 시스템을 고민하고 있느냐 아니냐에 따라 우리 사회의 모습은 크게 달라질 것이다.

최저임금의 예에서도 알 수 있듯이 한국사회는 아직도 저가의 노동력에 기초한 '싸구려 사회'이다. 이는 다른 지적노동에 대해서도 마찬가지인데, 예를 들어 최근 전 세계적으로 인기를 얻고 있는 가수 싸이의 국내 음원수익이 고작 3,600만 원 정도라고 한다. 정부가 정한 음원 단가가 60원밖에 안되기 때문에 대형 기획사도 음반만으로는 자기완결적인 사업을 굴리기가 벅차다는 말이다. 말이 좋아 '싸구려 사회'이지, 정확하게 말하자면 '착취사회'에 가깝다.

이 모순을 근본적으로 해결하기 위해서는 인간의 노동력 자체가 정당한 가치를 인정받는 시스템을 만들어야 한다. 이것이 문명사회의 출발점이다. 하지만 점진적으로라도 시스템을 바꾸는 데에는 상당한 고통이 따를 수밖에 없다. 따라서 이를 위해서는 우리 사회 전반에 걸친 일종의 대타협이 필요하다.

대선정국은 그런 대타협을 논의할 수 있는 가장 좋은 시기이다. 정말로 믿을 만한 대선후보라면 자신의 철학과 비전을 제시하고 그것을 이루기 위한 현실적인 고통과 비용에 대해 객관적이고 솔직한 정보를 공개해 사회적인 논의를 촉발하고 적극적으로 합의를 중재해야 한다. 안타깝게도 지금의 빅3 후보에게서 이런 모습을 찾기 어렵다.

지금 우리가 어떤 문명국가를 건설할 것인가 (아니면 그냥 야만적인 상태로 남아 있을 것인가) 하는 문제는, 물론 지금 우리의 선택에 전적으로 달려 있지만, 먼 미래의 제삼자는 우리를 편의상 '한글문명'

이라고 부를지도 모르겠다. 문명의 역사는 기록의 역사이고, 기록문
명에 관한 한 다라니경이나 금속활자부터 한글과 조선왕조실록에
이르기까지 꽤나 할 말이 많은 우리이고 보면 이 작명도 그럴듯해
보인다.

그런데 막상 우리가 건설할 문명사회가 결국에는 어떤 형태로든
한글문명으로 외부에 인식될 것이라면, 애초에 지금부터 우리가 '한
글문명권'을 염두에 두는 것이 현명한 처사일 것이다. 이렇게 되면
북한이나 조선족의 문제도 하나의 문명사적인 관점에서 자연스럽게
조망하게 된다.

대북정책 핵심 과제는 군사적 긴장의 완화

대북정책과 관련한 가장 핵심적인 과제는 물론 군사적 긴장을 완
화하는 것이다. 북핵을 해결하기 위한 6자회담도 중요한 문제지만,
예컨대 군대나 국방에 대한 자기완결적인(주한미군 같은 문제 때문에
100퍼센트는 안 되겠지만) 비전을 가진 지도자라면 북한의 김정은 정
권에 획기적인 재래식 무기 감축 협상을 제안할 수도 있을 것이다.

장기적으로 봤을 때 북한경제가 중국경제로 포섭되느냐 남한경
제로 포섭되느냐 하는 것도 동북아 전체의 역관계에 큰 영향을 미칠
것이다. 단적인 예로 우리 통계청이 추정한 북한의 지하자원 매장량
만 해도 최소 7,000조 원에 달한다. 북한의 노동력까지 생각해본다
면, 실속 없는 자원외교 한답시고 굳이 지구 반대편까지 갈 이유가
없다.

선거가 중반으로 접어든 만큼 앞으로 각 후보 진영에서는 본격

적으로 정책과 공약들을 쏟아낼 것이다. 이미 대세론이 무너진 박근혜는 박근혜대로, 후보단일화에서 유리한 고지를 점하려는 문재인과 안철수는 또 그들 나름대로 메가톤급 공약에 대한 유혹을 뿌리치기 힘들 것이다. 이달 26일로 예정된 나로호의 발사 성공 여부가 하나의 분기점이 될지도 모르겠다. 5년 전 대선에서 민주당의 정동영 후보가 달 탐사 추진을 공약했던 점을 감안한다면, 획기적인 우주개발이나 대규모 과학프로젝트 공약도 난무할 수 있다. 항공우주산업 육성이니, 차세대 성장동력이니, 고급 일자리 창출이니, 하는 식으로 우리의 눈과 귀를 유혹할 문구들이 벌써부터 예상된다.

나의 관점에서 보자면, 문명사회에 대한 고민이 전혀 반영되지 않은 그런 공약들은 거의 모두 사기에 가깝다. 후보들도 유권자들도 이제부터는 한국사회의 미래에 대한 큰 그림과 우리가 추구해야 할 '가치'에 대해 좀 더 격이 높은 논의를 시작해야 하지 않을까? 선택의 순간까지 우리에게 주어진 시간이 이제는 그리 많지가 않다.

일본 극우파와 박근혜가 나란히? 그것만은…

2012.12.3.

아베 신조安倍晋三. 1954년 도쿄 출생으로 2012년 현재 58세인 그는, 9월 26일 일본 자민당 총재로 선출되었다. 아베 신조가 자민당 총재가 된 것은 이번이 두 번째이다. 2006년 9월 20일 당시 고이즈미 준이치로小泉純一郎 총재의 후임으로 자민당 총재에 당선된 뒤 공교롭게도 똑같은 날인 9월 26일 일본의 90대 총리로 취임하였다. 9월 26일과 인연이 깊은 아베는 총리 취임 꼭 1년 뒤인 2007년 9월 26일 갑작스럽게 총리직을 사임했다.

아베의 부인인 아키에昭惠는 '욘사마'의 광팬으로서 열렬한 한류 팬인 것으로 알려져 화제가 되기도 했다. 또한 아베의 집안은 원래 임진왜란 이후 한반도에서 건너간 조선인의 후예라는 보도가 나오기도 했다. 하지만 아베는 일본 안에서도 대표적인 극우파 정치인으로 꼽힌다.

아베는 고이즈미 총리 시절 관방부장관으로 고이즈미의 북한 방

국가와 결혼한 '근혜공주자가', 침몰하는 공화국

문을 수행했는데, 이후 일본인 납치 문제에 강경한 입장을 취하면서 일본 내 인기가 올라갔다. 총리로 재임할 때는 방위청을 방위성으로 승격했고 과거사를 부정했다. 2006년 12월에는 애국교육을 강조하며 교육기본법을 개정했고, 2007년 3월 종군위안부의 강제연행을 공개적으로 부인했다.

2006년 자민당 총재 경선에 나섰을 때는 야스쿠니 신사참배에 대해 "갈 것인지 말 것인지는 외국의 지시에 따르는 것이 아니다"라고 밝혔다. 하지만 총리에 재임하던 1년 동안에는 주변국을 의식해서인지 신사를 참배하지는 않고 공물을 대신 바치기도 했다. 그런 그가 2012년 10월 9일 자민당 전국 간사장 회의에서 "총리 임기 중에 야스쿠니신사를 참배하지 못한 것은 통한"이라고 하더니 10월 17일 급기야 야스쿠니를 참배하기에 이른다.

"오른쪽으로 치우쳐도 너무 치우쳤다."

아마도 이 말이 아베를 가장 잘 표현한 말일 것이다.

조선인의 후예가 일본의 대표적인 극우 정치인이라는 사실이 우리에게는 역사의 아이러니로 비치겠지만, 아베의 가까운 선조를 살펴보면 그의 극우 성향은 당연한 면이 있다. 그가 2006년 총리로 취임했을 때 이미 알려졌듯이, 아베의 외조부는 A급 전범으로 체포되었다가 극적으로 풀려난 기시 노부스케岸信介였다. 기시가 풀려난 날은 도조 히데키東條英機 등 일곱 명의 전범이 처형된 다음 날인 1948년 크리스마스 이브였다. 그렇게 처형된 일곱 명의 전범, 그리고 감옥에서 죽은 일곱 명의 전범의 위패를 모은 곳이 바로 야스쿠니 신사이다.

기시는 1936년에 만주국의 산업부 차관을 지내며 이른바 통제경제를 실험한 인물로 통한다. 기시가 만주에서 행했던 중요한 정책 중하나는 1939년 총무청 차장으로 승진한 뒤에 추진한 만주국 산업개발 5개년 계획이었다. 이후 일본 도조 내각에서 상공대신을 지내기도 했던 기시는 1957년부터 1960년까지 일본의 총리를 지냈다.

기시 노부스케를 보며 박정희를 떠올리다

기시 노부스케의 행적을 보면서 박정희를 떠올리는 사람이 나만은 아닐 것이다. 잘 알려진 대로 박정희는 교직을 버리고 만주군관학교에 지원했다. 1차에서 탈락한 뒤에는 '한 번 죽음으로써 충성함—死以テ御奉公 朴正熙'이라는 혈서를 쓰기도 했다. 이 내용은 《만주일보》가 1939년 3월 31일자로 보도했는데, 공교롭게도 기시 노부스케가 만주국 총무청 차장으로 승진했을 무렵이었다. 그 뒤 박정희는 일본 육군사관학교에 편입했고 졸업한 후 1944년 12월 만주군 소위로 임관했다.

일본이 패망한 뒤에도 한국에서나 일본에서나 이른바 '만주인맥'이 박정희와 기시 노부스케에게 큰 도움이 되었다. 박정희가 여순반란사건 관련 남로당 프락치로 체포돼 처형될 위기에 처하자 그를 구해준 것은 박정희의 만주군관학교 선배였던 백선엽이었다. 그런 박정희가 5·16 쿠데타 직후 일본에서 기시 노부스케를 만났을 때는 감회가 남달랐을 것이다. 둘의 첫 만남은 박정희가 대통령이 되기

전이었다.

1961년 일본을 처음 방문한 박정희는 기시에게 유창한 일본어로 자신이 군사반란을 일으킨 것은 일본의 메이지유신 지사를 떠올리며 구국의 일념에 불탔기 때문이라는 취지로 말했다. 이 방문 때 박정희가 만주군관학교 시절 교장이었던 나구모 신이치로南雲親一郎 중장에게 큰절을 올린 것은 '만주인맥'들에게는 아마도 자연스러운 일이었을 것이다(《한겨레》,「[한홍구의 유신과 오늘] ④ 유신의 정신적 뿌리」, 2012.3.9.).

이후 기시 노부스케는 막후에서 한일협정을 체결했을 뿐만 아니라 박정희 시절 내내 한일관계에서 큰 역할을 했다. 박정희는 이런 기시 노부스케에게 1970년 6월 18일 일등수교훈장을 수여했다.

우리가 아베의 재집권을 우려하는 것은 단지 그가 A급 전범의 후손이기 때문이 아니다. 물론 그가 전범의 후손이라는 사실만으로도 주변국이 걱정과 우려를 하는 것은 인지상정일 수 있다. 선대의 잘못은 후손과 아무런 상관이 없고, 연좌제를 적용해서는 안 된다는 것을 알면서도 우리는 선대의 악행이 그대로 후대에 전승되지나 않을까 걱정이 앞서게 마련이다. 왜냐하면 후손이 선조의 잘못을 반성하고 그런 일을 되풀이하지 않는 경우가 극히 드물기 때문이다. 아니, 선대의 행위가 잘못된 일이라고 자각하거나 인식하는 일조차 쉽지가 않다.

만약에 A급 전범의 손자인 아베가 일본의 과거사를 진심으로 반성하고 평범한 정치인보다도 더 적극적으로 과거청산과 피해배상에 나선다면, 아마도 'A급 전범의 후손 아베'라는 호칭은 우리에게 전혀 다른 의미로 다가올 것이다. 하지만 현실의 아베는 그와는 정반대, 즉 우리의 세속적인 우려에서 한 치도 벗어나지 못하는 모습을 보이고 있다.

'A급 전범'의 후손 아베와 박정희의 딸 박근혜

아베의 사명은 헌법 개정이다. 그의 외조부였던 기시 노부스케는 총리 시절 일본의 평화헌법 개헌과 일본식 자주국방을 추진하기도 했으니, 일종의 가업인 셈이다. 아베는 지난 2006년 선거에 나섰을 때도 개헌을 중요한 공약으로 내세웠다. 오는 12월 16일 총선을 앞두고 아베 자민당 신임총재는 전쟁 및 군대보유를 금지한 현행 평화헌법 9조를 개정해 국방군을 보유하겠다고 공약했다. 이는 집단적 자위권을 행사하겠다는 공약과 맞물려 있는 것으로 보인다.

이런 공약들이 과거사를 부정하는 아베의 태도와 결부돼 있다는 것이 더욱 큰 문제이다. 아베는 미흡하나마 과거사에 대해 반성하는 내용을 담은 이전 총리들의 담화(고노 담화 등)를 아예 인정하지 않겠다고 하는가 하면 다케시마의 날을 정부행사로 격상시키며 일본군 위안부의 존재를 부정하는 외국 홍보를 강화한다는 공약도 발표했다. 역시 A급 전범의 후손다운, 가히 극우 공약의 집대성이라 할 만하다.

A급 전범 기시 노부스케의 손자인 아베 총재(총선 승리로 총리가 확실시되는)를 바라보는 우리의 마음이 불편한 또 하나의 이유는, 메이지유신의 정신으로 쿠데타를 일으켜 A급 전범 기시에게 외교훈장까지 수여했던 박정희의 딸이 한국 대선에서 가장 유력한 후보이기

때문이다.

외신들은 벌써부터 이 '독재자의 딸'에 관심이 많다.《뉴욕타임스》는 박근혜를 "독재자의 딸"이라고 썼고, 영국의 BBC는 한국의 이번 대통령 선거를 "독재자의 딸과 인권변호사의 대결"이라고 보도했다. 박근혜를 "독재자의 딸"이라고 보도한 언론은《르몽드》, 로이터, AP, AFT 등 유수 언론사를 망라한다(관련 기사:《오마이뉴스》, 「로이터도 박근혜를 "독재자의 딸"로 표현」, 2012.7.6.).

이렇게 외신들이 잇따라 약속이나 한 듯이 박근혜를 "독재자의 딸"이라고 쓴 것은 'A급 전범의 손자 아베'를 바라보는 우리의 걱정스러운 시선과 똑같은 이유에서일 것이다. 만약 박근혜가 부친이 주도했던 잘못된 과거사를 올바른 역사관으로 똑바로 직시하고 그 물줄기를 제대로 돌리기 위해 그 누구보다 노력해왔다면, '독재자의 딸'이라는 외신들의 호칭은 오히려 존경의 표현이었을 것이다.

불행히도 박근혜의 길은 아베의 길과 본질적으로 다르지 않아 보인다. 아베만큼 노골적이지는 않지만, 박근혜는 여전히 5·16 쿠데타나 유신체제가 '잘못된 일'이라는 인식을 갖고 있지 않다. 그 대신 그 과정에서 피해를 입은 사람들에 대한 위로와 '보상'(국가배상이 아닌)만 말할 뿐이다. 가해행위가 역사의 죄악이라는 자각이 없는 셈이다.

야당 후보에게 연일 NLL 사수 의지가 있는지를 묻는 박근혜는 정작 권력 찬탈을 위해 해병대와 특전사는 물론 휴전선을 지키던 포병부대까지 서울로 끌어들인 자기 부친은 '불가피한 선택'을 했다고 옹호한다. 야당 정부는 이념논쟁만 일삼는다는 '이념공세'가 다시 되살아났다. 경제민주화나 재벌개혁도 은근슬쩍 사라져버렸다. 쇄신의 화장발이 거추장스러웠던지 이제는 완전히 '70 스타일'로 돌아간 느낌이다. "독재자의 딸"이라는 외신기사 제목을 바라보는 우리의 마음이 편치 않은 데에는 다 이유가 있다.

동북아에 '만주인맥' 다시 부상하나

일본의 총선은 오는 12월 16일 치러진다. 한국의 대선은 꼭 3일 뒤이다. 일본에서는 아베 총재가 이끄는 자민당의 승리가 거의 확실시된다고 한다. 한국에서는 박근혜 후보가 가장 유력하니, 지금으로서는 동북아에서 이른바 '만주인맥'의 후손들이 다시 정치권력의 전면에 부상할 가능성이 매우 높다. 문제는 이들이 단지 핏줄로만 '만주인맥'의 후손일 뿐 아니라 비뚤어진 역사관까지 제대로 물려받았다는 점에서 심각성이 크다.

극우파의 대표적인 인물이, 그것도 A급 전범의 손자가 이웃나라 일본의 총리가 된다는 사실을 우리가 마뜩찮아 하는 것은 상식에 속하는 일이다. 일본 국민들이 좀 더 현명한 선택을 했으면 하고 바라는 것이 아마 이번 선거만은 아닐 것이다. 하지만 우리가 인간 심성의 보편성을 믿는다면, 우리 주변에는 '독재자의 딸'이 대한민국의 대통령이 될지도 모른다는 사실을 불편해하는 사람들도 분명히 있을 것이다. 지금까지 일본 국민들의 선택이 마뜩찮았다면, 그와 똑같은 기준으로 우리 스스로를 한번 돌아보는 것은 어떨까? 우리는 '독재자의 딸'을 선택해야만 하는, 꼭 그래야만 하는 필사적인 이유가 있는 것일까? 동북아의 이런 극우적인 흐름을 제어하기 위해서라도 우리는 다른 선택을 해야 하는 건 아닐까?

만약 '독재자의 딸'이 대통령에 당선되면 외신들은 다시 똑같은 단어로, 그러나 지금보다 훨씬 더 크게 보도할지 모른다. 비유컨대 그들의 눈에는 마치 나치의 후예가 권력을 잡은 것마냥 우리를 보지 않을까?

"오른쪽으로 치우쳐도 너무 치우쳤다."

'70 스타일'로 복귀한 지금의 박근혜를 보면 아베 신조를 평가한 이 한마디가 문득 떠오른다. 이제는 외신들이 박근혜를 보고 이런 평가를 하지 않을까 싶어서, 그리고 그 평가가 진실이지 않을까 싶어서, 나는 두렵다.

+ 태평양 전쟁의 A급 전범이었던 기시 노부스케가 아베 현 일본 총리의 외조부이며, 대한민국에서 외교훈장까지 받았다는 사실을 아는 사람은 많지 않은 듯하다. 아베 총리를 대하는 박근혜 대통령의 심정은 어떨까? 지난 2015년 12월 말에 한일 간 일본군 위안부 문제 협상이 타결되었다. 이에 따른 결과인지는 모르나, 한국의 외교부가 소녀상을 철거하라는 공문까지 하달하는 사태까지 벌어지고 있다. 역사를 왜곡하는 일본에게 과거를 반성하고 진실을 직시하라는 우리의 주장을 스스로에게 비춰보면 어떨까? 청산되지 않은 역사는 여전히 현재진행형이다. 박근혜-최순실 게이트의 뿌리도 결국 박정희 군사독재 시절에서 찾을 수 있다.
'70 스타일'로 복귀한 박근혜 대통령은 이 글에서 우려했던 대로 "오른쪽으로 치우쳐도 너무 치우쳤다". 다만 우리 눈앞에 펼쳐진 현실은 그때의 우려보다 훨씬 더 심각했다.

'햄버거 사건 박근혜', 이 정도인 줄 몰랐다

2012.12.16.

2012년 제18대 대통령 선거는 한국의 보수와 진보가 거의 일대 일로 집결하여 대격돌을 벌이는, 유래없는 건곤일척의 승부로 치닫고 있다. 이번 대선은 한국 보수의 아이콘이라고 할 수 있는 박근혜가 대선 후보로 전면에 나섰기 때문에, 한국의 보수 전반에 대한 유권자의 정치적인 평가가 내려진다는 점에서 역사의 분기점으로 기록될 가능성이 높다. 어느 대선인들 여야가 사활을 걸지 않을까마는, 이번 대선에 걸린 '판돈의 무게'를 감안한다면 여와 야, 보수와 진보는 아마도 사생결단의 심정으로 대선에 임하고 있을 것이다.

그러나 '큰 판에 명국 없다'라는 바둑 격언처럼, 이번 대선은 건곤일척의 승부에 비해 그 내용이 상당히 실망스럽다. 지난 정부 5년에 대한 평가가 철저하게 이뤄지는 것도 아니고, 그렇다고 새로운 한국사회의 비전을 놓고 치열하게 맞서지도 못하고 있다. 유권자의 입장에서 봤을 때는 후보 선택의 기준, 또는 왜 특정 후보를 지지해야

국가와 결혼한 '근혜공주자가', 침몰하는 공화국

하는가 하는 이유와 동기가 상대적으로 부족하다. 이슈도 쟁점도, 화제가 되는 공약도 없는, 그렇지만 한국 현대사에서 대단히 중요한 선거가 지금 진행 중이다.

제대로 된 '박근혜 검증'은 없었다

왜 이런 상황이 벌어졌을까? 여기에는 여러 가지 이유가 있을 것이다. 그중에서 이번 선거의 역사적인 의미를 규정하는 일차적인 원인이 박근혜 후보임에도, 정작 박근혜 후보가 유권자들에게 알려진 바가 거의 없다는 점에 유의할 필요가 있다. 박근혜는 1970년대 유신 시절의 퍼스트레이디였고 한국의 대표적인 보수 정치인으로서 대중적으로 가장 잘 알려진 인물이기에 이 사실은 조금 당혹스럽기까지 하다.

박근혜의 본 모습이 가장 잘 드러난 것은 지금까지 두 차례 있었던 대선후보 TV 토론에서였다. 1차 TV 토론회를 보고서야 박근혜가 '다카기 마사오高木正雄'(박정희 전 대통령이 일본 육사에서 복무할 때 사용한 이름)의 딸이었음을 알았다는 사람들을 주변에서 어렵지 않게 찾아볼 수 있다. 정치에 상당히 관심이 많은 나조차도 2차 TV 토론을 보고서야 박근혜가 세금을 내지 않았다는 사실을 알게 되었다. 이것은 무엇을 뜻하는가? 지금까지 우리는 박근혜를 한 번도 제대로 '검증'한 적이 없었다는 것 아닐까?

5년 전 한나라당의 대통령 경선 후보였고 그 뒤 계속해서 한나라당의 2인자로 살아왔음에도, 그리고 지금은 새누리당의 대선 후보로 나섰음에도 그 오랜 세월 동안 제대로 된 '박근혜 검증'은 단 한 번도 없었다.

이는 대단히 모순적인 사실이다. 문재인과 안철수가 대선판에 본격적으로 뛰어들었을 때, 새누리당과 보수언론은 한목소리로 '고강도 검증'을 예고했다. 실제로 문재인과 안철수는 저축은행 청탁 의혹이나 다운계약서 작성 등 털어서 먼지 나올 때까지 검증이 계속됐다.

만약 언론에서 미리 박근혜를 그렇게 고강도로 검증했더라면 박근혜 후보가 세금을 내지 않았다는 중요한 사실을 투표일을 열흘도 남겨두지 않은 시점에서야 알게 되는 비극은 없었을 것이다. 박근혜 입장에서도 미리 고강도 검증을 받았더라면 공중파 TV 토론에서 자신의 의료정책이 무엇인지 정확하게 몰라서 우왕좌왕하는 모습을 보이지는 않았을 것이다. 하지만 우리는 한국의 언론이 박근혜를 그렇게까지 고강도로 검증하지 않으리라는 점을 잘 알고 있다. 원래 그들의 편에서 그들과 함께 권력을 향유했던 신문사들과, MB정부의 하수인들이 낙하산으로 내려와 점령해버린 공중파 방송사들이 '자기편 수장'을 몰아칠 리가 만무하지 않은가.

눈에 보이는 언론사뿐이 아니다. 우리 사회 곳곳에는 아직도 기득권층에 빌붙어 사욕을 탐하는 자들이 중요한 요소마다 자리 잡고 있다. 검찰과 국세청 같은 정부 기관은 물론이고 가장 공명정대해야 할 법원에서도 여전히 편파적이고 권력지향적인 법조인이 요직을 꿰차고 있다. 이른바 전문가라는 사람들도 예외는 아니어서, MB 정부 내내 말도 안 되는 논리로 4대강 이슈나 천안함 사건이 떠올랐을 때 혹세무민을 서슴지 않았다. 후보 간 TV 토론 뒤 종편 방송에 모여 앉아 낯 뜨거운 박근혜 찬양에 나선 것도 이들 '전문가'들이었다.

국가와 결혼한 '근혜공주자가', 침몰하는 공화국

정상적인 민주주의 국가라면 이런 말도 안 되는 상황이 특히나 중요한 선거를 앞두고 횡행하지는 않을 것이다. 지난 총선 결과를 분석하면서 밝혔듯이, 한국사회에는 여전히 '안나 카레니나의 법칙'이 강력하게 작동한다(《오마이뉴스》, 「두 개나 가진 박근혜, 이대로면 대선도 이긴다」, 2012.4.18.). 한마디로 말해, 보수는 열에 아홉을 잘못해도 눈감고 넘어가는 반면 진보는 열에 하나만 잘못해도 사단이 나는 불공정함이 한국사회에 만연해 있다는 것이다.

열거하기도 힘든 '이중잣대'

이런 이중잣대는 선거가 막판으로 치달으면서 더욱 기세를 올리고 있다. 박근혜의 국민대통합을 칭송하던 사람들이 문재인의 야권단일화나 거국내각은 야합이라고 비난한다. 노무현의 비서실장에게 책임을 묻겠다는 사람들이 유신의 퍼스트레이디한테는 아무런 말이 없다. 박근혜의 어설픈 과거 반성은 거룩하게 받드는 사람들이 문재인의 참여정부 반성을 보고 나서는 왜 대선에 나왔냐고 트집 잡는다. 정치적 반대자를 빨갱이로 몰았던 사람들이, 정권이 교체되면 이념논쟁만 일삼을 것이라고 비난한다.

문재인의 NLL 사수 의지가 의심스럽다는 사람들이, 박정희가 휴전선 지키던 포병부대 빼돌려서 육군본부를 장악한 것은 불가피한 선택이었다고 한다. 보편적 복지로 부자들에게까지 혜택을 줄 필요가 없다는 사람들이 부자증세에는 한사코 반대한다. 수십조 원에 달하는 복지예산은 어렵지 않게 확보할 수 있다는 사람들이, 투표시간 연장에 필요한 100억 원은 융통하지 못한다. 그렇게 철저하게 후보 검증을 하자던 사람들이 지난 13일에는 방송사의 양자 TV 토론을 끝내 거부했다.

이런 사례는 너무도 많아서 모두 여기에 옮겨 적기에는 지면이 부족할 지경이다. 과연 이것이 정상적인, 공정하고 공평무사한 대통령 선거인가? 왜 아무도 이런 거짓과 기만과 위선을 고발하지 않는 것인가?

한국사회의 이 어이없는 모순은 지난 4일 1차 TV 토론이 끝난 뒤 '다카기 마사오'가 인터넷 검색어 1위에 올랐던 일화에서도 여지없이 드러났다. 나는 그 현상을 보면서 문득 판타지 소설 해리포터 시리즈에 나오는 악의 화신 '볼드모트'가 떠올랐다. '볼드모트'는 모든 마법사들이 두려워해서 그 이름조자 제대로 부르지 못하는 존재였다. 그래서 그는 항상 '이름을 불러서는 안 되는 그 사람He who must not be named'으로 불렸다.

'다카기 마사오'는 적어도 한국사회에서 '이름을 불러서는 안 되는 그 사람'이었다. 박정희의 공과 과를 함께 평가하자는 사람들도 혈서를 쓰면서까지 만주군관학교와 일본육사를 나온 다카기 마사오를 평가하지는 않았다. 그가 태평양 전쟁의 A급 전범이었던 기시 노부스케에게 대한민국 훈장을 수여할 만큼 서로가 각별한 사이였다는 사실도 평가되지 않았다. 한일전이라면 자다가도 벌떡 일어나 온 국민이 응원하는 대한민국에서 어떻게 이런 일이 있을 수 있을까?

'다카기 마사오'가 검색어 1위에 오르는 모순

더욱 기가 막힌 상황은, 이 모든 일이 아직 당선도 되지 않은 박근혜 '후보'를 향해 벌어지고 있다는 점이다. 모르긴 몰라도 '당선자 박근혜'를 향한 기득권의 용비어천가가 이보다 덜하지는 않을 것이다. 권력자 주변에는 항상 거기에 빌붙어 기생하는 간신배가 득시글거리기 마련이지만, 문제는 박근혜가 이런 상황을 개선할 의지가 전혀 없다는 데 있다. 그것은 박근혜가 갖고 있는 지독한 특권의식 때문이다. 대한민국과 결혼했다는 박근혜는 스스로를 국가와 동일시하기 때문에 자신은 헌법을 초월한 위치에 있다는 착각을 종종 하는 것 같다. 스스로가 특별한 지위에 있다고 여기면 주위에서 그런 대접을 해주기를 바라게 된다.

불행히도 박근혜의 인생이 꼭 그러했다. 전여옥 전 의원이 인터뷰를 통해 밝힌 햄버거 가게 일화(어머니들과의 대화하기 위해 패스트푸드점을 찾았는데 박 위원장이 햄버거를 먹지 않고 있기에 '왜 먹지 않냐'고 물었더니 대답이 없다가, 보좌관이 포크와 나이프를 들고 오니 그제야 먹었다는 것)도 그렇거니와, 최근 화제가 되고 있는 박근혜의 천문학적인 호텔 사용 경비도 그 특권의식의 단면을 적나라하게 보여준다. 박근혜 입장에서는 주위 사람들이 '알아서 모시는 것'에 대단히 익숙할뿐더러 그것을 당연하게 여긴다고밖에 느껴지지 않는다.

박근혜가 자신이나 부친의 행위에 죄의식을 느끼지 못하는 것도 이 때문이다. 군사쿠데타와 유신체제가 불가피한 선택이었는데, 그까짓 6억 원이나 성북동 집이나 정수장학회가 대수겠는가. 지난 총선 때 이른바 '카퍼레이드'로 선거법을 조금 위반한 것이 뭐 그리 큰 문제가 된단 말인가.

당권을 잡은 뒤 이미 '여의도 대통령'으로 불렸던 박근혜가 이번 선거에서 승리하면 그것은 누군가 지적했듯이 '유신공주의 여왕님 즉위'가 될 것이다. 대한민국이 민주공화국이라는 말이 더욱 새삼스러워진다.

+ 박근혜-최순실 게이트가 터졌을 때, 너도나도 "박근혜 대통령이 이렇게까지 할 줄은 몰랐다"라는 말을 내뱉었다. 뒤집어서 말하자면 우리는 박근혜 대통령을 너무 몰랐다. 이런 사태를 피하기 위해서 꼭 필요한 과정이 후보 검증이다. 이 기사는 2012년 대선을 3일 앞둔 시점에서 박근혜 후보 검증 문제를 제기했다. 사실 선거 3일 전이면 이미 너무 늦은 시점이다. 흔히 대선후보 검증 과정을 "혹독하다"라고 표현하는데, 왜 유독 박근혜 후보에게는 너그러웠을까?

국가와 결혼한 '근혜공주자가', 침몰하는 공화국

"독재자 딸 대통령", KBS·MBC 축하한다

2012.12.20.

제18대 대선에서 새누리당의 박근혜 후보가 승리해 사상 첫 여성 대통령으로 당선되었다. 2위 문재인 후보와의 표차는 득표율 기준으로 3.6퍼센트 포인트였다. 이번 대선은 보수와 진보의 일대일 구도로 치러진 건곤일척의 승부인 데다 대부분의 전문가가 박빙의 결과를 예상한 만큼 3.6퍼센트 포인트의 득표차는 의외의 결과라고 할 수 있다.

민주당의 안일한 선거전략

결과가 나온 뒤의 말이기는 하지만, 이번 대선은 상대적으로 민주당의 선거전략, 좁게는 득표전략에 선거 기간 내내 의문이 남는 선거였다. 민주당은 부산-울산-경남에서 40퍼센트를 확보하고 충청-강원-제주에서 박빙 열세라면 수도권 우세로 승리를 가져올 수 있다고 확신한 듯하다. 하지만 이는 대단히 안일한 계산이었다.

우선 호남 유권자는 대구-경북과 유권자 수가 거의 같아 전체의 약 10퍼센트를 이룬다. 이 두 지역에서는 특정 정당 지지율이 압도적으로 높다. 따라서 호남 전체가 대구-경북과 상쇄된다. 실제 개표 결과도 이와 비슷하다.

부산-울산-경남은 대략 전체 유권자의 15퍼센트를 차지한다. 이 지역에서 6:4의 게임, 즉 20퍼센트가 차이 나면 전체적으로 3퍼센트 포인트의 차이가 난다는 뜻이다. 이 3퍼센트 포인트를 수도권에서 극복하려면, 수도권에서 6퍼센트 포인트의 득표율 차이를 내야 한다. 수도권 유권자가 전체의 약 50퍼센트이기 때문이다. 물론 이는 나머지 15퍼센트 정도를 차지하는 충청-강원-제주권에서 5:5의 싸움을 한다는 전제하에서 나오는 계산이다.

현실을 보자면 수도권에서 6퍼센트 포인트 이상의 득표 차이를 내기가 쉽지 않다. 지난 서울시장 선거에서 박원순 후보가 7퍼센트 포인트 차이로 승리하긴 했지만, 인천이나 경기 지역은 상대적으로 보수적이어서 이만큼 표차가 나기 어렵다. 실제 개표결과 인천과 경기에서는 박근혜가 오히려 승리한 것으로 나왔다. 참고로 말하자면 서울 지역 유권자는 전체의 20퍼센트인데 인천-경기는 30퍼센트에 달한다. 지난 총선 때 비례대표 득표율(정당지지율)을 보면 전국적으로는 진보진영이 46.8퍼센트로 46.0퍼센트를 얻은 보수에게 이기는 결과였지만 그 차이가 미미한 데다 수도권의 차이도 4퍼센트 포인트를 약간 넘는 수준이었다.

따라서 야권의 승리는 수도권의 확실한 우위, 중부권 백중세, PK 40퍼센트 돌파가 모두 맞아떨어져야 가능하다. (제주는 전체의 1퍼센트인데 전통적으로 대략 5:5이다.) 결과론적으로 보자면 야권은 수도권에서 안일했고 중부권을 백중세로 돌릴 전략이 없었다. 1997년 대선의 DJP 연합이나 2002년 수도 이전 같은 특단의 조치가 없으면 중부권 백중세는 불가능하다. 이번 대선에서 문재인은 박빙으로 패한 대전을 제외하면 중부권에서 참패했다(충남 13.4퍼센트 포인트, 충북 12.9퍼센트 포인트, 강원 24.5퍼센트 포인트 차).

그렇다고 해서 수도권에서 이 모든 열세를 만회할 만큼 압도적인 승세를 잡지도 못했다. 사실 인천과 경기의 경우 방송 3사의 출구조사 예측 결과 문재인이 각각 1.6퍼센트 포인트와 2.1퍼센트 포인트 이기는 것으로 예측됐으나 개표결과 오히려 박근혜가 각각 3.6퍼센트 포인트, 1.2퍼센트 포인트 이겼다. 서울에서는 문재인이 겨우 3.2퍼센트 포인트 이겼을 뿐이다. 타 지역의 출구조사 예측이 개표결과와 대동소이한 점을 감안하면 수도권, 특히 경기-인천의 판세 역전이 결정적으로 승부를 가른 것으로 보인다.

다시 한 번 외친 "잘살아보세"

득표결과가 이렇게 나오게 된 속사정을 살펴보자면, 후보 개인의 경쟁력에서 박근혜가 상대적으로 문재인을 압도했다고 볼 수 있다. 정권교체의 여론이 정권연장의 여론보다 높았음에도 이 흐름이 후보 지지율에 반영되지 않았고, 안철수가 사퇴하면서 단일화에 성공했음에도 문재인이 안철수를 지지했던 중간층을 흡수하는 데는 한계를 보였다. 전체 득표율 차이가 3.6퍼센트 포인트면, 결국 박근혜를 찍은 중간층 1.9퍼센트 포인트의 마음을 돌리는 것이 관건이었는데, 선거 기간 내내 문재인의 '넘사벽(넘을 수 없는 사차원의 벽)'으로 여겨졌던 2퍼센트 포인트가 실제 투표에서도 발목을 잡은 셈이다.

후보 개인의 경쟁력이 앞선다고 판단한 박근혜와 새누리당은 아마도 무리한 정책경쟁으로 판세를 흔들려고 하지 않았을 것이다. 박근혜가 물타기에 가까운 복지공약을 내세운 것도 이런 맥락으로 풀이된다. 상대적으로 문재인은 박근혜와의 뚜렷한 차별성을 부각시키는 데에 실패했다.

여기서 언급한 후보의 경쟁력은, 예컨대 누가 TV 토론을 잘했나 하는 식의 경쟁력이 아니다. 박정희와 함께 젊은 시절을 보냈던 50~60대에게는 박정희-박근혜 자체가 말 그대로 신화적인 존재이다. 그들에게는 다른 무엇보다 '먹고사는 문제'가 곧 정의였다. 배고픈 몸으로 체득할 수 있는 가장 견디기 힘든 고통 가운데 하나이다. 박정희-박근혜 신화는 이렇게 몸으로 체득한 신화이기 때문에 다른 어떤 가치로도 치환하기가 어렵다. 이는 그 후속세대가 피를 흘려가며 민주주의를 쟁취한 신화에 버금가거니 그 이상일지도 모른다. 박근혜가 선거 막판에 다시 한 번 "잘살아보세"를 외친 것은 탁월한 선택이었다. 이는 노령화에 따른 세대별 유권자 분포의 변화와 맞물려 유효적절했다. 아마 앞으로도 높은 투표율이 진보에 유리하다는 공식은 성립하지 않을 것이다.

다른 한편으로 MB정권이 지난 5년 동안 들인 노력이 이번 대선에서 큰 빛을 발휘했다는 점도 짚고 넘어가야 한다. MB정권은 국세청 국정원 청와대를 동원해서 민간인 불법사찰을 일삼았고 집권당 인사는 지난 서울시장 선거에서 이른바 '선관위 디도스' 공격을 감행하기도 했다. 정상적인 민주주의 국가에서 있을 수 없는 일들이 버젓이 자행되었지만 어느 것 하나 근본적으로 해결되지도 못했다. 그 여파는 이번 대선에서 이른바 '십알단 사건'과 국정원 여직원 사건 의혹으로 연결되었다. 단죄되지 않는 범죄는 계속해서 반복되는 법이다.

그뿐 아니라 MB정부가 임기 내내 공을 들인 언론장악은 이번 대선을 위한 신의 한 수이지 않았을까 싶은 생각이 들 정도이다. 큰 선거마다 새로운 매체가 중요한 역할을 해왔는데, 이번 대선에서는 새로운 매체가 없었다. SNS는 이미 겪어봤고, 지난 서울시장 선거와 총선에서 위력을 발휘한 〈나꼼수〉는 총선 때 '김용민 막말 사건' 이후 그 위세가 많이 꺾였다. 그 결과 상대적으로 공중파를 위시한 기존 매체가 큰 힘을 발휘한 것으로 보인다. 방송사들의 편파방송은 사실 눈 뜨고 보기 민망할 정도였지만 그것을 제어할 방법은 어디에도 없었다.

MB정부가 그렇게 무리를 해서라도 공중파를 점령한 결과는 이번 대선에 고스란히 나타난 것으로 보인다. 지난 무상급식 논란 때 이미 거론되었던, "무상급식 때문에 학생들이 멀쩡한 우유를 내버린다"라는 보도가 선거 직전에 갑자기 다시 등장한 것은 그냥 웃고 지나갈 수준이라 하더라도, 선거와 직접 관련된 중대사건을 다루는 태도 또한 대단히 편파적이었다. 예컨대 국정원 여직원 의혹 사건이나 선관위가 직접 고발한 '십알단 사건'은 오히려 야낭의 생떼쓰기로 윤색되었으며, 결과적으로 1992년 대선에서의 '초원복집 사건'처럼 보수층의 결집을 강화하는 결과만 초래했다.

만약 정부부처, 수사기관, 언론이 제 역할을 수행했더라면 애초에 이런 범국가적인 여론조작 의혹이 생기지도 않았겠지만, 설령 이런 일이 생기더라도 집권당이 치명상을 입어야 당연한 사안들이었다. 보수 전문가로 알려진 경찰대학의 표창원 교수 말처럼 국정원 여직원 사건이 사실이라면 대통령을 탄핵한 워터게이트보다 더한 범죄행위이기 때문이다.

지난 총선에서 '김용민 막말' 하나가 선거판에 큰 영향을 미쳤던 것과 비교해보면 국정원 의혹이나 십알단 사건이 이 정도 수준에서 마무리된 것은 한국사회가 대단히 불공정하다는 현실을 반영한다고 할 수 있다. 생각해보라. 2차 TV 토론이 끝난 뒤에 모든 언론에서 일제히 박근혜의 재산 형성 의혹과 탈세를 보도하며 "세금 안 낸 대선 후보"라는 제목을 일주일 내내 뽑았더라면 박근혜가 이렇게 높은 득표율을 올릴 수 있었을까?

박근혜와 아베가 열어갈 동북아, 어떤 모습일까?

이런 모든 점을 종합해볼 때 18대 대선은 한국사회 보수의 벽이 얼마나 높고 두터운지를 실감한 선거였다고 할 수 있다. 한 가지 안타까운 사실은 이번에 박근혜가 당선되면서 일본과 한국 모두에서 만주 괴뢰국의 후예가 권력을 장악했다는 점이다. 익히 알려진 대로 일본의 아베 신임 총리는 2차 대전 A급 전범이었던 기시 노부스케의 외손자이다. 기시는 만주국 관료 출신이고 박정희는 만주군인 출신이다. 실제 박정희와 기시는 남다른 관계였다. 박정희가 기시에게 대한민국 외교훈장을 수여했다는 사실은 많이 알려져 있지 않다.

박근혜와 아베가 열어갈 새로운 동북아가 어떤 모습일지는 섣불리 상상하기 어렵다. 다만 일본은 지금 유신회라는 극단적인 우파가 의회에 상당수 진입할 만큼 전 사회가 보수화로 치닫고 있는 상황임을 유의할 필요가 있다. 한국 보수의 벽이 높다 한들 설마 막장에 가까운 일본에 비할까마는, 제삼자가 보기에는 별 차이를 못 느낄지도 모른다. 아마도 외신들은 사상 첫 여성대통령이라는 점보다 동북아의 두 경제대국이 비슷한 정치행로를 가고 있다는 점에 더 많이 관심을 둘 것이다(일부 외신은 이미 "독재자의 딸이 인권변호사를 이겼다"라는 제목을 뽑았다).

그런 까닭에 오늘 우리의 선택이 극단적인 우향우가 되지 않도록 하는 것이 아마 박근혜 5년의 가장 큰 과제가 아닐까 싶다.

+ 이 기사는 2012년 대선결과를 분석한 글로 선거 이튿날인 12월 20일자로 온라인에 공개되었다. 선거 개표가 한창이던 12월 19일 밤 9시쯤 내게 대선결과 분석기사를 써달라는 연락이 왔다. 그 시각에는 이미 선거의 승패가 대략 갈렸다. 지난 4·11 총선 때 이미 한차례 '멘붕'을 겪긴 했지만 이날의 결과는 정말로 감당하기 힘들었던 까닭에, 나는 분석기사 작성을 여러 번 거절했다. 그래도 총선 때는 연말 대선이 한 번 더 남았다는 기대감 때문에 심신을 추스를 수 있었던 것 같다. 이 기사는 선거 관련 글 중에서 내가 가장 고통스럽게 쓴 글이다.

문재인 패인은
바로 이것

2013.1.8.

2012년 대선을 규정짓는 가장 중요한 열쇳말 가운데 하나는 '안 철수 현상'이다. 안철수 현상이 없었더라면 이번 대선은 전혀 다른 양상으로 진행되었을 것이다. 나는 이번 대선결과를 분석할 때에도 안철수 현상이 가장 중요한 열쇳말이어야 한다고 생각한다. 따라서 이번 대선결과를 논하기에 앞서 우선 안철수 현상이 무엇이었나를 한번 돌아볼 필요가 있다.

이번 대선의 키워드 '안철수 현상'

내가 생각하는 안철수 현상의 본질은 패러다임의 변화에 대한 욕 구이다. 뭔가 바뀌어야 한다, 새로워져야 한다는 말은 선거 때마다 나온 말이었지만 '패러다임의 변화'는 생각의 틀과 사물을 보는 관 점을 완전히 뒤엎는 변화를 뜻한다는 점에서 일상화된 '변화'라는 말과 근본적으로 다르다. 이 점을 심각하게 받아들이지 않으면 안철수 현상을 제대로 이해할 수 없다. 그리고 나는 바로 그 점 때문에 진보진영이 이번 대선에서 패배했다고 생각한다.

패러다임의 변화로서의 안철수 현상은 "나는 보수도 아니고 진보도 아니다"라는 안철수의 발언에 농축돼 있다. 세상은 이미 낡은 보수·진보의 대립구도로 설명되지 않는다. 시대를 선도하고자 했다면 이 대립구도부터 깨뜨려야 했다.

상황을 단순화시켜 다소 도식적으로 말하자면 이렇다. 전통적인 보수의 패러다임은 안보와 성장이 주축이다. 전통적인 진보의 패러다임에서는 민주화와 분배가 안보와 성장에 각각 맞서는 대립항을 형성하고 있다. 안보는 민주화를 억누르는 데에 효과적인 평계였다. 박정희가 5·16 쿠데타를 감행한 것도, 유신을 단행한 것도 명목상으로는 안보가 문제였다. 전두환이 광주를 도륙할 때도 '폭도'나 '불순좌익'에서 나라를 구한다는 평계를 내세웠다.

이런 폭압적인 독재에 맞설 때 안보와 민주는 서로가 상호배제적이어서 둘 중의 하나를 선택하도록 내몰린다. 성장과 분배도 비슷하다. 민주화와 87년 체제, 그리고 그 체제가 남긴 패러다임에서는 상호배제와 양자택일이 미덕이었다.

그러나 어쨌든 지금 우리는 거기서 상당히 멀어졌다. 만족스러울 만큼 과거청산이 이루어졌는가와는 무관하게 우리는 이미 새로운 시대로 접어들었다. 진보의 입장에서 솔직하게 표현하자면 과거청산은 제대로 이뤄지지 않았고 새 시대를 맞이할 준비도 엉성하기 짝이 없지만, 미래가 항상 우리를 기다려줄 만큼 친절한 것은 아니다. 중요한 것은 지금 우리가 살고 있는 현실이 과거와는 사뭇 다르다는 점이다.

　형식적으로나마 민주화가 진전된 지금, 우리에게는 더 이상 안보와 민주화가 상호배제적으로 대립하는 선택사항이 아니다. 안보와 민주화, 둘 다 하면 그게 제일 좋은 것 아닌가? 성장과 분배, 그걸 둘 다 할 수 있으면 가장 좋은 것 아닌가?

NLL 논란과 김대중의 '햇볕정책'

　1997년 정권교체에 성공한 김대중은 벤치마킹의 좋은 사례이다. 평생 '빨갱이'라는 딱지를 달고 살았던 김대중이 남북화해정책인 햇볕정책을 전면에 내세우기는 쉽지 않았을 것이다. 그런 그가 햇볕정책을 제1의 조건으로 내세운 것은 북한의 무력도발을 절대 용서치 않겠다는 것이었다. 김대중은 이 점을 기회가 있을 때마다 강조했다. 무력도발 응징은 물론 햇볕정책을 위한 논리적 전제조건인 측면도 있으나, 그와 함께 "김대중이 당선되면 북한에 나라를 팔아먹는다"라는 항간의 소문에 적극적으로 대처하기 위한 일환이었다. 실제로 이 말을 곧이곧대로 믿은 사람이야 얼마 없었겠지만, 수십 년 동안 빨간색 딱지가 붙은 김대중에게 이유 모를 불안감을 느끼는 국민들이 상당수였음은 엄연한 현실이었다.

　김대중의 이 전제조건은 말로 끝나지 않고 전략무기 도입과 해·공군력 강화로도 이어졌다. 대양해군 건설을 위해 이지스함 도입을 결정한 것도 이때였다. 공중요격에서 함대를 방어하는 임무를 맡은 이지스함은 최근 북한이 로켓을 발사할 때마다 그 항로를 추적하는 등 평시에도 대공방어 관련 임무에 절대적인 역할을 수행하고 있다.

김대중을 계승한 노무현은 '군국주의자'라는 별칭을 얻을 정도로 전략무기 도입과 자주국방에 관심이 높았다.

이번 대선에서 NLL 관련 논란이 증폭될 때마다 나는 김대중의 햇볕정책이 떠올랐다. 왜 문재인 쪽에서는 안보문제에 적극적이고 공세적으로 대응하지 못했을까? 왜 미리 안보문제에 대해서 더 치밀하고 정교하게 정책과 공약을 마련하지 못했을까? 예를 들어 NLL을 확고히 사수하겠다고 말만 할 게 아니라(한국의 현실에서는 그 말이라는 것도 사실 지겹게 반복해서 말해야만 약간의 효과를 기대할 수 있다), 북한과 재래무기 군축협상을 해서 북한의 서해안 해안포나 수도권을 위협하는 서부전선의 장사정포를 절반 이하로 줄이겠다든지 하는 더 적극적인 안보 솔루션이 필요했다. 이런 노력은 노무현-김정일의 10·4 선언에 담긴 서해평화협력특별지대를 현실화하는 데에도 큰 도움이 될 것이다.

패러다임이 바뀌었다는 것은 진보라고 해서 안보문제를 회피할 수는 없다는 뜻이다. 왜냐하면 이것은 더 이상 보수·진보의 이분법적 문제가 아니기 때문이다. 게다가 국가안보는 북한의 군사적 위협에 맞서는 활동에만 국한되지 않는다. 21세기에 맞는 새로운 안보개념을 정립하고 그에 맞는 해결책을 제시하는 것은 보수든 진보든 누가 정권을 잡더라도 꼭 해결해야만 하는 문제이다.

잠시 귀납의 오류나 성급한 일반화의 오류를 무릅쓰고 말하자면, 내 주변에는 "빨갱이한테 나라를 맡길 수 없다"라는 일념으로 박근혜에게 투표한 사람들이 적지 않다. 선거공학적으로 따져보자면 새누리당과 보수세력이 NLL 문제를 들고 나온 것은 영리한 선택이었다. 물론 나는 이것이 잘못된 사실에 근거한 정치공세에 불과하다고 생각하지만, 한국의 투표 현실에서는 이것을 단지 정치공세로만 치부해버릴 수가 없다.

이와 반대로 이번 대선에 나선 박근혜의 '변신'은 화려했다. 안보와 민주가 대립항이었던 점을 감안하면 자신에게 부족한 '민주'를 메우기 위해 경제민주화라도 들고 나온 노력은 가상한 면이 있다. 물론 박근혜의 경제민주화에는 허구적인 요소가 많지만, 적어도 박근혜가 '민주화'에 맞선다는 이미지를 불식시키는 데에는 도움이 되었다. 선거공학적으로 말하자면 '물타기'에 성공한 것이다. 부지불식 중이었겠지만, 역설적이게도 박근혜 캠프가 오히려 안철수 현상의 본질에 가장 충실했다.

이런 역설은 성장·분배의 대립구도에서도 재현된다. 박근혜의 복지정책 역시 허구적인 면이 많다. 가령 그가 주장하는 반값등록금은 실상 국가장학금제에 불과해서, 결국 나랏돈으로 대학 배만 불리는 결과를 초래할 가능성이 높다. 3차 TV 토론이 방영된 이후에는, 심장은 아파도 간은 아프면 안 된다는 우스갯소리가 나올 정도로 박근혜의 의료정책에 허점도 많다. 하지만 이것은 디테일일 뿐이다. 진짜 그의 본심이 무엇이든 간에, 외형상 박근혜는 복지, 즉 분배에 맞서지 않았다. 만약 박근혜가 복지는 망국적 포퓰리즘이라는 입장을 취했더라면 이번 선거의 양상은 크게 달랐을 것이다.

문재인에게 쓸 만한 성장담론, 두 가지나 있었지만…

성장과 복지를 모두 이루겠다는데 이를 마다할 국민은 없다. 중도성향의 유권자들에게는 박근혜의 이런 모습이 선택의 고민을 덜어줬을 것이다. 이에 비하면 문재인에게는 성장담론을 찾기 어려웠다. 하지만 놀랍게도 문재인에게는 아주 쓸 만한 성장담론이 두 개나 있었다. 하나는 김대중이 제시했던 지식기반 경제이고 또 하나는 안철수라는 인물 자체이다. 물론 지식기반 경제라는 것이 실체도 모호하고 벤처열풍의 거품이 거셌던 것도 사실이지만, 저임금 싸구려 상품만 만들던 경제에서 탈피해 고급인력 중심의 고부가가치산업으로 전환하자는 아이디어는 지금도 눈여겨볼 만한 대목이다. IT 산업의 인프라가 세계 최고 수준으로 구축된 것도 어쨌든 DJ의 유산이었고, 사회가 민주화되면서 표현과 창작의 자유가 확대돼 본격적인 한류열풍이 시작된 것도 그 무렵이었고, 그 동력으로 소득 2만 달러를 찍었던 것도 노무현 시절이었다.

게다가 그 잘나가던 IT 신화의 산 증인인 안철수가 바로 옆에 있지 않은가. 안철수 현상을 다룬 여러 기사에서 이미 밝혔지만, 안철수는 '사악하지 않은 성장'의 아이콘이다. 그 이전까지는 성장을 위해 민주나 도덕성, 사회정의 등을 포기해야만 했지만(대표적인 인물이 바로 MB였다) 안철수의 성공은 그 모두가 양립 가능함을 보여주었다. 그것이 바로 포괄적 패러다임으로서 나타난 안철수 현상의 본질이다. 문재인 캠프는 왜 이런 훌륭한 유산을 전혀 사용하지 않았을까? 성장의 새로운 패러다임을 제시하는 것까지는 아니더라도 김대중-노무현-안철수가 보여준 의미 있는 시도와 성과를 잘 받아서 껴안는 것만으로도 정통부와 과기부를 없앤 현 정부(그리고 그에 적극 동조한 박근혜)와 뚜렷한 차별점을 만들 수 있지 않았을까?

이런 아쉬움은 윤여준의 찬조연설까지 이어진다. 물론 윤여준이라는 인물이 문재인 찬조연설에 나섰다는 사실 자체에 큰 의미가 있다. 그러나 다른 누구도 아닌 바로 그 윤여준이었기 때문에 기대감이 더욱 클 수밖에 없었다. 윤여준은 찬조연설 15분 내내 사람 좋은 문재인 만나서 두 시간 동안 감동받았다는 이야기만 했다. 윤여준 정도되는 분이면 중도보수층이 문재인에게 투표하기 꺼리는 이유를 정확히 알고 있을 것이다. 그 이유는 본인이 연설 초반부에 잠깐 언급했듯이 안보에 대한 불안감(그리고 성장에 대한 아쉬움)이다. 그런데도 그 불안감을 해소할 만한 이야기는 전혀 나오지 않았다.

문재인 후보나 캠프 차원에서 치밀하고 조직적인 계획을 세우지 못한 마당에 지나친 요구를 할 수는 없으나, 다른 누구도 아닌 천하의 윤여준이 아닌가. 적어도 그가 김대중-노무현 정부의 국가안보 그리고 위기상황(구제역 파동 같은)을 관리하는 능력을 객관적으로 평가만 해주었더라도 막판까지 고민하는 중간층에게는 어필하는 면이 있었을 것이다.

안타깝게도 안철수 현상의 진원지였던 안철수 본인도 자신의 이름이 붙은 이 새로운 '현상'의 본질을 온전히 이해한 것 같지는 않다. 그의 존재 자체가 착한 성장의 징표였고 본인 입으로 보수와 진보의 낡은 대립구도를 깨겠다고 했지만, 그것이 정확하게 무슨 의미인지, 또 어떻게 그것을 구현할 것인지에 대해서는 만족스러운 답을 내놓지 못했다. 본인을 통해 터져 나온 새로운 시대를 향한 요구, 단순한 변화가 아니라 사고와 관점과 규범의 틀인 패러다임 자체를 완전히 뒤바꾸라는 요구가 안철수 개인이 감당하기에는 너무나 무거

국가와 결혼한 '근혜공주자가', 침몰하는 공화국

웠는지도 모른다.

패러다임 변화 수용한 건 박근혜

진보의 입장에서 봤을 때 이번 대선의 최대의 역설은 패러다임의 변화라는 시대적 요구를 오히려 박근혜 캠프에서 가장 충실하게 구현했다는 점이다. 원래부터 의도했던 결과인지 아니면 살아남기 위한 몸부림 속에서 우연히 그렇게 된 것인지 알 길은 없지만, 적어도 복지사회라는 시대적 흐름을 자기 방식으로 적극 수용한 것은 주목할 만하다. 박근혜는 당내 경선에서 승리한 뒤 후보수락 연설에서 "저는 국정운영의 패러다임을 국가에서 국민 중심으로 바꾸겠습니다"라고 말한 바 있다. 안보·민주화, 성장·분배라는 낡은 이분법적 대립구도 속에서 자신에게 불리한 '민주화'와 '분배'를 '경제민주화'와 '맞춤형 복지'로 커버한 것이다. (이런 커버가 가능했던 것은 보수 일색의 언론과 공정하지 못한 국가기관들의 도움 때문이긴 하지만, 그 문제는 여기서 논외로 하겠다.)

물론 이것이 새로운 시대가 요구하는 포괄적 패러다임의 고민 속에서 자기완결성을 갖춘 형태로 진정성을 담아 제시된 것은 아니라고 보이지만, 최소한으로 평가하더라도 선거에서 야권후보의 차별화를 '물타기'하는 데에는 성공했다.

이런 관점에서 보자면 문재인에게 필요했던 것은 박근혜와의 차별성을 부각하는 것 못지않게 안보와 성장에서 '역逆물타기'라도 감행하는 용기나 임기응변이 아니었을까 싶다. 문재인이나 야권 전체를 통틀어봤을 때 2012년의 시점에서 어느 정도 자기완결성을 갖춘 포괄적 패러다임을 생산한다는 것은 힘에 부치는 면이 있다. 하지만 언제나 모든 것이 풍족하게 갖춰진 조건 속에서 정치를 할 수는 없는 노릇이다. 없으면 없는 대로, 그 상황 속에서 주어진 조건을 최대한 활용해 최선의 결과를 내는 것이 또한 정치가 아닌가. 안철수 현상이 던지는 시대적 과제, 즉 패러다임의 변화를 좀 더 무겁게 받아들이고 그것을 구현하기 위한 단초들이라도 하나씩 주워 담았더라면 똑같이 선거에서 패배했더라도 우리에게 남겨진 유산이 훨씬 더 많았을 것이다.

민주당이든 다른 새로운 진보정당이든, 언제라도 권력을 잡고 국정을 운영하려면 안보·민주화 또는 성장·분배처럼 지금까지 인식의 대립축으로 각인된 요소를 모두 해체하고 재구성해서 새롭게 포괄하는 수권의 패러다임을 구축해야 한다. 벌써부터 정치권 안팎에서는 야권발 정계개편이나 안철수 신당 같은 소문이 무성하다. 선거 충격에서 빨리 벗어나겠다는 욕심만으로 또 이렇게 구태의연한 이합집산만 되풀이한다면 5년 뒤에도 그리 좋은 결과를 기대할 수 있을 것 같지 않다.

급할수록 둘러 가고 어려울수록 기본으로 돌아가야 하는 법이다. 지금 야권에게 필요한 것은 시대의 변화를 확실하게 인식하는 것, 그리고 그 변화에 적응하고 나아가 변화를 선도하기 위해 필요한 콘텐츠와 시야를 확보하는 것이다.

지난 5년 내내 야권은 한목소리로 박근혜를 '수첩공주'라고 비아냥거렸지만, 결과적으로는 야권 내부에서 변화를 이해하는 인식 수준이 박근혜만도 못한 것으로 드러났다. 무엇을 시작하든 먼저 이것

국가와 결혼한 '근혜공주자가', 침몰하는 공화국

부터 반성하자. 박근혜 5년을 어떻게든 살아내려면 그 정도의 반성하는 용기쯤은 있어야 하지 않겠나.

+ 이 글은 2012년 대선 결과에 대한 나름의 심층 분석기사이다. 선거 당일 작성한 분석기사가 개표결과를 표면적으로 해석했다면 이 글은 박근혜 대통령 승리 요인과 문재인 후보 패배 원인을 좀 더 깊게 파고들었다. 안철수 및 '안철수 현상'에 대한 나의 최종적인 평가도 이 글에 녹아 있다. 이 글의 주요 평가대상인 문재인과 안철수는 2017년 대선에서 가장 유력한 후보들이다. 5년 전의 상황이긴 하지만 시대의 변화와 선거전략이라는 관점에서는 여전히 유효한 부분이 많을 것이다. 물론 2017년의 대선에서는 막강한 보수 후보가 없다는 점이 결정적으로 다르긴 하지만, 이번 선거가 단지 누가 누구를 이기는 선거가 아니라 시대를 바꾸고 세력을 바꾸는 선거라면 좀 더 깊은 호흡과 긴 안목으로 대선을 치러야 하지 않을까?

국정원 '선거 쿠데타', 이건 민주주의 문제다

2013.6.25.

국정원 불법 대선개입 사건의 파장이 일파만파로 커지고 있다. 검찰은 이번 사건의 수사를 마무리한 뒤 원세훈 전 원장과 김용판 전 서울지방경찰청장을 공직선거법 위반혐의 등으로 기소했으나 이들을 구속 수사하지도 않았으며, 사건에 연루된 다른 국정원 직원은 기소조차 되지 않았다. 반면 국정원의 대선개입을 폭로한 직원은 기소됐다.

선거법에 관한 한, 우리는 대통령의 기자회견 답변을 문제 삼아 현직 대통령을 국회에서 탄핵 의결했던 '전통'을 가진 나라이다. 이런 나라에서 원세훈 전 원장만 달랑 불구속으로 기소한 점은 노무현 대통령의 경우와 비교했을 때 형평성에서 크게 어긋난다. 또한 현실적으로 봤을 때 대통령과 교감 없이 국정원장 단독으로 이런 엄청난 일을 벌였다고는 믿기 어렵다. 그러나 이명박 전 대통령에 대한 수사는 전혀 이루어지지 않았다.

야당과 민변(민주사회를 위한 변호사 모임) 등은 이에 대해 축소수사라며 강력하게 반발하고 있고 국회 차원의 국정조사를 요구하는 목소리가 점점 커지고 있다. 급기야 대학생들의 시국선언이 들판에 불붙듯 번져나가고 종교단체들까지 철저한 진상규명과 관련자 엄중처벌을 요구하고 나섰다.

꼭 기억해야 할 두 가지

국정원의 선거개입 사건과 관련해서 우리가 꼭 기억해둬야 할 점이 두 가지 있다. 첫째, 이번 사건은 국가의 힘 있는 주요 기관이 대한민국이라는 민주공화국에 가한 정치테러이다. 집권여당과 보수언론은 이번 사건을 원세훈 전 국정원장의 선거개입 사건이라고 규정하지만 이는 빙산의 일각에 불과하다. 이번 사건은 ① 국정원 차원의 조직적인 여론조작에 의한 선거개입이 있었고, ② 선거 전 의혹이 불거지자 경찰 차원에서 수사축소와 증거인멸을 통한 사건은폐 시도가 있었으며, ③ 이를 바탕으로 경찰에서 선거 직전 허위사실을 유포했고(이 과정에서 여당의 후보 캠프와 사전교감이 있었다는 의혹이 여전히 남아 있다), ④ 현직 법무장관이 검찰의 수사에 부당하게 개입했다는 의혹 등이 모두 고려돼야만 한다. 한마디로 말해 일국의 정보기관과 사정기관이 모두 합심해서 헌정질서를 교란한, 탱크 없는 쿠데타와 다르지 않다.

그 결과 둘째, 지난 대선은 원칙적으로 무효이다. 모두 기억하고 있듯이 지난 대선은 국정원 선거개입 사건의 연장선에서 치러졌다. 국가기관이 선거에 직접 영향을 주기 위해 여론조작을 했다는 사실 자체만으로도 선거에 결정적인 하자가 있다고 볼 수 있다.

대한민국의 헌법은 보통·평등·직접·비밀 선거의 원칙을 천명하고 있다. 헌법재판소는 이에 더해 자유선거의 원칙을 추가로 확인하고 있다. 이에 따르면 "자유선거 원칙의 구체적 내용은 선거의 전 과정에 요구되는 선거권자의 의사형성의 자유와 의사실현의 자유를 말하고, 구체적으로는 투표의 자유, 입후보의 자유, 나아가 선거운동의 자유를 뜻하는 것"(중앙선거관리위원회 선거법령 정보)이다. 그러나 국가 정보기관이 부당하게 선거에 개입함으로써 유권자의 자유로운 의사형성은 심하게 왜곡되었다. 달리 말하자면 국정원이 이른바 '댓글 알바'를 한 이유가 바로 유권자들의 자유로운 의사형성을 왜곡하기 위함이었다.

그뿐 아니라 범죄행위를 수사하고 처벌해야 할 경찰마저 오히려 사건을 축소·은폐하고 선거 직전 허위사실을 유포한 행위는 유권자들이 올바른 판단을 내릴 근거와 기회를 사법 당국에서 박탈한 것이므로 이 또한 선거의 기본원리를 심각하게 훼손한 경우에 해당한다. 예전의 군사독재가 총칼로 국민의 손발을 묶고 '체육관 선거'를 했다면, 이번에는 국가기관들이 작당해서 국민의 눈과 귀를 막고 '장님 선거'를 주도한 셈이다.

민주당, 자기 몸 던져 싸워야

국정원 선거개입 사건과 관련해서는, 대선 과정의 문제점을 똑바로 인식하는 것이 무엇보다 중요하다. 상식적으로 생각해봐도 국가기관에 의한 여론조작과 허위 수사결과 발표 속에서 진행된 선거가 어떻게 정상적일 수 있단 말인가?

그런데 오히려 야권에서 '지난 대선은 무효'라고 선언하기를 주저하고 있다. 민주당을 포함한 야권 전체에서는 아마도 그 결과가 불러올 후폭풍을 우려하는 듯하다. 그래서 박근혜 대통령을 퇴진시켜야 하느냐, 그리고 대선을 다시 치러야 하느냐, 그런다고 우리가 정권을 잡을 수 있겠느냐, 하는 복잡한 정치셈법이 작용한 탓이다.

아마도 야권, 특히 민주당의 고민은 이번 국정원 사건이 오히려 스스로가 감당할 수 없을 정도의 심각한 사건이라는 데 있을 것이다. 이는 민주당이 평소에 수권정당으로서의 능력과 자격, 그리고 국민적 신뢰를 제대로 갖추지 못한 탓도 있지만, 근본적으로는 자기 몸을 던져서라도 민주주의를 지키겠다는 각오와 결의가 미약하기 때문이기도 하다. 오죽하면 세간에 '100명이 넘는 민주당 의원들보다 표창원 경찰대 전 교수 한 명이 훨씬 더 낫다'라는 얘기가 돌아다닐까? 자신의 깜냥이 감당하기 힘든 현실에 부딪혔을 때 가장 손쉬운 해결책은 그 현실을 일단 회피하는 것이다. 지금 민주당이나 전체 야권의 모습이 그러하다. 그러나 그렇다고 해서 지난 대선이 품고 있는 결정적 하자가 사라지지는 않는다.

만약 박근혜 대통령이 앞장서서 사건의 진상을 철저히 조사하고 책임자 및 관련자를 엄중하게 처벌한다면 설령 지난 대선에 결정적 하자가 있었다 하더라도 박근혜의 사퇴를 요구하는 국민은 별로 없을 것이다.

그러나 박 대통령은 이 사건에 대해 침묵으로 일관하다가 24일 서한 답변 형식으로 "국정원 댓글사건 왜 생겼는지 전혀 모른다"라고 밝혔다. 앞에서는 '모르는 일'이라고 하고 뒤로는 법무장관이 직접적으로 검찰수사에 개입했다는 의혹의 양상이 계속 되풀이된다면 전 국민적인 저항을 피하기 어려울 것이다. 이미 검찰이 밝혀낸 (몇몇 언론사가 파헤친 수준에도 한참 못 미치지만) 공소사실만으로도 정권의 정당성은 심각하게 훼손된 상태임을 청와대는 분명히 깨달아야 한다.

지금은 무엇보다 사건의 진상을 철저하게 규명하는 것이 중요하지만, 이 사건의 본질을 정확하게 규정하는 것도 중요하다. 이제까지 밝혀진 사실들만으로도 지난 대선은 공정성에 심각한 문제가 있었다는 사실을 부인하기 어렵게 됐다. 왜 이 현실을 두려워하는가.

국정원이 공개한 노무현 NLL 포기 발언의 진실은?

이번 국정원 사건의 본질을 엿볼 수 있는 대목이 바로 최근에 다시 불거진 노무현의 NLL 관련 발언이다. 궁지에 몰린 국정원이 정상회담 녹취록을 갑자기 국회 정보위 소속 새누리당 의원들에게 공개했고 이를 통해 국정원과 새누리당이 국면전환을 노린다는 게 일반적인 분석이다.

그러나 NLL 문제가 이번 국정원 선거개입 사건과 전혀 무관하게 터져 나온 것은 아닌 것으로 보인다. 지난 17일 국회 법사위에서 민주당의 박영선 의원은 지난 대선 때 국정원에서 NLL 카드를 정략적으로 이용해 선거에 악용했다는 제보가 있다고 폭로했다. 이는 새누리당 의원이, 원세훈 전 국정원장이 NLL 발언만 공개했어도 지난 선거에서 쉽게 이겼을 것이라며 원세훈이 "우리 편이 아니다"라고 주장한 데 대한 반박으로 나온 것이었다.

우선 새누리당에서 녹취록을 공개한 것이 법적으로 문제가 될 뿐만 아니라 앞으로 대한민국의 외교에도 치명적인 손상을 입힌다는 점 등은 따로 다뤄야 할 문제이다. 여기서는 국정원 선거개입 사건과 관련해서 중요한 점만 짚어보려고 한다.

24일 국정원이 일방적으로 공개한 정상회담 대화록 발췌본을 보면 이런 표현들이 나온다.

그것이 국제법적인 근거도 없고 논리적 근거도 분명치 않은 것인데… 그러나 현실로서 강력한 힘을 가지고 있습니다. 이 문제에 대해서 나는 위원장님하고 인식을 같이하고 있습니다. NLL은 바꿔야 합니다. 헌법문제라고 자꾸 나오고 있는데 헌법문제 절대 아닙니다.

먼저 NLL의 국제법적·논리적 근거가 분명하지 않다는 주장은 역사적인 팩트를 지적한 것으로 전혀 문제될 것이 없다. 이는 지난 1996년 김영삼 정부 때 NLL에 대한 정부의 입장을 보거나(《경향신문》, 「여야 바뀌니 11년 전과 상반된 주장… NLL 논쟁 "역시 소모적"」, 2007.10.15.), 당시의《조선일보》기사(「[해상북방한계선 파문] '합의된 선' 없어 논란 무의미」, 1996.7.17.)를 보더라도 명확하다.

그리고 NLL이 헌법문제가 아니라는 것은, 현행 대한민국 헌법이 한반도와 그 부속도서를 영토로 적시하고 있기 때문에 NLL이 여기에 해당사항이 없다는 점을 말한 것이다. 이런 내용은 "NLL은 안 건

드리고 왔다"라는 노무현 대통령의 발언에서도 확인할 수 있다

그리고 "NLL은 바꿔야 합니다"라는 말은 발췌록에도 나오듯이 "안보·군사 지도 위에다가 평화·경제 지도를 크게 위에다 덮어서 그려보자는 것"이라는 의미이지 이것을 'NLL 포기'라고 해석하기에는 무리가 있다. 남북의 군사력이 서해에서 무력으로 충돌하는 상황을 '바꿔' 남북 모두 경제적으로 이익이 되는 조치를 고민해보자는 의미에서 꺼낸 "NLL을 바꿔야 한다"라는 제안이 왜 'NLL 포기'로 해석돼야만 하는 것일까?

오히려 노무현은 NLL이 "현실로서 강력한 힘을 가지고"있음을 확인하고 있다. 발췌록이 공개되자 새누리당에서도 'NLL 포기' 대신 'NLL 무력화·무효화'라는 새로운 표현을 들고 나왔다.

"국제법적으로 근거가 분명하지 않다", "서해 평화지대를 만들자"라는 말과 "NLL을 포기한다"라는 말 사이에는 엄청난 차이가 있다. 만약에 노무현이 정말로 NLL을 포기했다면, 예컨대 지난 2010년 연평도 포격 사건 때 북한이 왜 그런 주장을 하지 않았을까?

2012년에 나왔던 북한 국방위원회 대변인 논평에서도 "북방한계선 자체의 불법·무법성을 전제로 한 북남합의"라는 말은 나오지만 남한 대통령이 NLL을 포기하거나 양보했다는 주장은 보이지 않는다.

그러니까 NLL 논란은 북방한계선이 임의로 그어졌다는 사실과 서해 평화지대 구축 제안을 영토선 포기로 확대 해석하면서 양산된 것이다. 누가 이렇게 어마어마한 확대 해석을 내놓았을까? 박영선 의원에 따르면 이 또한 국정원의 공작이라는 제보가 있었다. 아직은 제보 수준이니 국정원의 선거개입 사건을 수사하면서 명백히 밝혀

야 할 내용이지만, 우리 모두는 지난 대선 기간 내내 NLL 문제가 중요한 선거 이슈였음을 기억하고 있다.

특히 '50대의 반란'이 일어난 가장 큰 이유는 "종북 빨갱이에게 나라를 넘길 수 없다"라는 절박함이었다. 대한민국 특전사까지 나온 문재인 후보가 종북 빨갱이로 몰린 데에는 NLL 논란이 거의 결정적인 역할을 했다. 국정원에서 만약 문재인 후보를 낙선시키기로 결심하고 여론조작에 임했다면 국민의 안보 불안 심리를 자극할 수 있는 NLL 이슈는 뿌리치기 힘든 유혹이었을 것이다. 실제로 국정원은 당시 관련 녹취록 공개 여부를 두고 검찰 등과 '밀당(밀고 당기기)'을 즐겼다.

이것이 정말로 국가안보와 영토수호에 중요한 문제라면 재빨리 사실관계를 확인하고 매듭지었어야 할 일이었다. 국정원과 새누리당이 이 문제를 해결하지 않고 계속해서 끌고 다닌 것은 오히려 북한에게 이로운 행위이다. 결국에는 자신들의 정략적인 이득이 목적이었다는 의구심이 생기는 것도, 그래서 국정원 내부 제보가 상당히 신빙성이 있다는 생각이 드는 것도 이 때문이다.

이건 민주주의 문제다

검찰과 언론이 밝힌 바에 따르면 국정원은 국내 정치 사안에 지속적으로 개입했고 여론을 호도하기 위한 공작을 수시로 벌여왔다. 이 작업은 지난 대선을 전후해서 정점을 찍었다. 여론조작의 내용에는 4대강 사업에서부터 무상급식에 이르기까지 지난 MB정부 시절의 온갖 첨예한 이슈들이 망라돼 있다. NLL 문제는 예외였다고 자신

있게 말할 수 있을까?

박근혜 대통령이 정권의 정통성과 정당성을 지키는 유일한 길은 대통령 스스로가 지난 대선의 문제점을 인정하고 철저한 진상조사와 관련자 처벌에 나서는 것이다. 박 대통령은 국정원의 선거개입 사건에 대해 24일 "왜 그런 일이 생겼는지, 왜 그런 일을 (국정원이) 했는지 전혀 알지 못한다"라고 하면서 "대선 때 국정원이 어떤 도움을 주지도, 국정원으로부터 어떤 도움을 받지 않았다"라고 주장했다. 물론 박근혜 대통령이 국정원의 선거개입 사건에 연루가 되었는지 여부는 대단히 중요한 사안이다.

그러나 지금 일차적으로 중요한 문제는 박근혜 대통령이 이번 사건을 헌정질서를 유린한 사건으로 엄중히 인식하고 적극적으로 진상규명에 나서야 한다는 점이다. 나는 모르고 나와 상관없는 일이라면서 회피하는 태도는 헌정질서를 수호해야 할 책무를 짊어진 대통령으로서 대단히 부적절한 처사이다.

만약 대통령이 나서서 해결하지 않는다면 우리는 또다시 불행한 역사를 되풀이하게 될 것이다. 공부만 하는 줄 알았던 21세기 대학가의 비운동권 총학생회가 민주주의를 지키겠다며 기말고사 기간에 거리로 나섰다. 기존 야권과 진보진영이 상대적으로 '몸 사리는' 것과 무척 대조적이다. 그들의 말마따나 이건 정말 보수·진보의 문제가 아니라 민주주의의 문제가 아닌가.

20년 전쯤 내 또래는 후배들은 세상 걱정 없이 마음껏 공부하게 해주자며 거리로 나섰다. 나는 지금 후배들의 모습이 대견하다기보다, 우리의 청춘을 바쳐 이만큼이라도 이루어놓은 민주주의가 한순간에 허물어지는 모습에, 또다시 우리 후배들이 책을 잠시 덮어놓고 길거리로 나서야만 하는 이 현실에 분노가 앞선다.

　단죄되지 못한 역사는 끝없이 되풀이된다. 성공한 쿠데타를 처벌하지 못하면 성공할 때까지 쿠데타 기도는 계속될 것이다. 총칼과 탱크를 앞세운 군사반란뿐 아니라 정보기관과 사정당국이 총동원된 선거 쿠데타도 마찬가지이다. 전자의 경우를 한 번도 처단하지 못했던 우리 옆에는 전두환이라는 괴물이 아직도 떵떵거리며 살고 있다. 이 참담한 역사를 다시 반복할 것인가 말 것인가가 지금 우리의 선택에 달려 있다.

지난 대선은 명백한 쿠데타···
박 대통령도 공범이다

2013.11.25.

사슴을 가리켜 말이라고 부른다는 뜻의 고사성어 지록위마指鹿爲馬는 중국 진나라의 환관 조고趙高의 일화에서 연유했다. 천하를 통일한 진시황秦始皇이 순행 중에 급사하자 조고는 황제의 사망 사실을 숨기고 유서를 조작해 황위를 맏아들이 아닌 호해胡亥에게 넘겨줄 음모를 꾸민다. 시황제의 맏아들은 자결하라는 가짜 칙서를 받고 목숨을 끊는다. 어린 호해는 결국 황제에 올랐으며 환관 조고가 모든 국정을 농락했다. 그 위세가 어찌나 높던지 조고가 사슴을 가리켜 말이라고 하더라도 아무도 이의를 제기하지 않았다.

바보스럽고 어린 황제는 허수아비에 불과하고 환관들이 자기 잇속을 챙기기 위해 국정을 농단하는 나라가 오래갈 리가 없다. 진나라는 오래지 않아 유방劉邦의 공격을 받아 멸망했다.

국가와 결혼한 '근혜공주자가', 침몰하는 공화국

12·19 부정선거의 본질

시대가 다르고 정치체제가 다르더라도 국가의 최고 권력이 승계되는 과정이 당대의 이치에서 어긋나 정권의 정통성에 문제가 생기면, 언제나 민심은 권력을 떠났고 국가는 위기를 맞았다. 조선시대 계유정난이 그러했고, 자유당 정권의 3·15 부정선거가 그러했으며, 5·16과 12·12 군사쿠데타가 그러했다. 2012년 12월 19일 대한민국 제18대 대통령 선거도 이제 이 목록에 이름을 올리게 되었다.

국정원과 군 사이버사령부 등이 조직적으로 선거에 개입한 이번 사건에 대해서 우리가 좀 더 명확하게 짚고 넘어갈 부분이 있다.

첫째, 국가권력에 의한 부정선거는 굉장히 무겁게 받아들여야 하는 사안이다. 선거 이해당사자(특정 정당이나 후보 캠프 등)가 정해진 규칙을 지키지 않은 경우와 근본적으로 다르다. 엄정 중립을 지키고 헌법을 수호해야 할 국가기관이 조직적이고 적극적으로 선거에 개입한 것은 총성 없는 쿠데타이다. 박정희의 '오프라인 총칼'이 댓글부대의 '온라인 키보드'로 바뀌었을 뿐 헌정질서를 유린한 변란이라는 사실은 똑같다.

노무현 대통령이 재임할 때 기자의 질문에 답한 내용이 선거법을 어겼다는 이유로 탄핵까지 당했던 잣대를 그대로 적용한다면, 국정원과 군 사이버사령부 등이 조직적으로 가담한 이번 선거개입 사건은 국가변란의 죄로 다스릴 사안이다.

둘째, 이번 부정선거는 단순히 선거 기간에 인터넷 공간에서 일어난 댓글달기에만 국한되지 않는다. 역설적이게도 여당이 국정원 댓글사건을 덮기 위해 이슈화를 부추긴 측면이 있는 NLL 논란 덕분에 사건의 본질을 좀 더 또렷하게 알 수 있게 되었다. 즉, 국정원은 이번 선거에서 특정 후보(국정원 표현에 따르면 '종북 후보')를 떨어뜨리기 위해 남북정상회담 대화록의 발췌록을 조작해 허위사실을 일부러 만들어 유포했다는 점을 유의할 필요가 있다.

국정원이 특정한 후보를 단순히 지지하거나 비방하는 의견을 올린 정도가 아니라 그 비방의 논리를 허위로 만들어내기 위해 '사초 조작'까지 감행했다는 사실은 왕조시대에서도 전례를 찾기가 어려운 패륜이다. 지금까지 드러난 검찰의 수사결과를 보면 노무현 전 대통령은 NLL 포기 발언을 한 적이 없고 후대 정권을 위해 정상회담 대화 내용을 다시 꼼꼼하게 기록으로 남기려 했다.

그러나 지난 대선 기간 박근혜 후보 선대본부장을 지낸 김무성 등은 '찌라시에서 봤다'(?)라는 대화록을 인용해서 노무현을 NLL을 팔아먹은 대역 죄인으로 몰아붙였다. 노무현과 각별한 사이였던 문재인 후보에게 이는 치명적인 약점으로 작용했다. 50~60대 표심이 '종북좌파'에게 나라를 맡길 수 없다며 유래 없이 박근혜 후보로 결집했던 정황을 돌아보면 이들의 작전은 대성공이었던 것 같다.

셋째, 부정선거의 정황이 드러나고 수사가 진행되자 권력 차원의 사건 은폐와 수사 방해가 시작되었다. 처음에는 경찰 수뇌부에서 해당 수사팀에 압력을 행사하더니 급기야는 검찰총장과 수사팀장을 몰아내는 지경에까지 이르렀다. 성접대 혐의가 있는 김학의 전 차관은 여러 물증이 확인되었음에도 무혐의 처리되는 시대인데, 증거도 없는 숨겨둔 아들 논란 때문에 검찰총수가 옷을 벗을 만큼 한국의 공직기강이 드세다고 생각할 사람은 아마 아무도 없을 것이다.

국가와 결혼한 '근혜공주자가', 침몰하는 공화국

요컨대 12·19 부정선거의 본질은 다음 3단계로 정리할 수 있다. 국가기관이 ① 사초조작으로 특정 후보를 대역죄를 지은 '종북 후보'로 낙인찍고, ② 댓글부대를 동원해 이를 인터넷을 통해 조직적인 방법으로 대량 유포했으며, ③ 사후에는 사건을 은폐하고 수사를 방해하기 위해 다시 국가기관이 총동원되었다.

이제는 지난 대선이 무효인가 아닌가를 논할 때는 이미 지난 것 같다. 이는 마치 군사 쿠데타가 무효인가 아닌가를 묻는 것만큼이나 어리석은 질문이 돼버렸다. 대체 얼마나 더 부정한 짓을 저질러야 선거가 무효가 되는 것일까? 만약 이런 부정선거가 무효가 아니라면, 후대의 선거에서는 누구라도 어떤 부정한 방법을 동원해서든 무조건 당선되려고 온갖 패륜 행위를 저지르지 않겠는가?

근원적인 해결과 거리가 먼 세 가지 입장 변화

이 사건에 대처하는 박근혜 대통령의 태도는 크게 세 가지로 변해왔다. 처음 부정선거의 정황이 드러났던 선거 막바지, 당시 박근혜 후보는 댓글공작에 참여했던 국정원 직원을 옹호하며 부정선거 자체를 부인했다. 당선된 뒤에는 사건의 실체가 속속 드러나자 "국정원의 도움을 받지 않았다"라고 주장했다. 최근 검찰총수와 수사팀장을 내친 뒤에는 진상을 명확하게 밝히고 사법부의 판단을 기다리겠다고 말했다.

세 가지 입장 모두 이번 사건의 근원적인 해결과는 거리가 멀다. 무엇보다 박근혜 대통령 자신이 이미 12·19 부정선거에 깊숙하게 연계되어버렸기 때문이다. 실제로 박근혜 선거캠프와 국정원이 긴

밀하고 조직적으로 연계되어 있었느냐, 당시 이명박 대통령과 어떤 커넥션이 있었느냐 하는 점은 향후 수사에서 철저히 밝혀져야 할 사안이지만 그 이전에 이미 박근혜 대통령이 책임져야 할 일이 있다.

첫째, 지난 선거 막바지에 나온, "그 불쌍한 여직원이 무죄"라는 주장은 허위사실임이 드러났다. 당시 박근혜 후보가 그런 엄청난 허위사실을 주장을 할 수 있었던 데에는 수사축소 종용한 경찰 수뇌부의 성급하고도 이례적이었던 '중간수사결과발표'가 큰 도움을 주었다. 김무성 선대본부장의 '노무현 NLL 포기 발언'과 박근혜 후보의 '여직원 무죄 발언'은 선거판 전체에 큰 영향을 미친 대표적인 '허위사실 유포'였다.

정봉주 전 의원이 2007년 대선 당시 BBK 관련 허위사실 유포로 대법원 확정판결을 받고 1년간 징역형을 살았던 것이 최근의 일이다. 나는 개인적으로 허위사실 유포를 법으로 처벌하는 것은 문제가 있다고 생각하나, 아직 실행되고 있는 법의 형평성을 생각해볼 때 경찰이라는 공권력의 도움을 받아 박근혜 당시 후보가 허위사실을 유포한 죄가 결코 정봉주의 죄보다 가볍다고 할 수는 없을 것이다.

둘째는 검찰총장과 수사팀장을 교체한 것이 결국에는 대통령이 사건을 축소·은폐하고 수사를 방해하는 것을 도운, 사실상의 공범 행위라는 점이다. 권력의 핵심인 검찰 수뇌부를 청와대의 결심 없이 단칼에 자른다는 것은 불가능한 일이다. 만약 박근혜 대통령이 정말로 국정원의 도움을 받지 않았다면 멀쩡하게 수사를 잘하고 있는 검찰을 손댈 필요가 전혀 없지 않은가. 오히려 수사를 MB에게까지 확대해서 사건의 진상을 철저하고 명확하게 규명해 자신의 무죄를 떳떳하게 증명했으면 될 일이었다. 부정선거 재발방지라는 측면에서 훨씬 더 국가와 국민에게 도움이 되는 일이기도 하다.

그럼에도 박근혜 대통령이 정반대의 선택을 한 것은 결국 모두에게 불행한 결과를 초래할 것이다. 수사의 핵심라인을 모두 제거한 뒤에 사법부의 판단을 지켜보자고 하면 그 수사결과와 재판결과를 그대로 믿을 국민이 과연 몇이나 되겠는가.

민주주의의 시체 덮기 위해 다시 등장한 '종북'과 '막말'

환관 조고는 순행에서 환궁하는 길에 진시황의 시체 썩는 냄새를 숨기기 위해 생선 수레를 함께 끌었다. 지금 청와대와 여당, 그리고 보수언론은 대한민국의 민주주의가 사망했다는 사실을 숨기기 위해 똑같이 썩은 생선 같은 뉴스로 세상을 도배하고 있다. '김용민 막말', '종북 사제'같이 또 얼마나 기가 막힌 '썩은 생선'이 민주주의의 시체를 덮기 위해 등장할지 모를 일이다.

그러나 시대를 꿰뚫어 보는 선각자들은 그 썩은 냄새들에 가려진 진실을 놓치지 않는다. 표창원 교수는 수사기관의 신뢰와 독립성을 훼손한 정권을 타도해야 한다고 나섰고, 천주교 정의구현사제단 전주교구는 박근혜 대통령의 사퇴를 촉구하는 미사를 올렸다. 이런 움직임은 이미 다른 종교계로도 번지고 있다.

정권타도, 대통령 사퇴, 재선거, 재신임 투표, 또는 특별검사, 어느 주장이 옳은 것인지 나로서는 판단하기 어렵다. 다만 이 모든 주장은 사후처리에 관한 내용이다. 어떤 처리 방식을 선택하든 그 전에 우리가 잊지 말아야 할 사실은 지난 대선은 일부 세력이 국가기관을

동원해 헌정질서를 유린한 명백한 국가변란 사태이고 따라서 원천
무효라는 점이다.

그리고 기억해야 할 한 가지 사실이 더 있다.

"박근혜 대통령도 공범이다."

+ 박근혜 대통령의 임기 첫해인 2013년은 지난 대선 과정에서 불거진 댓글조작
사건과 부정선거 의혹으로 얼룩졌다. 그해 내내 나는 부정선거 의혹을 규명하라는
글을 썼다. 내 글이 주장하는 수위를 놓고 편집부와 논쟁이 붙은 경우도 꽤 많았다.
나는 그때까지 알려진 사실을 바탕으로 해서 진보언론이 쓸 수 있는 최대치를 써
야 한다는 입장이었고 편집부는 새 정권 임기 첫해라 더 신중할 필요가 있다는 입
장이었다. 내 입장이 무척 강경하기는 했으나, 나는 정식 언론인도 아니고 인터넷
회원으로서 기사를 쓰는 입장이라 새로 들어선 정권에 날선 주장을 들이민다는 게
너무 두렵고도 떨렸다. 이 기사의 마지막 문장을 쓸 때도 마찬가지였다. 그래도 용
기를 낼 수 있었던 것은 역시 독자들 덕분이었다.
이 기사는 《오마이뉴스》의 2013년 올해의 기사상에 선정되었다.

국가와 결혼한 '근혜공주자가', 침몰하는 공화국

〈변호인〉에 울컥…
내가 노무현의 변호인이 되고 싶다

2013.12.2.

〈변호인〉은 1980년대 초 부산을 배경으로 돈 없고, 빽 없고, 가방끈 짧은 세무 변호사 송우석의 인생을 송두리째 바꾼 다섯 번의 공판과 이를 둘러싼 사람들의 이야기를 그린 작품이다.

2013년 11월 29일 시사회를 연 영화 〈변호인〉의 보도자료는 이렇게 시작한다. 영화 줄거리와 제작 과정을 소개하는 내용 등이 수 쪽에 달하지만, 거기서 우리에게 매우 익숙한 '그 이름'을 찾아볼 수는 없다.

주인공인 '송변' 송우석 변호사는 송강호가 연기했고 국밥집 주인 순애는 김영애가 연기했고 애국 경감 차동영은 곽도원이 연기했다고 나오지만, 정작 주인공 송우석 변호사가 누구를 모델로 한 것인지는 언급돼 있지 않다. 그냥 '누구'의 일화를 모티브로 만든 영화라고 한두 줄로 소개하면 될 일을, 세상 모든 사람은 그게 누구인지 다 알고 있는데, 정작 그 이름 석 자는 왜 빠져 있는 것일까? 하지만 다시 생각해보니 이렇게 눈치 없고 사회성 부족한 물음은 2013년의 대한민국과는 잘 어울리지 않는 것 같다.

'그 이름'이 빠진 영화 〈변호인〉

2013년 최고의 화제작이자 할리우드 대작 〈그래비티〉를 보면 광활한 우주 공간에 내던져진 인간이 얼마나 하찮은 존재인지 절감하게 된다. 중력이 사라진 공간에서 아등바등 허둥대는 모습에 뭐라고 말할 수 없이 숨이 턱턱 막히고 몸이 계속 움찔거렸던 것이 나만은 아닐 것이다. 두 발을 조그만 땅덩이에 붙들어 매는 '그래비티gravity'(중력)가 그렇게 고마울 줄이야.

나는 〈변호인〉을 보는 내내 〈그래비티〉에서 느꼈던 그 형언할 수 없는 숨 막힘과 살 떨림을 다시 느낄 수 있었다. 한마디로 〈변호인〉은 '민주주의라는 그래비티'가 사라진 시대를 오롯이 느끼게 해주는 영화이다. '그래비티 실종의 시대'가 단지 1980년대만이 아니라고 생각하는 사람들에게는 그 숨 막힘과 살 떨림이 한결 더 현실적인 느낌으로 다가올 것이다. 한 가지 다른 점이 있다면, 1980년대에는 그 실종의 시대에 한 명의 '변호인'이 있었다는 사실이다.

〈변호인〉은 양우석 감독의 스크린 데뷔작이다. 그래서인지 감정선 제어가 좀 투박하고 서툰 느낌도 든다. 마치 초보 운전자가 모는 차를 탄 느낌이랄까? 그렇지만 양우석 감독의 경우 낡아빠진 수동 기어로 험난한 오프로드를 헤쳐 나가는 솜씨가 예사롭지 않다.

물론 〈변호인〉은 시대와 인간이 뒤얽힌 엄청난 격정의 소용돌이

국가와 결혼한 '근혜공주자가', 침몰하는 공화국

를 관통하는 만큼 다소간의 거친 감촉을 피할 수는 없다. 사실 명작의 반열에 오른 액션 블록버스터 〈다크 나이트〉에서도 몇몇 장면은 손발이 오글거리지 않던가.

주인공 송우석 변호사를 연기한 주연 송강호는 말이 필요 없는 대한민국의 대표 배우이다. 〈살인의 추억〉, 〈괴물〉, 〈설국열차〉 등 한국영화에 한 획을 그은 영화에는 언제나 그가 있었다. 하지만 송강호에게는 종종 코믹하고 약간 모자란 듯 가벼운 이미지가 따라다녔다. 〈넘버3〉, 〈살인의 추억〉, 〈괴물〉, 〈놈놈놈〉, 〈의형제〉 등이 그랬고 〈설국열차〉에서도 그런 잔재가 완전히 없어지지는 않았다. 나는 송강호의 그런 이미지가 〈관상〉과 〈변호인〉에서 샤프한 전문직 역할을 완벽하게 소화하며 모두 극복되었다고 생각한다.

특히 〈관상〉에서 진짜 수양대군(이정재)을 처음 대면했을 때 경악과 공포에 휩싸였던 그 눈빛과 표정은 송강호 연기의 전환점이 될 만했다. 〈변호인〉에서는 그 여세가 이어진 느낌이다. 본인이 말했듯이 부담감이 무척 컸을 배역이었으나 "당신의 소중한 돈을 지켜"드리던 세무변호사가 인권변호사로 탈바꿈하는 과정, 시대의 모순에 분연히 맞서는 모습을 대단히 자연스럽고 설득력 있게 연기했다.

송강호뿐 아니라 최근 드라마에서와는 전혀 다른 모습으로 돌아온 김영애, 어느 영화에나 꼭 있어야 할 것 같은 오달수, 드라마 〈해를 품은 달〉을 밝게 비추었던 빛나는 외모와 가수 출신답지 않은 연기력을 선보인 임시완, 그리고 이제는 송강호와 연기력으로 맞설 정도로 성장한 무서운 악역의 곽도원까지, 조연들 또한 혼신을 다한 연기로 작품의 완성도를 높였다.

기억에 남는 '변호인'의 뒷모습

시사회 당일에는 별로 기억에 남지 않았지만 만 하루가 지나고서야 아련하게 가슴에 남는 장면이 하나 있다. 어느새 인권변호사로 바뀐 '송변'은 1987년 민주화를 요구하는 시위에 앞장서다 구속된다 (영화의 모티브가 된 그분은 1987년 8월 거제 옥포 대우조선 노동자 사망 사건 때 제삼자 개입금지 위반혐의 등으로 구속된다).

"아무리 그래도 법조인이 실정법을 어기면 어떡합니까?"
"법조인이니까 그런 겁니다."

대한민국 70년 역사에 이렇게 말할 수 있는 사람은 그리 많지 않을 것이다. 아무리 영화는 영화라지만, 영화 속 '송변'은 당신과 내가 알던 바로 그 사람이 맞다. 새하얀 수의를 입고 구속적부심 재판을 받기 위해 법정에 등장한 변호인. 헌법 제1조 2항에 따라 국가는 곧 국민이라던 그가 변호했던 것은 '민주주의 시계가 멈춘' 대한민국이었다. 그는 총칼로 국권을 찬탈한 무리에 맞서 대한민국을 변호한 변호인이었다. 그 조국에 버림받고 죄인이 되어 법정에 앉은 '변호인'의 뒷모습.

약간은 웅크린, 듬직해 보였지만 그래서 더 쓸쓸한 그의 오른쪽 어깨가 아직도 가슴에 남는다. 비극적인 한국 현대사를 응축하고 있는 그의 뒷모습은 내가 본 한국영화 최고의 명장면이다. 간간이 고개를 살짝 돌리는 것 말고는 아무런 움직임도 없는, 재판장의 목소리만 들리는, 그러나 그 어떤 장면보다 더 많은 사연과 더 많은 목소리를

국가와 결혼한 '근혜공주자가', 침몰하는 공화국

품은, 우리가 알고 있는 20여 년 뒤의 사연과 목소리까지도 담고 있는 듯한 그 어깨, 그 뒷모습. 어쩌면 한국영화는 '변호인'의 그 뒷모습을 찍기 위해 100년을 기다렸는지도 모르겠다. 그렇게 영화는 묻는다. 그 변호인은 이제 누가 변호해주냐고.

〈변호인〉은 단지 '민주주의라는 그래비티'가 없던 그 시절, 우리 참 어렵게 살았다는 추억을 파는 영화가 아니다. 그 어려운 시절을 잘 모르는 젊은이들이 우리가 힘들게 살아왔음을 알아달라고 애원하는 영화도 아니다. 〈변호인〉은 2013년의 대한민국을 30년 전 시점에서부터 다시 한 번 돌아보게 하는 영화이다. 영화의 직접적인 모티브가 된 부림사건의 피해자들이 재심을 통해 일부 무죄판결을 받은 것이 2009년 8월의 일이다. 그나마 국가보안법 위반 혐의에 대해서는 여전히 형량이 선고돼 있다(이에 대해 부산지법은 2013년 3월 재심을 결정했다). 부림사건의 원류라 할 수 있는 학림사건의 원심 배석판사였던 황우여는 지금 집권당의 당 대표이다.

그뿐이 아니다. 지난 대선에서 부정한 방법으로 선거에 개입한 무리들이 가장 먼저 했던 일은 그 '변호인'이 무덤 속에서도 국민과 국가를 변호하지 못하도록 '사초조작'을 감행해 대역죄인으로 만드는 일이었다. 죽어서도 이념의 수의를 입고 반역의 포승줄에 묶인 채 법정에 끌려나와 쓸쓸하게 웅크린 그 '변호인'을 누가 변호해줄 것인가. 그의 눈물을 누가 닦아줄 것인가.

죄인의 모습으로 스크린에 비친 25년 전 '변호인'의 뒷모습에서 나는 방송사 헬기에 쫓기며 검찰에 출두하던 전직 대통령의 2009년의 모습을, 무덤이 파헤쳐져 다시 역사의 법정에 끌려나온 2013년 그의 모습을 똑똑히 볼 수 있었다. 훗날 어느 좋은 시절이 와 2009년의 변호인을, 2013년의 변호인을 불편하지 않은 시선으로 바라볼 수 있을까? 〈잡스〉라는 영화처럼 '변호인'의 실명으로 만들어진 후속 영화를 볼 수 있는 날이 올까? 더 이상 비통한 눈물을 흘리지 않고 그 영화를 볼 수 있는 날이 올까?

재미와 감동으로 영화에 흠뻑 빠져들었지만 아직도 내게는 주인공 '송우석'이라는 이름이 낯설다. 언제가 될지는 모르겠으나 나는 송우석이 아닌 그 '변호인'의 본명을 꼭 찾아주고 싶다. 영화 속 '변호인'의 눈물을, 무덤 속 '변호인'의 눈물을 닦아주고 싶다. 다시 법정에 죄인으로 끌려나온 그의 변호인이 되고 싶다.

PS.

개봉일: 2013년 12월 19일(목)

한줄평: 2013년 12월 19일에 꼭 보고 싶은 영화

별점: 4.5/5

관람 시 주의사항: 짙은 화장은 후회를 부릅니다.

국가와 결혼한 '근혜공주자가', 침몰하는 공화국

지금까지 구조자 0명…
박 대통령은 대체 뭘 했나?

2014.4.24.

'구조자 0명.'

세월호가 완전히 뒤집어진 뒤 민·관·군이 총력을 기울여 실종자를 수색한 결과는 초라하기 짝이 없다. 지난 일주일 내내 TV 화면에서 유일하게 변하지 않았던 숫자 '구조자 174명'을 두고 어떤 이는 '구조자'가 아니라 '탈출자'라고 한다. 하긴 스스로의 힘으로 배 밖으로 나온 사람들을 건져 올리기만 했으니까 아주 틀린 말은 아닌 셈이다. 2014년 4월 24일 현재 침몰하는 세월호 속으로 들어가 구해낸 목숨은 아직 하나도 없다.

21세기의 문명화된 나라에서 어떻게 이런 일이 벌어질 수 있었을까? 하나하나 따지고 보면 낡은 배를 허가해준 데서부터 무리하게 선체를 개조하고 평소 안전점검도 무시했던 선사, 관리·감독을 소홀히 했던 당국, 항해도 미숙했고 구조도 내팽개친 승무원, 관제와 초동대응에 미흡했던 해경, 우왕좌왕했던 정부, 무책임하게 사태를 보도했던 언론에 이르기까지 어느 하나 제대로 작동한 것이 없었다.

모든 단계에 걸쳐 다 같이 모의를 했다고 해도 이루어지기 힘든 일이 현실에서 버젓이 벌어진 것이다.

조류가 빠르고 시야가 흐리다… 4년 전에도 그랬다

세월호 참사 후 드러난 한국사회의 민낯은 이렇듯 흉측함 그 자체였다. 세계 역사상 유래를 찾아볼 수 없는 초고속 산업화와 민주화를 이룬 유일한 국가라는 우리의 자만심에 가려진 실체는 철없는 졸부의 모습에 지나지 않았다. 선진국이나 문명국가는 단지 더 많은 돈으로 이루어지는 것이 아니라는 사실을 우리는 왜 진작 깨닫지 못했을까?

졸지에 벼락부자가 된 사람들 중 일부는 체계적인 방법으로 큰돈을 벌어본 적이 없기 때문에 요행이나 기적을 바라기도 한다. 차가운 바닷물 속에 잠긴 세월호를 바라보면서 일주일 내내 '기적'만 바랐던 우리의 모습도 별로 다르지 않다.

조류가 빠르고 시야가 흐리다는 말은 4년 전 천안함 침몰 때도 들었다. 우리는 조류가 빠르고 시야가 흐린 바다를 끼고 산 지가 5,000년이다. 후손들도 계속 그런 상황에서 살아가야 할 것이다. 그렇다면 이 악조건을 극복하기 위해 우리는 지난 세월 동안 대체 무엇을 해왔나.

언론에 회자되는 이른바 '다이빙 벨'이 정말로 효과가 있는지 나는 잘 모른다. 일부 언론 보도에 따르면, 다이빙 벨 도입을 반대했던 해경이 최근 한 대학에서 그것을 대여했다는 소식도 전해진다.

국가와 결혼한 '근혜공주자가', 침몰하는 공화국

백번 양보해서 조류가 너무 빨라 지금 지구상에 존재하는 그 어떤 장비도 무용지물이라면, 정조 시간에 대규모 인원이 즉각적으로 구조에 나설 수 있는 만반의 준비를 했어야 하지 않았을까? 그러나 실종자 가족들의 끈질긴 요구가 나온 뒤에야 대형 바지선이나 야간 작업을 위한 채낚이 어선 등을 투입하기 시작했다. 사고대책본부는 정말로 '기적만' 기다리고 있었다.

안행부로 바꾸면서 추구했던 안전은 '정권의 안전'?

자신의 무능함이나 실책을 인정하지 않으려면 다른 희생양을 내세우거나 지금 벌어진 일들이 기적이 아니고서는 해결되지 않는다는 '허위사실'을 유포할 필요가 있다. 적어도 지금까지 대다수 언론은 그 역할을 충실히 해냈다. 선장의 잘못은 살인과 같은 행위로서 천인공노할 대역죄로 규정하지만 정작 정부와 사고대책본부의 잘못은 그저 안타까운 일로 치부할 뿐이다. 선장의 최우선 임무가 승객의 생명 보호라면, 대통령과 정부의 최우선 임무는 어떤 사태가 발생해도 국민의 생명을 보호하고 구제하는 것이라는 사실을 모르는 것일까? 아니면 모른 척하는 것일까?

하지만 철저하게 통제된 언론마저도 그 모습을 다 막을 수는 없던 모양이다. 사고 당일부터 터져 나온 이들의 활약상은 정말 눈부시다. 사고 당일인 16일 목포해경은 청해진해운과 진도군청, 해양경찰청 등에 2차 피해가 우려되니 세월호를 빨리 인양하라는 공문을 발송했다. 그날 밤엔 서남수 교육부장관이 그 유명한 '컵라면'을 먹었다. 이튿날엔 해경의 어느 과장이 "80명을 구조했으면 할 만큼 한 것 아니냐"라고 했다. 18일에는 서남수 장관이 안산 희생자 학생의 빈소를 찾았는데, 수행원이 유가족에게 "교육부장관님 오십니다"라고 귓속말을 건네 실종자 가족들의 공분을 샀다.

20일에는 안전행정부의 한 국장이 기념촬영을 했고, 새누리당 권은희 의원이 실종자 가족을 선동꾼으로 매도했고, 같은 당의 한기호 의원은 좌파색출론을 들고 나왔다. 21일 민경욱 청와대 대변인은 서남수 장관의 컵라면 논란에 대해 "라면에 계란 넣은 것도 아니고"라며 장관을 두둔하고 나섰다. 이날 정몽준 의원은 며칠 전 아들의 미개인 발언에 대해 사과했다. 22일에는 송영선 전 국회의원이 한 방송에 출연해 "국민의식을 재정비할 수 있는 좋은 기회"라고 말했다.

마치 약속이나 한 듯 다양한 지위에 있는 사람들이 실종자 가족과 국민들 가슴에 대못을 박는 것도 대단하지만, 거의 하루도 거르지 않는 부지런함과 민첩함도 놀라울 따름이다. 국민 위에서 군림하는 자신의 모습을 과시하는 사람들, 대한민국이라는 나라의 진짜 주인은 그들이었나 보다.

자신들의 잃어버린 10년을 되찾기 위해 2004년 참여정부 시절 만든 통합적 국가위기관리체계NSC(국가안전보장회의)를 해체하는 순간부터 국민들의 생명은 내버려졌는지도 모른다. 수억 원을 들여 행정안전부를 안전행정부로 바꾸면서 추구했던 '안전'은 정권의 안전이었던 것인가. 아마도 그들에게는 기업 활동에 대한 온갖 규제가 박근혜 대통령 말마따나 진정한 '암 덩어리'였을 것이다. 그리고 그 암 덩어리에는 선박 안전과 관련된 규제도 많이 포함돼 있는 것으로 알려졌다.

국가와 결혼한 '근혜공주자가', 침몰하는 공화국

변명의 여지가 없는 완벽한 구조 실패

국민 위에 군림하면서 '국민의 생명'보다 '정권의 생명'에만 집착하는 이들은 만약 대한민국이라는 배가 침몰하기라도 한다면 세월호의 선장마냥 엉터리 방송을 틀어놓고 제일 먼저 배를 빠져나갈 사람들이다. 기가 막힌 우연인지 모르겠으나, 이분들이 국부라고 추앙하는 '대한민국호 1호 선장', 이승만 전 대통령은 한국전쟁 때 세월호 선장과 똑같은 만행을 저질렀다. "서울시민은 정부를 믿고 동요하지 말라"라는 라디오 방송까지 어쩜 그리 똑같을까?

정부의 늑장대응과 무능함에 대한 질타가 연일 쏟아지자, 김장수 국가안보실장은 23일 "청와대 국가안보실 위기관리센터는 재난 컨트롤타워가 아니다"라고 실토했다. 또 행정부의 수반인 박근혜 대통령은 본인은 정작 사과의 말도, 책임지는 행태도 보이지 않으면서 "정부는 반성하라"라는 알 수 없는 주문을 쏟아낸다. 사고 이후 지금까지 각 지역에 만들어진 사고대책본부만 무려 열 개가 넘는다. 대통령은 대체 무얼 하고 있었나?

사고 발생 만 일주일이 지나도록 구조자는 0명. 변명의 여지가 없는 완벽한 구조 실패이다. 이 사태는 무능함 때문에 일어났다. 차라리 정부와 사고대책본부와 고위직 어르신들이 단지 무능하기만 했다면 국민들의 분노가 이렇게 크지는 않았을지도 모른다. 실종자를 구하는 일에는 기적만 바라던 사람들이 정권을 구하는 일에는 염치도 품위도 상식도 내던지고, 없는 기적이라도 만들어내려는 모습에 숨이 막힐 지경이다.

능력이 없다면, 최소한의 품위라도 지켜주기 바란다. 지금은 누군가를 미워하고 혐오하는 감정조차도, 저 차가운 바다에 아직 누워 있는 어린 생명들을 생각하면 너무나 사치스럽다.

✦ 2014년 4월 16일 이전과 이후는 완전히 다른 세상이 돼버렸다. 나는 지금도 찬물에 세수를 할 때면 가끔 세월호 아이들이 생각나 내 숨이 멎는 느낌이 들곤 한다. 어떻게 대명천지에 이런 일이 일어날 수 있었을까? 그 미스터리는 아직도 풀리지 않았다. 국가안보를 그렇게 강조했던 정권이 전시도 아닌데 수백 명의 목숨을 수장시킬 수 있었는지, 어떻게 단 한 명의 인명도 구조하지 못했는지, 상식이 있는 사람이라면 누구나 의문을 가질 것이다. 사고가 난 것은 대통령의 책임이 아닐 수도 있다. 그러나 국가기관과 공권력이 제대로 작동하지 않아 사고 난 승객을 구하지 못한 것은 결국 대통령의 책임이다. 그날의 대통령은 그 긴박한 순간에 어디서 무엇을 했는지조차 의문투성이이다. 굳이 최순실이 아니더라도, 이런 대통령이라면 탄핵될 사유가 충분하다.

박근혜에 요구한다, 즉시 권력을 반납하라

2016.11.5.

    평소 국민 앞에 잘 나서지 않던 박근혜 대통령이 열흘 새 두 번이나 대국민 담화문을 발표했다. 단군 이래 유래를 찾기 힘든 이른바 '최순실 게이트' 때문이다. 상서롭지 못한 일로 대통령의 사과를 열흘 동안 두 번이나 받아야 하는 국민의 마음은 침통하고 비참하기 이를 데 없다.

    2016년 10월 25일, 박 대통령이 최순실의 국정농단을 인정하는 대국민 담화를 발표한 뒤 대한민국은 그 이전과는 전혀 다른 나라가 됐다. 소문으로만 떠돌던 비선 실세의 정체가 드러난 것도 충격이었지만 이후 속속 드러난 최순실 일파의 헌정 유린 전모는 전 국민을 경악시키기에 충분했다.

    국민들이 경악한 것은 단지 최순실 일파가 헌법기관들을 무력화시키고 국정을 농락했기 때문만은 아니다. 그 모든 일이 박 대통령의 묵인과 비호 아래, 외교와 국방을 포함해 전방위적으로 벌어졌기 때문이다. 만약 최순실 일파가 박 대통령을 감쪽같이 속이고 이 모든 일을 저질렀다면 국민들은 박 대통령에 대한 최소한의 동정심과 이해심을 가졌을 것이다. 우리 국민들은 그렇게 야박하지 않다.

그러나 현실은 정반대였다. 박 대통령이 직접 재벌 기업들을 상대로 미르와 K스포츠 재단에 돈을 출연하도록 요구했다는 증언과 증거가 속속 나오고 있다. 동계 올림픽이라는 국가 대사는 최순실 일파의 이권사업으로 전락했고, 그 뒤에는 문화체육관광부가 있었다. 박 대통령의 비호나 최소한의 묵인이 없었다면 불가능한 일이다.

'게이트'의 본질, 대통령이 개인에게 국가를 갖다 바친 사건

'최순실 게이트'의 본질은 박근혜 대통령이 최순실 일파라는 사설 집단에 국가를 통째로 갖다 바친 사건이다. 이 둘의 관계가 얼마나 친밀하기에 이런 일이 벌어질 수 있는지, 어떻게 이런 일이 가능했는지 무척이나 궁금하다. 검찰이든 특검이든 나중에라도 이 점은 꼭 밝혀줬으면 좋겠다.

그러나 이들의 관계가 상상할 수 없을 정도로 가까운 언니-동생이었든, 교주-신도의 관계였든, 또는 서로가 파멸적인 비밀을 공유한 사이였든, 박 대통령이 최씨 일파를 위해 헌법기관을 무력화시키고 헌정을 유린했다는 사건의 본질에는 변함이 없다. 이런 맥락에서 봤을 때 이번 사건은 '최순실 게이트'라기보다 '박-최 게이트'라고 부르는 것이 합당하다.

불행하게도 박근혜 대통령은 아직도 자신이 무슨 잘못을 저질렀는지 잘 모르는 것 같다. 11월 4일 2차 사과문 발표에서 박 대통령은

국가와 결혼한 '근혜공주자가', 침몰하는 공화국

"국가 경제와 국민의 삶에 도움이 될 것이라는 바람에서 추진한 일이었는데 그 과정에서 특정 개인이 이권을 챙기고 여러 위법행위까지 저질렀다고 하니 너무나 안타깝고 참담한 심정"이라며 이번 사건을 최순실 개인의 비리로 몰아갔다. 본인의 잘못이라면 "제가 가장 힘들었던 시절에 곁을 지켜주었기 때문에 저 스스로 경계의 담장을 낮췄던 것"뿐이다.

그래서인지 국민들이 가장 궁금했던 권력구조 개편에 대해서는 단 한마디 언급도 없었다. 정치 2선으로 물러날 의향이 있는지, 정말로 책임총리제를 중심으로 한 거국내각을 구성할 것인지 같은 문제는 입 밖에 꺼내지도 않았다. 그 대신 "지금 우리 안보가 매우 큰 위기에 직면해 있고 우리 경제도 어려운 상황입니다. 국내외의 여러 현안이 산적해 있는 만큼 국정은 한시라도 중단되어서는 안 됩니다"라고 말한 것을 보면 박 대통령은 권력의 일선에서 한 발짝도 물러날 생각이 없어 보인다.

지금 우리 안보에서 가장 큰 리스크가 바로 '대통령 리스크'임을 본인은 알고 있을까? 경제가 이렇게 어려운데도 재벌에게 돈을 걷고, 한진해운 사태를 어설프게 처리해서 물류대란을 초래(이 과정에서도 최순실의 이름이 오르내린다)한 것은 도대체 누구의 책임인가. 이번 사태로 대외신인도가 추락하고 국가 이미지에 손상을 입고 외교적으로도 망신을 당한 책임은 누가 질 것인가.

'식물 대통령'에게 외치를? '이중권력'에 내치를? 답 안 나온다

박근혜 대통령은 지금 이 모든 책임을 회피하고 있다. 아마 박 대통령은 진심으로 자신에게 아무런 잘못이 없다고 생각할지도 모른다. 이는 자신이 국가와 결혼했다는 박 대통령의 독특한 인식과 관계가 있다. 국가와 자신이 일심동체라면, 그리고 자기만큼 국가의 발전을 위해 존재하는 사람도 없다고 생각하면, 자신의 선의대로 무엇이든 해도 된다는 생각에 사로잡혔을 수도 있다. 어차피 대한민국은 아버지의 나라였고, 지금 자신은 아버지의 못다 이룬 꿈을 이루기 위해 이렇게 고군분투하고 있지 않은가.

박 대통령의 2차 사과문은 1차 사과문이 나온 뒤 《조선일보》가 '부끄럽다'라는 사설을 통해 제시한 수습책조차도 거부했다는 점에 주목할 필요가 있다. 《조선일보》는 박 대통령이 1차 사과문을 발표한 바로 다음 날 사설을 통해 "박 대통령은 내치에서 물러나 북핵 위기만 관리하고 경제와 내정은 여야가 모두 지지할 수 있는 거국총리에게 맡기라"라고 주문했다. 자사 종편인 TV조선이 "형광등 100개를 켜놓은 듯한 아우라"를 읊조리던 시절에 비하면 격세지감이 들 뿐이지만, 박 대통령은 2차 사과문을 통해 자신이 임명한 김병준 총리체제를 유지할 뜻을 굽히지 않았다.

《조선일보》의 솔루션은 박 대통령이 대통령직을 유지한 채 2선으로 후퇴한다는 면에서 야당의 요구사항과 크게 다르지 않다. 여야를 막론하고 내치는 책임총리와 거국내각에 맡기고 대통령은 외교와 안보만 챙기라는 해결책이 시중에 많이 나돈다. 이 방안이 얼마나 현실적인지는 차치하더라도, 과연 헌정을 유린한 박 대통령에게 외교와 안보를 마음 놓고 맡길 수 있을까? 대한민국 대통령은 국군 통수권자로서 유사시 우리 장병들에게 총을 들고 전장으로 나가라는 명령을 내려야 하는 사람이다. 헌법기관을 따르지 않거나, 즉흥적인 판단에 따라 군사 캠페인이 일어나는 경우를 감당할 수 있을까?

또한 대통령은 대외적으로 대한민국을 대표하는 사람이다. 외교가 어린애 장난인가? 북핵문제, 한일관계, 한중관계, 한미관계, 동아시아의 군사적 긴장 등 어느 하나도 쉽지 않은 고난도 외교문제가 산적한 이 시점에 사실상 '식물 대통령'에게 외교를 맡겨도 되는 건가?

내치도 마찬가지이다. 대통령제 국가에서 대통령을 통하지 않고 할 수 있는 일이 얼마나 될까? 거국총리에게 전권을 부여했다가 박 대통령이 중간에 조금이라도 변심한다면 '이중권력'의 혼란상은 또 누가 감당할 것인가? 그 모든 것을 다시 박 대통령의 '선의'에 맡기자는 건가? 잠시 잊었나 본데, 지금 나라가 이 난리인 것은 바로 박 대통령의 최순실을 향한 '선의' 때문이었다.

우리가 법을 만들고 시스템을 구축하고 견제장치를 만들어서 국가를 운영하는 이유는 지도자나 대표자에 대한 선의나 인간적인 신뢰만으로는 국가가 굴러가지 않기 때문이다. 게다가 지금은 대통령에 대한 최소한의 신뢰조차 완전히 무너진 상황이다. 여기에는 과연 대통령이 지금 정상적이고 상식적인 사고를 바탕으로 이성적인 판단을 내릴 수 있을까라는 대중적인 의구심까지 포함돼 있다.

지금 이 순간 필요한 건… '대통령 직무 정지'

이 모든 상황을 고려했을 때 지금 이 순간 가장 긴급하게 취해야 할 조치는 박근혜 대통령이 대통령으로서 직무수행 하는 권한을 즉각적으로 정지시키는 일이다. 대통령이 여론과 정치권의 요구에 못 이겨 스스로 대통령직에서 물러나면 하야가 되는 것이고, 국회에서 강제로 직무를 정지시키는 절차를 밟으면 탄핵이 된다.

지금 국민들은 모두 알고 있다. 박근혜 대통령이 더 이상 정상적으로 대통령직을 수행할 수 없다는 사실 말이다. 이 사실은 아마 《조선일보》와 집권당인 새누리당도 잘 알고 있을 것이다. 지난 25일 1차 사과문 발표 이후 각종 검색 순위에서 탄핵과 하야가 1, 2위를 휩쓴 것은 우연이 아니다.

그러나 탄핵이나 하야는 청와대와 새누리당, 《조선일보》는 물론 야권도 격렬하게 반대하고 있다. 각자의 셈법은 다르겠으나, 사회혼란이 커진다는 게 공통적인 이유이다. 탄핵이나 하야를 주장했을 때의 역풍을 이야기하는 경우도 있다.

하지만 생각해보라. 지금 박근혜 대통령이 대통령직을 유지하는 것보다 더한 혼란이 대체 어디 있는가? 탄핵과 하야에 대한 국민적 열망이 높은 이유 중 하나는, 우리 국민이 그 정도의 혼란은 충분히 극복할 수 있다는 자신감이 있기 때문이다. 특히 야당에서 사회혼란을 이유로 대통령의 직무정지를 요구하지 않는 것은 스스로가 그 혼란을 수습할 능력이 없음을 자인하는 셈이며 국민의 성숙한 역량을 믿지 못하는 처사이다.

이럴 때일수록 수권을 목표로 하는 정당이라면, 그 어떤 경우에

국가와 결혼한 '근혜공주가', 침몰하는 공화국

도 정권을 접수할 준비가 돼 있고 그 과정에서 발생할 수 있는 혼란을 감당할 능력이 있음을 널리 알려야 한다. 그래서 국민이 어떤 선택을 하더라도 그 결정을 받아 안을 수 있는 준비에 들어가야 한다.

하지만 지금까지의 야당의 모습은 대통령 퇴진을 요구하는 국민적 열망의 뒷덜미를 잡는 모습에 가깝다. 무슨 정치적 계산을 그리 오래하는지(계산 능력이나 있는지도 의문이다), 무슨 역풍을 그리 걱정하는지 모르겠으나, 계산만 하고 역풍만 걱정하다가 오히려 다른 쪽에서 역풍을 맞을 수 있음을 잊지 말라. 노무현 탄핵 때 역풍이 불었다고 걱정하는 것은 세차할 때마다 비가 왔다고 세차하지 않겠다는 것과 같다. "바람은 계산하는 것이 아니라 극복하는 것이다"라는 말도 있지 않은가.

역풍 걱정하는 야당? 대체 무슨 소리냐

옳은 길을 갈 때의 역풍은 계산의 대상이 아니라 극복의 대상이다. 모든 걸 그렇게 계산했다면 항일 독립투쟁도, 광주시민군의 저항도 없었을 것이다. 독립군이 대한독립의 가능성을 높게 계산해서 총을 들었을까? 광주시민이 계엄군 탱크를 물리칠 수 있다는 계산서가 나와서 도청을 지켰을까? 그 모든 선조의 위대한 투쟁의 역사가, 향후의 혼란이나 역풍을 고려하지 못한 철부지의 행동이었을까? 아니다. 그들은 그것이 옳은 일이었기에 총을 들었다. 그것이 역사의 정의였기에 자신의 몸을 던졌다. 2016년의 정의는 부덕한 대통령을 몰아내는 것이다.

역사상 전무후무한 '박-최 게이트'를 수습하기 위해서는 즉각적으로 대통령의 직무를 정지시키는 일부터 시작해야 한다. 대통령의 직무를 정지시켜야 이번 사태의 진상조사도 더 철저하게 진행할 수 있다. 대통령의 자리는 한시도 비울 수가 없으니 곧바로 차기 대통령 선거 준비에 들어가야 함은 물론이다.

하지만 우리는 이 모든 사태의 근본 원인 중 하나인 새누리당에 책임을 묻지 않을 수 없다. 새누리당이 국가를 망쳐온 역사는 군사 쿠데타에서부터 IMF 환란에 이어 이번 '박-최 게이트'에 이르기까지 너무나 엄청난데, 지금까지 그에 대한 책임을 제대로 진 적이 없다.

새누리당은 전신 한나라당일 때부터 박근혜 대통령이 국회의원으로 그리고 대선후보로 여러 차례 나섰기 때문에, 당 차원의 검증 기회가 많았음에도 박근혜라는 정치인을 걸러내지 못한 책임을 져야 한다. 최순실과의 관계를 알고서도 부귀영화와 권력을 위해 눈 감고 지나간 결과 나라를 이 지경으로 만든 사람들에게 반드시 그 책임을 물어야 한다. 지금은 박 대통령에 대한 신뢰뿐 아니라 이런 대통령을 배출한 새누리당에 대한 신뢰도 박살 난 상황이다. 박 대통령을 몰아내고 새로운 대통령 선거를 치르는 과정에서, 새누리당이 다시 그런 과오를 저지르지 말라는 보장이 없다.

새누리에도 요구한다, 정권을 넘기라고

그래서 나는 요구한다. 대통령 보궐선거가 치러지더라도 새누리당은 이번만큼은 대통령 후보를 내지 말아야 한다. 새누리당이 지난 10년간 집권하는 동안 대한민국을 '헬조선'으로 망쳐온 죄과를 생각하면 이 정도는 너무나 너그러운 처사라는 생각이 들 뿐이다. 새누리당이 이번 '박근혜-최순실 게이트'에 대해 진심으로 잘못을 인정하고 국민과 역사에 용서를 구한다면, 그 진심을 행동으로 보여야 한다. 그 행동이란, 자신들이 누려왔던 권력을 다시 국민과 역사에 반납하는 것이다. 먼저 박 대통령의 직무부터 정지시켜라. 그리고 보궐선거를 포기하고 야당에 정권을 넘겨라.

물론 새누리당은 쉽게 권력을 반납하지 않을 것이다. 그러나 그 권력은 원래 국민의 것이다. 우리의 권력을 위임하는 데에는 투표일 하루 잠시의 수고로움이면 족했지만, 그걸 다시 찾아오는 데에는 적지 않은 노력과 고통이 뒤따른다. 민주주의를 수호하는 일은 그래서 쉽지가 않다. 지금은 민주공화국의 위기이다. 말 그대로 비상시국이다.

박 대통령을 정점으로 한 새누리당의 권력을 즉시 해체하고 회수하지 않으면 언제 다시 우리도 모르는 새 '순실 신국神國'이 도래할지 모른다. 이 나라의 진짜 주인, 주권자의 목소리가 필요하다. 우리의 결집된 힘이 필요하다.

불의에 항거하고 정의를 세우는 일은 헌법전문에도 기록된 우리의 헌법정신이다. 지금부터 몇 주간의 시간이 민주공화국으로서의 대한민국의 운명을 가를 것이다. 적어도 그 기간만큼은 우리의 양심에 귀를 기울이자. 마음의 소리를 가로막는 어둠을 걷어내자. 우리의 심장이, 우리의 가슴이 울리는 역사의 목소리를, 선조들의 뜨거운 피와 눈물을, 그리고 그렇게 되찾은 조국의 푸른 하늘을 기억하자.

'촛불'과 '태극기'의 상대성이론

2017.3.10.

상대성이론을 한마디로 말하자면, '움직이는 사람도 정지해 있는 나와 똑같이 이 세상을 바라볼까'라는 질문에 관한 이론이다. 이 이론의 기원은 적어도 갈릴레오 시절까지 거슬러 올라간다. 지구가 자전하고 공전한다는 갈릴레오의 주장이 당시 종교적인 이유만으로 거부된 것은 아니었다. 만약 지구가 서쪽에서 동쪽으로 돌고 있다면 나무에서 떨어지는 낙엽은 서쪽으로 치우치지 않을까? 갈릴레오의 논리는 이렇다. 움직이는 배의 돛대 꼭대기에서 돌멩이를 떨어뜨리더라도 돌멩이는 배의 뒤쪽으로 떨어지지 않고 돛대 바로 아래에 떨어진다. 돌멩이가 배와 함께 움직이고 있기 때문이다. 이 결과는 정지한 배에서 돌멩이를 떨어뜨릴 때와 똑같다.

갈릴레오의 상대성이론에는 물리현상이 일어나는 배경으로서의 시간과 공간이 정지한 사람에게나 움직이는 사람에게나 똑같다는 가정이 암묵적으로 들어가 있다. 20세기의 알베르트 아인슈타인Albert

국가와 결혼한 '근혜공주가', 침몰하는 공화국

Einstein에게는 '똑같음'의 기준이 물리법칙과 광속이었다. 이 둘은 고스란히 새로운 이론의 두 가정으로 정립되었고, 그 결과 특수상대성이론이 탄생했다. 기준이 바뀌었으니 대가를 치러야 한다. 그 이전까지 절대적인 것으로 간주되었던 시간과 공간은 새로운 기준을 맞추기 위해 달라져야 한다. 눈에 보이는 현상은 운동 상태에 따라 달라진다. 하지만 물리법칙은 변하지 않는다. 광속도 변하지 않는다. 생각해보면 시간과 공간이라는 개념은 인간에게 편리한 개념일 뿐, 우주의 근본적인 성질과는 전혀 관계가 없을 수도 있다. 만약 시간이나 공간보다 더 자연의 근본 원리와 맞닿은 물리량이 있다면 그것을 부여잡고 자연을 기술하는 게 올바른 선택일 것이다. 아인슈타인은 그런 물리량을 하나 찾았다. 바로 광속이다.

이처럼 아인슈타인의 상대성이론은 운동 상태에 따른 상대적인 현상보다는, 그 현상을 지배하는 불변의 원리와 자연의 근본상수에 관한 이론이다. 그래서 아인슈타인은 상대성이론이라는 말을 별로 좋아하지 않았다고 한다.

간혹 사람들은 '상대성' 이론이라는 말에 현혹돼 상대성이론을 인식론적 상대주의와 혼동하기도 한다. 각자의 입장과 처지에 따라 가치판단이나 진실이 다를 수 있다는 이야기이다. 말은 비슷해도 의미는 정반대이다. 상대성이론은 입장이 달라지더라도 변하지 않는 그 무엇에 관한 이론이기 때문이다.

인식론적 상대주의를 지나치게 신봉하면 진리와 가치의 경중을 따지는 일을 포기할 수도 있다. 너는 너대로, 나는 나대로 각자가 옳다고 우긴다면 우리 사회에서 최소한의 공통되는 가치도 합의할 수 없을 것이다. 입장과 처지가 제각각이고 사회적 지위와 부가 서로 다르더라도 그와 상관없이 지켜져야 할 최소한의 규범을 제도화한 것이 법이라 했을 때, 법치주의 구현은 아인슈타인이 운동 상태에 따라 변하지 않는 자연의 '법칙'을 중심에 놓고 특수상대성이론을 구현한 것과도 비슷하다.

박근혜 대통령의 탄핵안에 대한 헌법재판소의 심판이 있기까지, 언제부터인가 우리의 광장은 '촛불'과 '태극기'로 양분되었다. 탄핵이 인용된 이후 어쩌면 그 분열이 더 심해질지도 모른다. 이를 미리 우려한 탓인지 헌법재판소가 선고하기 오래전부터 결과 승복을 요구하는 목소리가 높았다. 양쪽을 바라보는 대부분의 언론 보도는 너도 옳고 너도 옳다는 상대주의에 머물고 만다. 이런 기계적인 중립이 과연 '공정한' 처사일까? 사상 초유의 대통령 파면 사태를 맞이한 우리가 여기서 무언가 역사적 교훈을 남기려면 상대주의적이고 기계적인 중립을 넘어선 보편적인 가치판단을 내려야 한다. 태극기든 촛불이든 누구나 합의할 수 있는, 아니 합의해야만 하는 최소한의 가치를 추구해야 한다. 조기대선은 이제 현실이 되었다. 누구를 새로 뽑느냐는 문제를 넘어, 좋은 게 좋은 거라는 상대주의를 넘어, 이 시대가 던지는 역사의 질문과 마주해야 한다. 우리는 답을 구할 것이다.

　　　　　国家와 결혼한 '근혜공주자가', 침몰하는 공화국

과학이 실종된 사회의 비극

2016년 말부터 수 개월간 대한민국은 온통 '최순실' 이야기뿐이다. 사상 유래가 없는 국정농단 사건으로 전 국민이 혼란과 충격에 빠졌다. 이 와중에 미국에서는 모두의 예상을 뒤엎고 트럼프가 미국 대통령에 당선돼 전 세계를 놀라게 했다. 무엇이 잘못되었을까? 정말 세상이 완전히 미쳐 돌아가는 것일까? 아니면, 뭔가가 정말로 잘못되기라도 한 것이 사실일까?

미국 과학기술진흥협회 CEO인 러시 홀트Rush D. Holt는 지난 11월 8일 서울에서 열린 '2016 과학창의 연례컨퍼런스' 개막 기조강연에서 이렇게 말했다. "현재 미국 대선이 펼쳐지고 있지만 대선 캠페인 현장과 토론장 그 어디에도 '과학'에 대한 질문과 답변이 없었다", "대선 후보들에게 무엇을 질문해야 하냐고 묻는다면 그건 쉽다. 후보자가 정책을 말할 때 그 정책을 말하는 증거가 무엇이냐고 질문하는 것이다."(《사이언스타임스》, 「미국 대선에 과학은 없었다」, 2016.11.9.)

대선 과정에서 과학에 대한 질문이 없었다거나, 홀트가 강조했던 '증거 기반의 사고'가 없었다는 언급은 꼭 우리더러 들으라고 하는 말 같다. 막상 트럼프가 당선되고 보니 초강대국 미국도 별수 없었구나라는 생각도 든다.

홀트는 "과학이란 질문을 제기하고, 증거를 기반으로 답을 찾는 과정"이라고 정의한다. 이 과정을 조금 자세하게 설명해보자. 과학의 목적은 결국 자연현상을 설명하는 것이다. "왜 이런 현상이 일어나는가"라는 질문을 하고, 여기에 대한 가장 그럴듯한 답을 내는 것이 과학이다. 따라서 과학의 시작은 곧 질문이다. 고대 밀레토스 지역의 탈레스가 철학의 아버지로 기억되는 이유는 만물의 근원이 물이라는 '답'을 췄기 때문이 아니라, 만물의 근원Arche이 무엇인가라는 '질문'을 던졌기 때문이다. 질문을 던지는 것은 곧 문제를 설정하는 것과 같다. 한국의 기초과학이 빈약한 이유는 바로 이 단계에서 막히기 때문이다. 우리의 교육은 남들이 설정해놓은 문제 속에서 최대한 빨리 '정답'을 찾는 과정에 초점이 맞춰져 있다. 질문을 던지고 그 과정 속에서 가치 있는 문제를 설정하는 법을 배운 적이 없다. 세계적인 대가大家라 할 수 있는 과학자들의 가장 중요한 역할은 학계에 화두를 던지는 것이다. 그 화두가 곧 문제설정이고 대개는 질문의 형태로 제시된다. 물론 그 질문이나 문제설정 자체가 자연에 대한 오랜 관찰과 깊은 성찰의 결과로 나온다. 따라서 질문 또한 증거를 기반으로 한다고도 할 수 있다.

그렇다면 설정된 문제에 대한 답은 어떻게 찾을까? 과학활동 자체가 대단히 복잡하고 분야마다 다르기 때문에 한마디로 딱 잘라 정리하기란 무척 어렵다. 그런 난점을 인정하면서, 내가 입자물리학을 연구하며 느꼈던 방식을 도식적으로 정리하자면 대충 이렇다. 문제가 던져지면 우선 과학자들은 그 문제를 해결할 수 있는 가설을 도입한다. 이때 새로운 모형을 제안하기도 한다. 가설 내지 모형은 당연하게도 주어진 문제를 잘 설명할 수 있어야 한다. 과학은 이 지점에서 대단히 너그러운 편이다. 아무리 황당한 주장이라도 주어진 문제를 잘 설명할 수 있으면 일단 경청한다. SF 같은 주장도 심심찮게 나온다. 그래도 상관없다. 가설일 뿐이니까. 그 자체로 내적인 모순 없이 주어진 문제를 잘 설명하기만 하면 그만이다.

이 단계에서는 충분히 너그러워도 되는 이유가 있다. 뒤이어 혹독한 검증이 기다리고 있기 때문이다. 검증에는 크게 두 가지가 있다. 첫째, 이미 잘 알려진 과학적 사실들과 잘 부합하는지를 따져봐야 한다. 둘째, 가설의 필연적인 결과가 실험적으로 뒷받침되어야 한다. 증거를 기반으로 한다는 말은 대체로 이 과정을 뜻한다. 여기서 중요한 점은 검증의 결과가 원래 가설에 피드백이 되면서 가설이 갱신된다는 점이다. 물론 검증의 결과가 원래 가설의 예측과 잘 맞는다면 갱신의 정도는 미미할 것이다. 그렇게 갱신된 가설은 다시 다른 검증의 과정을 거친다. 2차 검증의 결과는 갱신된 가설에 반영돼 또다시 갱신된다. 이와 같은 가설의 갱신, 검증, 피드백, 갱신의 과정은 끝없이 이어진다. 아주 잘 성립된 이론이라 하더라도 예외는 없다. 상대성이론이나 양자역학도 지난 100여 년 동안 끊임없이 검증의 시험대에 올랐다. 보통 사람들에게는 그렇게 잘 확립된 이론조차 100년도 넘게 검증하는 건 지나친 처사처럼 여겨질지도 모른다.

그러나 과학에서 중요한 것은 이를테면 상대성이론이 과연 어느 수준의 정밀도까지 또는 우주의 어느 범위까지 성립하는지를 확인하는 일이다. 예컨대 일반상대성이론의 기본원리인 등가원리(가속운동에 의한 관성력과 중력을 구분할 수 없다는 원리)는 현재 대략 10조 분의 1 정도의 정밀도로 성립한다는 사실이 실험적으로 확인되었다. 앞으로의 검증은 100조 분의 1이나 그 이상의 정밀도에서 진행될 것이다. 만약 1,000조 분의 1의 정밀도에서 등가원리가 깨지는 것을 확인했다면 어떻게 될까? 일반상대성이론은 여전히 훌륭한 이론으로 남겠지만, 그보다 근본적인 수준에서는 뭔가 새로운 원리가 작동해야만 할 것이다. 그렇다면 우리는 1,000조 분의 1 이하의 정밀도에서 등가원리가 깨지는 새로운 가설을 세워 다시 검증과 피드백으로 이어지는 끝없는 순환에 돌입할 것이다. 그래서 검증을 통해 기존 이론의 한계를 점검하는 작업은 언제나 중요하다.

과학적 지식이나 내용 자체가 아니라 과학의 방법론에서 무언가를 배우고자 한다면 이와 같은 과학 발전의 내적 작동방식을 배워야 한다. 과학적 방법론을 다른 분야, 특히 정치나 사회 분야로 직접 투사하는 것이 바람직한가 아닌가에는 논란이 있을 수 있다. 하지만 지금 우리가 느끼고 있는 여러 불합리한 면을 걷어내는 데에 꽤나 도움이 되기도 한다.

이번 미국 대선을 지켜보면서 가장 흥미로웠던 대목은 후보 간 TV 토론 때 각 후보의 진술이 얼마나 사실에 부합하는지를 실시간으로 검증하는 과정이었다. 검증과 확인은 사실 과학활동의 가장 기본적이고 핵심적인 요소이다. 이번 미국 대선에서는 결과적으로 사실과 부합하지 않는 진술을 더 많이 했던 트럼프가 당선되었지만, 그렇다고 해서 TV 토론 때 진술을 실시간으로 검증하는 노력이 의미가 없다고 할 수는 없다. 미 대선만 놓고 본다면 "그럼에도 불구하고" 트럼프를 선택한 이유를 따져보는 것이 유권자들의 선택을 더 정확하게 이해하는 방법이다. 적어도 유권자들이 트럼프의 감언이설에 '속아서' 투표한 것은 아닐 것이다.

한국의 상황은 어떤가? 정권 말기가 되면 "아무개 대통령이 이 정도일 줄은 몰랐다"라는 한탄이 여기저기서 흘러나온다. '최순실 게이트'가 정국을 뒤흔들고 있는 2016년의 11월도 마찬가지이다. 어떻게 일국의 대통령이 사이비 교주 집안과 얽혀 나라 전체를 농락했을까 하는 일차적인 의문을 조금 걷어보면, 왜 우리 사회는 이런 분을 사전에 잘 걸러내지 못했을까 하는 의문에 부딪힌다. 박근혜 대통령은 2007년 대선 때도 당내 대선후보 경선에도 출마했고 최태민 일가와의 부적절한 관계에 관한 의혹에 휩싸였다. 2012년 새누리당의 후보로 대선에 나섰을 때 왜 우리는 당시 박근혜 후보와 최씨 일가와의 관계를 검증하지 못했을까? 당시에도 국가 최고지도자가 되려는 사람에 대해서 유권자들이 아는 게 별로 없다는 얘기가 심심찮게 나왔는데 말이다. '최순실 게이트'가 터지고 난 뒤의 국정혼란과 국가적 위기상황을 생각해보면 2012년 대선후보를 제대로 검증하지 못한 대가가 너무나 크다.

민주주의라는 제도의 최대 장점은 최선을 선택할 가능성이 높은 것이 아니라 최악을 피할 가능성이 높은 것이다. 세종대왕 같은 성군을 선택하지 못하더라도, 연산군 같은 폭군을 피하는 편이 국가와 국민에겐 더 이롭다. 세상을 과학의 원리로 운영할 때의 장점도 바로 이 점이다. 과학적 근거가 많이 제시되고 증거 기반의 의사결정이 이루어진다면 사회 전체적으로 최악의 경우를 피할 가능성이 그만큼 높아진다. 가까운 사례로 가습기 살균제 사건을 들 수 있다. 살인적인 살균제가 가습기에 들어가서 각 가정에 뿌려지기까지 수많은 행정적이고 과학적인 단계가 있었다. 그중 단 하나의 단계만이라도 제대로 작동했다면 우리는 최악의 피해를 빗겨갈 수 있었을 것이다.

과학의 원리가 작동해야 할 지점에 사리사욕이 개입되면 비극이 시작된다. 최적의 인물이 선택되지 못하고, 능력이 검증되지 않더라도 실력자와 가까운 사람들이 중요한 위치에서 중요한 결정을 내린다. 이후의 의사결정 과정이 과학적 기준이 아니라 실력자의 사리사욕에 따라 진행될 것도 분명하다. 예컨대 어느 기업에서 전문 엔지니어가 제품의 기술적 완성도를 높이기 위해 A사의 부품을 구매하자고 의견을 올리더라도, 책임자가 오너와 특수한 관계에 있는 B사 제품을 사도록 최종 결정을 내린다면 어떻게 될까? 일시적으로 오너 일가가 큰 이익을 얻을 것이고 그런 결정을 내린 책임자는 고속 승진을 할 것이다. 하지만 결과적으로 그 회사는 제품 경쟁력을 상실하고 시장점유율을 급속히 잠식당하고 말 것이다. '최순실 게이트'는 이런 일이 국가적인 차원에서 벌어진 사건이다. 그것도 헌법이 정한 국가기관이 아닌 사적인 인맥을 통해서 말이다. 과학적이지 못한 사회에서는 기업 활동을 하기도 어렵다. 지금까지 밝혀진 사실들만 보더라도 미르와 K스포츠 재단은 대통령을 앞세워 재벌들에게서 돈을 걷었다. 말이 좋아서 모금이지 사실상 '갈취'했다는 표현이 사실에 더 가까울 것이다. (물론 일부 재벌은 훗날의 대가를 바라고 먼저 나섰다는 의혹을 받고 있다.) 과학과 이성이 지배하는 사회는 기업 활동을 하기에도 좋은 사회이다.

과학적인 방법론을 바탕으로 해서 증거 기반의 의사결정을 내리는 거버넌스를 추구한다는 것은 특정한 과학기술과 관련된 내용이나 지식을 얻는 것과는 수준이 다른 문제이다. 세상은 지금 4차 산업혁명의 시대로 급속하게 빨려 들어가고 있다. 알파고의 등장은 2016년 가장 큰 충격이었다. 11월에 선보인 구글의 번역기는 인공신경망을 이용한 번역기로서 이전의 번역기와는 질적으로 다른 능력을 보여줘 사람들을 깜짝 놀라게 했다. 세상 사람들이 모두 '4차 혁명'을 말하는 시대에 우리는 겨우 '사이비 무당'이 주도한 국정농단에 나라 전체가 허덕이고 있으니 그저 답답할 뿐이다. 나는 4차 산업혁명을 준비할 때에도 기본적으로는 과학적인 방법론이 위력을 발휘할 것이라고 생각한다.

이제는 더 이상 자신이 학교에서 전공한 내용만으로 세상을 살아가기 어렵다. 지금은 기존의 질서와 체계 속에서 분류되지 않는 전혀 새로운 내용의 지식이 하루가 멀다 하고 쏟아지는 시기이다. 이런 상황에서는 누가 어느 분야의 지식을 잘 아느냐 하는 질문의 무의미해진다. 이런 질문은 적어도 3차 산업혁명의 시기까지만 적절했을 뿐이다. 지금은 누가 새로운 분야에 능동적으로 대처할 능력이 있느냐가 중요하다. 특정 분야의 진문지식은 머지않아 대부분 기계나 인공지능으로 대체될 것이다. 새로운 분야가 열리고 새로운 지식과 정보가 쏟아질 때, 자신의 전공과 상관없이 그 분야를 학습하고 정보를 수집해서 의미 있는 지식을 새롭게 창출할 수 있는 능력이 필요하다. 바로 이 역할을 가장 성공적으로 수행해낸 영역이 과학이다. 그러니까 과학적 방법론을 체득한다는 것은 일종의 학습 플랫폼을 장착하는 것과도 같다. 이미 채취된 지식을 얼마나 많이 아느냐가 중요한 게 아니라, 조금이라도 새로운 지식을 창출해낼 수 있느냐가 중요한 시대가 되었다.

알파고와 이세돌의 역사적인 대국이 벌어지던 시기, 내가 알던 한 방송사 피디는 대국이 모두 끝나는 주말까지 알파고 특집 프로그램을 준비하라는 주문을 받았다. 주어진 시간은 일주일 정도. 정작 그 피디는 인공지능 전문가가 아닐뿐더러, 심지어 바둑도 전혀 몰랐다. 그럼에도 그 짧은 시간에 담당 피디는 결국 굉장히 수준 높은 알파고 다큐 프로그램을 만들었다. 일주일 내내 날밤을 새며 수많은 전문가를 찾아다니면서 스스로 필요한 내용을 학습할 수 있었기 때문에 가능했던 일이다. 지금 시대에는 이런 인재가 필요하지 않을까? 새로운 분야가 열린 초기에는 어차피 그 분야의 '전문가'는 있을 수가 없다. 이때는 기존의 지식을 많이 알고 있는 사람보다 (이제는 그런 사람이 하던 일을 기계에게 맡길 수 있다) 뛰어난 학습 플랫폼을 장착한 사람, 공부하는 방법을 잘 터득한 사람이 결국 그 분야의 전문가가 된다. 지금까지 인류가 개발한 가장 훌륭한 학습 플랫폼이 바로 과학적 방법론이다.

트럼프의 미국이나 최순실의 대한민국이나 4차 산업혁명의 시대와는 전혀 어울리지 않는다. 하지만 이 난관을 극복해나가기 위해서는 역시 과학적인 방법론에 입각한 증거 기반의 거버넌스밖에 없는 것도 사실이다. 이런 맥락에서 보자면 홀트가 과학의 부재를 한탄했던 것은 역으로 희망의 해법을 제시한 것과도 같다. 최순실의 시대보다 더한 비극이 있다면, 그 본질은 과학이 실종된 시대라는 비극임을 깨닫지 못하는 비극일 것이다.

과학자가 나라를 걱정합니다

ⓒ 이종필, 2017. Printed in Seoul, Korea

초판 1쇄 찍은날 2017년 3월 28일
초판 1쇄 펴낸날 2017년 4월 5일
지은이   이종필
펴낸이   한성봉
편집   하명성·안상준·조유나·이지경
디자인   유지연
본문 조판   윤수진
마케팅   박신용
기획홍보   박연준
경영지원   국지연
펴낸곳   도서출판 동아시아
등록   1998년 3월 5일 제301-2008-043호
주소   서울시 중구 퇴계로 20길 31[남산동 2가 18-9번지]
페이스북   www.facebook.com/dongasiabooks
전자우편   dongasiabook@naver.com
블로그   blog.naver.com/dongasia1998
트위터   www.twitter.com/dongasiabooks
전화   02) 757-9724, 5
팩스   02) 757-9726

ISBN   978-89-6262-179-2 03300

이 도서의 국립중앙도서관 출판예정도서목록(CIP)은
서지정보유통지원시스템 홈페이지(http://seoji.nl.go.kr)와
국가자료공동목록시스템(http://www.nl.go.kr/kolisnet)에서
이용하실 수 있습니다. (CIP제어번호: CIP2017007221)